Steffen Möller
Viva Warszawa

PIPER

Zu diesem Buch

»Gäbe es Warschau nicht, wäre ich nicht so lange in Polen geblieben ...« Steffen Möller erzählt von Europas meistunterschätzter Hauptstadt, die ihre Besucher mit offenen Armen empfängt. In der man tagsüber in Liegestühlen am Weichselstrand DJs lauschen und abends die goldene Spitze des Kulturpalastes leuchten sehen kann. Er berichtet von einer Liebesgeschichte mit Hindernissen, von Fettnäpfchen und deutsch-polnischen Missverständnissen, von Perlhuhnzüchter Tomek und seiner ersten WG mit dem Philosophiestudenten Bolek. Er nimmt uns mit auf eine Zeitreise in frühere Jahrhunderte, zu einem Spaziergang über den verwunschenen jüdischen Friedhof und durch das ehemalige Ghetto, zeigt uns den Königspark Łazienki, die Hipsterszene am Plac Zbawiciela und die originellste Milchbar der Stadt. Frédéric Chopin, Andrzej Stasiuk, der Meisterspion Ryszard Kukliński – sie alle kommen aus Warschau. Und trotzdem leiden die meisten Menschen hier an einem äußerst sympathischen Minderwertigkeitskomplex ... Ein Kniefall vor der Metropole der Polen!

Steffen Möller, 1969 in Wolfhagen geboren und in Wuppertal aufgewachsen, zog 1994 nach Warschau. Als Schauspieler und Entertainer ist er der bekannteste Deutsche in Polen; für sein Wirken um die deutsch-polnische Verständigung wurde er mit dem Bundesverdienstkreuz ausgezeichnet. Er ist Autor der Spiegel-Bestseller »Viva Polonia« und »Expedition zu den Polen – Eine Reise mit dem Berlin-Warszawa-Express«. Seit 2010 lebt Steffen Möller in Warschau und Berlin.
Auf Tour unter www.steffen.pl

VORWORT ZUR TASCHENBUCH-AUSGABE

Ein gewisses prophetisches Talent ist mir nicht abzusprechen. Bereits in der ersten Auflage dieses Buches bezeichnete ich Jarosław Kaczyński, den damaligen Oppositionsführer, als größtes Schlitzohr in ganz Polen, und das hat sich bei den Präsidentschafts- und Parlamentswahlen Ende 2015 zu einhundertfünfzig Prozent bewahrheitet. Überraschend ließ er zwei bis dato eher unbekannte Abgeordnete seiner Partei »Recht und Gerechtigkeit« kandidieren, Andrzej Duda und Beata Szydło, aber noch überraschender war, wie deutlich sie sich gegen die bisherigen Amtsinhaber Bronisław Komorowski und Ewa Kopacz durchsetzten. Seither übt Parteichef Kaczyński, der ein gebürtiger Warschauer ist, die faktische Macht im Staat aus. Kein polnischer Politiker der demokratischen Ära besaß jemals eine solche Machtfülle wie er, und ganz Polen summt nur noch den alten Schlager: »Es gibt kein größeres Schlitzohr als den Warschauer«. Im Polnischen reimt sich das wunderschön: »Nie masz cwaniaka nad Warszawiaka!«

Für ein Buch wie dieses, das Lust auf die polnische Hauptstadt machen will, ist die neue Situation allerdings erklärungsbedürftig. In vielen Lesermails wurde ich gefragt: Darf man jetzt überhaupt noch unbesorgt hinfahren? Soll man den Besuch nicht auf bessere Zeiten verschieben?

Ich kann nur raten: Hinfahren! Tatsächlich hat die Kaczyński-Administration kein besonderes Faible für Deutschland und seine Kanzlerin, doch auf Warschaus Straßen lässt sich davon nicht das Geringste spüren. Ich habe jedenfalls noch keine einzige Schlägerbande gesehen, die Jagd auf deutsche Vegetarier, Fahrradfahrer oder Mülltrenner gemacht hätte (um hier ein bereits unsterblich gewordenes Zitat des neuen Außenministers Witold Waszczykowski aufzugreifen). Für manchen sensationslüsternen Touristen ist es geradezu enttäuschend, wie ruhig die Stadt ist. Im Łazienki-Park kreischen die Pfaue, am Grabmal des Unbekannten Soldaten knallen die Stiefel der Wachsoldaten, und die Hauptstraßen al. Jerozolimskie und ul. Marszałkowska ersticken im Stau. Nur gelegentlich, meist an Samstagen, ändert sich das Bild: Da marschieren Tausende oppositioneller Demonstranten durch die Straßen, die dem neuen außerparlamentarischen »Komitee zur Verteidigung der Demokratie« (KOD) angehören. Ausländische Touristen, die sich ihnen anschließen, werden mit lautem Hallo begrüßt, ja regelrecht angefleht, Polen gerade in dieser schwierigen Zeit nicht im Stich zu lassen. Die neue Regierung müsse sich vom Ausland beobachtet fühlen, um nicht jeden Realitätsbezug zu verlieren, und auch ganz gewöhnliche Touristen könnten dazu ihr Scherflein beitragen.

Doch nicht alle Zuschriften drehten sich um Politik. Einige Leser haben mich vertrauensvoll gefragt, ob ich ihnen bei der praktischen Organisation ihrer Warschaureise helfen könnte. Eine Dame schrieb freundlich: »Wir wären ca. 30 Personen, überwiegend Senioren. Mein Wunsch wäre es, dass Sie uns ein Programm vorschlagen und einen Bus organisieren. Vielleicht geben Sie uns auch noch Tipps für die Anreise – lieber Flug oder Bahn oder doch eigener Bus?«

Ich empfahl ihr die Anreise mit dem Zug, fügte allerdings hinzu, dass ich leider nicht als Reiseleiter zur Verfügung stehe, weil ich ein Langschläfer bin und agile Touristen, die morgens um acht Uhr schon ungeduldig mit den Hufen scharren, herb enttäuschen würde.

Eine weitere Gruppe von Zuschriften betraf die Frage, ob es eine polnische Version von *Viva Warszawa* gebe. Die Antwort lautet: Tak! Sie trägt ebenfalls den Titel *Viva Warszawa* und ist im polnischen Verlag Pascal erschienen.

Und jetzt noch eine Information, die wohl den endgültigen Ausschlag für einen baldigen Warschau-Trip geben dürfte. Ich erfuhr sie bei einer Präsentation dieses Buches in der deutschen Botschaft. Zunächst konnte ich sie gar nicht glauben, bis mir die Überbringerin, eine junge Botschaftsmitarbeiterin, den entsprechenden Auszug aus den Beförderungsbedingungen der Warschauer Verkehrsbetriebe schickte. Es ist wirklich kein Scherz: Wer in einem Fahrzeug des Warschauer Personennahverkehrs (ZTM) auf die Welt kommt, besitzt ein LEBENSLANGES ANRECHT auf kostenlose Mitnahme, egal ob in U-Bahn, Bus oder Straßenbahn!

Diese weltweit vermutlich einzigartige Vorschrift ist der beste Beweis dafür, dass es tatsächlich nicht nur politisch, sondern auch marketingtechnisch keine größeren Schlitzohren als die Warschauer gibt. Denn die Entscheidung, wohin der nächste Urlaub gehen soll, fällt ja plötzlich ganz leicht, insbesondere all denjenigen, die gerade hochschwanger sind. Man, besser gesagt: frau bucht einfach im achten Monat eine Warschaureise (aber bitte nicht über mich) und sucht sich dann vor Ort ganz entspannt ihre Lieblingsbuslinie aus. Wenn der Tag der Niederkunft naht, sind mit Sicherheit gerade ein paar Fahrkartenkontrolleure an Bord, die freundlicherweise die Nabelschnur durchschneiden. Sagrotan nicht vergessen!

Nun wünsche ich frohe Lektüre, und allen denjenigen, die nach dem Zuklappen des Buches immer noch keine deutliche Vorstellung von Warschau haben sollten, empfehle ich ein dreiminütiges YouTube-Video, in dem ich auf einem gelben Fahrrad durch die schönsten Straßen der Hauptstadt sause; am Ende lege ich sogar ein kleines Tänzchen mit Frédèric Chopin hin. Einfach »Viva Warszawa« eingeben, anklicken und mitsingen.

1 EINE LEGENDE AM HORIZONT

Keine Ahnung, aber voll dagegen

Ein deutscher Freund aus Hamburg, den ich nach vielen Jahren endlich zu einem Besuch in Warschau überreden konnte, war so naiv, vorher einer polnischen Nachbarin davon zu erzählen. Sie rief beschwörend aus: »Tu das nicht! Warschau ist hektisch, schmutzig und teuer, und zu sehen gibt es da rein gar nichts. Fahr lieber nach Krakau!«

Leider war ich nicht dabei. Ich hätte sie sofort und offensiv gefragt: »Wann warst du denn das letzte Mal in Warschau?« Die Antwort hätte hundertprozentig gelautet: »Äh … 1994 habe ich da meine Cousine vom Flughafen abgeholt.«

Ich kenne kein zweites Land, dessen Bewohner so wenig über ihre eigene Hauptstadt wissen, aber so munter über sie lästern. Begonnen hat die große Antipathie gleich nach dem Krieg: Polen wurde von moskauhörigen Kommunisten übernommen, Warschau war die Zentrale der Bonzen, sozusagen Klein-Moskau. Hinzu kam, dass alle Ressourcen des Landes in den Wiederaufbau der zerstörten Stadt gingen, während das restliche Land darbte.

Auch die Wende von 1989 änderte an diesem Image nur wenig. Polen wurde von einem brutalen Turbokapitalismus überrollt – und Warschau war mal wieder die Brutstätte des Bösen, Schaltzentrale drastischer Reformen. Erst die städtebaulichen Verschönerungen seit der Fußball-EM 2012 lassen das negative Image langsam bröckeln. Allerdings haben viele im Ausland lebende Polen davon noch nichts mitgekriegt. Für sie ist Warschau immer noch ein grauer Moloch knapp vor der weißrussischen Grenze. Kurz und schlecht: Polens 38 Millionen Einwohner zerfallen seit Jahrzehnten in zwei Millionen Warschauer und 36 Millionen Anti-Warschauer.

Zugegeben, auch für mich war Krakau die erste Liebe. Krakau ist wunderschön – ja, ja, ja! Aber gleich danach sollte man einen Besuch in Warschau einplanen. Für Krakau genügen zwei Tage, für Warschau braucht man … also, bei mir sind's jetzt schon zwanzig Jahre. Krakau ist eine verzauberte Märchenwelt, die im Krieg wie durch ein Wunder nicht zerstört wurde. Warschau steht für die blutige Geschichte Polens im 20. Jahrhundert, aber vor allem für die Gegenwart, für das erstaunliche Wirtschaftswunder nach 1989 mit allen seinen Begleiterscheinungen. Dazu kommen die sehr spezifischen Hauptstadtbewohner, die – im Unterschied zu den Krakauern – an einem sympathischen Minderwertigkeitskomplex kranken. Das ist eine gerade für Touristen günstige Eigenschaft, die in Europa eine Seltenheit darstellen dürfte: Sind Hauptstädter nicht meistens ungeheuer überzeugt von ihrer Stadt? In Warschau wird man mit offenen Armen empfangen, in Krakau hingegen ist man überall der elftausendste Besucher. Fazit: Krakau ist die Stadt für Polenanfänger, Warschau die Stadt für Fortgeschrittene.

Ein Blitzbesuch

Vor Kurzem habe ich am Stuttgarter Hauptbahnhof ein Plakat der Deutschen Bahn gesehen, das Werbung für eine Reise mit dem Berlin-Warszawa-Express nach Warschau machte: Tickets ab 29 Euro! Über so viel tapferes Marketing kurz vor der Schweizer Grenze musste ich fast weinen. Ein großer Dank an die Deutsche Bahn! Von allen deutschen Nachbarhauptstädten dürfte Warschau die unbekannteste sein, und zwar nicht nur im Land der Schwaben. In den Medien hört man von Warschau doch eigentlich nur dann, wenn der Bundesaußenminister seinem polnischen Amtskollegen mal wieder einen »Blitzbesuch« abstattet. Und dann denkt sich vermutlich so mancher: Der Minister wird schon wissen, warum er es bei einem Blitzbesuch belässt ...

Dabei ist Warschau bloß einen Katzensprung von Berlin entfernt! Sechshundert Kilometer – gerade mal so weit wie nach Köln, nur eben in umgekehrter Richtung. Mit dem Flugzeug dauert die Reise eine Stunde, mit dem Zug knapp sechs. Seit die Autobahn fertiggestellt wurde, kann man auch im eigenen Wagen bequem hinfahren, ohne jede Grenzkontrolle. Wer vormittags am Brandenburger Tor startet, kann sich zum Mittagessen kurz die Posener Altstadt angucken. Zum Kaffeetrinken geht's weiter nach Łódź, die Zeit reicht lässig für einen Abstecher in der eleganten Einkaufsgalerie »Manufaktura«. Abends sieht man dann die rote Positionslampe des Kulturpalastes über der masowischen Ebene blinken – wenn sie nicht gerade von der Himmelskralle des Libeskind-Wolkenkratzers verdeckt wird. Parken würde ich direkt neben dem Kulturpalast auf einem bewachten Parkplatz, früher übrigens dem Aufmarschgelände der Erster-Mai-Paraden. Und bitte keine Angst vor Autoklau. Die Zahl der Delikte in den letzten zehn Jahren ist um 75 Prozent zurückgegangen. (Und damit das leidige Thema gleich am Anfang abgehakt ist: Die Schuhkette Deichmann, die in Polen mit über 200 Geschäften vertreten ist, verzeichnet hier alljährlich die geringste Ladendiebstahlsquote aller ihrer europäischen Filialen.)

Schock auf der Plattform

Der Kulturpalast ist das bekannteste Gebäude Polens und meiner Meinung nach Europas schönster Wolkenkratzer. Bei seiner Einweihung 1955 war der »Josef-Stalin-Palast der Kultur und der Wissenschaft«, wie er damals noch hieß, das zweithöchste Gebäude des Kontinents, gleich nach dem Eiffelturm. Seine Schönheit kommt am besten nachts zur Geltung, wenn der Koloss von Warschau in surrealen Farben angestrahlt wird, die irgendwo zwischen Violett, Grün und Kobaltblau changieren. Eine Sightseeingtour beginnt obligatorisch auf seiner Aussichtsplattform.

Aber Achtung, es ist gar nicht so einfach, den Haupteingang zu finden. Mancher Tourist irrt zuerst um das gesamte riesige Palast-Areal herum, stolpert nacheinander in jedes der vier vorgelagerten Gebäude hinein, findet sich aber entweder in einem Theater, einem Technikmuseum, einer Kongresshalle oder in einem Schwimmbad wieder. Der Haupteingang befindet sich auf der dem Bahnhof abgewandten Seite und wird von zwei überlebensgroßen, sitzenden Skulpturen bewacht. Die eine stellt Nationaldichter Adam Mickiewicz dar, der die polnische Kultur symbolisieren soll, die andere den Astronomen Nikolaus Kopernikus, der in Polen als Pole gilt und für die Wissenschaft steht. Man schreitet einige Treppen hinauf und gelangt zur Kasse für die Aussichtsplattform. Das Ticket kostet zwölf Złoty, also umgerechnet etwa drei Euro. Mit einem Blitzaufzug geht es nach oben, 114 Meter in dreißig Sekunden. Die Aufzugführerin sitzt auf einem Barhocker und ist eine attraktive Frau, die extrem gelangweilt wirkt. Mit leerem Blick starrt sie auf die Knöpfe ihrer Aufzugarmaturen. Sobald man sie jedoch anspricht, zählt sie bereitwillig alle möglichen technischen Details auf, zum Beispiel, dass die Höhe des Kulturpalastes 243 Meter betrage. – Nanu, nicht 230, wie überall angegeben? – Nein, einschließlich Antennenspitze 243 Meter!

Oben angekommen strahlt sie schon über beide Ohren – nach gerade mal dreißig Sekunden! Ja, so schnell kann ein Stimmungsumschwung in Polen gehen, und diese Erfahrung wird man immer wieder machen. Niemals von trüben Gesichtern täuschen lassen, immer unverdrossen den ersten Schritt tun! Die Maske vor dem Gesicht ist postkommunistisches Erbe, viele Leute binden sie sich immer noch um, wenn sie ihre Wohnung verlassen, aber das heißt ja nicht, dass sie es gerne tun. Im Gegenteil: Sie sind jedem dankbar, der ihnen die Maske abzunehmen gestattet – am besten mit Humor. (Es ist vermutlich der Hauptfehler westlicher Touristen in Warschau (und Wien!), dass sie die mürrische Maske der Verkäufer, Kellnerinnen oder Taxifahrer allzu persönlich nehmen.)

Die Aussicht hier oben reicht über die gesamte Stadt und bei gutem Wetter sogar weit hinaus in die masowische Ebene. Doch leider: Von hier oben aus hat sich meines Wissens noch niemand in Warschau verliebt. Das Betonmeer da unten ist nun mal beim besten Willen keine romantische Postkartenidylle, sondern das Ergebnis einer deutschen Radikalzerstörung, aus der anschließend eine Spielwiese des sozialistischen Realismus wurde. In »Viva Polonia« habe ich Warschau zusammen mit Tirana und Bukarest als eine der hässlichsten Städte Europas bezeichnet. Heute muss ich zugeben: Ich bin niemals in Tirana und Bukarest gewesen und möchte deshalb meine ungezählten albanischen und rumänischen Lesern, die mich seit Jahren mit wütenden Mails überschütten, herzlich um Verzeihung bitten. Vermutlich sind Tirana und Bukarest sogar sehr sehenswerte Städte. Sehenswert ist Warschau auch, allerdings bleibt es trotzdem eine hässliche Stadt. Heute würde ich es so formulieren: Von allen hässlichen Städten, die ich kenne, ist Warschau bei Weitem die interessanteste. Vielleicht ist das Leben in hässlichen Städten letzlich ja viel interessanter als in schönen? Das ist der Trost, den ich für meine Gäste hier oben parat habe. Bei mir hat sich das auf jeden Fall bestätigt. Hätte es Warschau nicht gegeben, wäre ich sicherlich nicht zwanzig Jahre in Polen geblieben.

Außerdem kann ich versprechen, dass die Stadt nicht so unattraktiv ist, wie sie von hier oben wirkt. Es gibt sehr schöne Ecken, aber man braucht entweder viel Zeit oder jemanden, der sie einem zeigt. Ansonsten reist man nach zwei Stunden enttäuscht wieder ab. Nicht vom ersten Eindruck irreführen lassen!

Doch sogar von hier oben gibt es noch schöne Ausblicke. Sehr imposant ist zum Beispiel das neue Nationalstadion, das seit der Fußball-EM 2012 auf der anderen Weichselseite steht. Entschuldigung für den nächsten Superlativ – aber es ist für mich das schönste Fußballstadion der Welt. Besonders abends, wenn die weißen und roten Paneele beleuchtet sind und in Wellen hin und her wabern, kann ich nur noch mit meinem polnischen Lieblingslob sagen: Bomba!

Mit dem Gasfuß durch die Grenzregion

Die Wandlung Warschaus vom hässlichen Entlein zum halbwegs stolzen Schwan ist so schnell vor sich gegangen, dass sie sich noch nicht mal in Polen herumgesprochen hat, geschweige denn im restlichen Europa. Nach wie vor sehe und höre ich auf Marszałkowska-Straße und Jerozolimskie-Allee keine deutschen, englischen oder französischen Touristengruppen. Der Eurocity von Berlin nach Warschau ist zwar manchmal gut ausgelastet, doch die Reisenden würde ich überwiegend als wagemutige Individualisten, routinierte Geschäftsreisende oder Polen auf Heimaturlaub charakterisieren. Gelegentlich sind Schulklassen oder Rentnergruppen darunter, aber meist wollen sie in Warschau nur umsteigen, um dann weiter nach Krakau oder Masuren zu fahren. Der eingangs erwähnte Freund, der sich von mir nach manchen Jahren und mit mancherlei Tricks tatsächlich nach Warschau locken ließ, wurde in einem Altstadtcafé von der Kellnerin gefragt: »Are you here for business or holidays?« – »For holidays.« – »You are the first one!«

Sicherlich hat die touristische Misere vor allem mit dem Image dieser Stadt zu tun, also mit Assoziationen, die allesamt negativ sind: Warschauer Ghetto, Warschauer Aufstand, Warschauer Pakt. Willy Brandts Kniefall aus dem Jahr 1970 ist vielleicht noch die positivste Assoziation, die man im Kopf hat. (Um ein Haar hätte ich diesem Buch denn auch den Titel gegeben: »Warschau. Ein Kniefall«. Die Sache scheiterte daran, dass ein österreichischer Freund sein Veto einlegte. »Kniefall? Nie gehört. Willy Brandt? Kennt in Österreich niemand!« Ich bekam die Panik. Auf meine österreichischen Leser durfte und wollte ich nicht verzichten. Immerhin habe ich viele Jahre lang beim Warschauer Österreich-Institut in Lohn und Brot gestanden!)

Aber es gibt noch mehr Hindernisse für einen blühenden Tourismus. Warschau muss das immer noch verbesserungsfähige Image Polens ausbaden. Grob gesagt: Man fährt nicht nach Warschau, weil man Angst vor Polen hat. Krakau und Masuren? Das sind positive Ausnahmen ... In Frankreich ist es umgekehrt: Paris überstrahlt das ganze Land. Man wird von der Hauptstadt angezogen und guckt sich bei der Gelegenheit auch ein bisschen das Umland an. Frankreich zehrt von Paris – Warschau leidet unter Polen.

Drittens gibt es ein simples geografisches Hindernis: Für einen Schnuppertrip liegt Warschau ein bisschen zu weit von der deutschen Grenze entfernt. Viele Berliner haben sich ja durchaus schon mal gefragt: »Was machen eigentlich unsere östlichen Nachbarn?« Und sind dann losgefahren und haben einen Riesenfehler begangen: Sie beschränkten ihre Entdeckungsfahrten schüchtern auf die westpolnische Grenzregion und erzählten hinterher in Berlin ironisch: »Polen ist grau, aber die Zigarettenstangen sind billig.«

Und da haben sie ja nicht ganz unrecht. Von Stettin bis Görlitz zieht sich auf polnischer Seite ein zehn Kilometer breiter Korridor aus Billigtankstellen, Ramschbasaren und Fernfahrerbordellen entlang. Die Grenzregion, die eigentlich sehr schöne Ecken hat, ist in Deutschland nur als Kulisse für »Polizeiruf 110« bekannt. Mein Ratschlag für Fortgeschrittene, die ihren ersten Polentrip bereits frustriert absolviert haben, lautet daher: bitte noch einen zweiten Versuch riskieren, aber diesmal hinter Frankfurt aufs Gaspedal gehen und erst zwei, drei Stunden später wieder auf die Bremse steigen. So fährt man in Polen übrigens generell Auto.

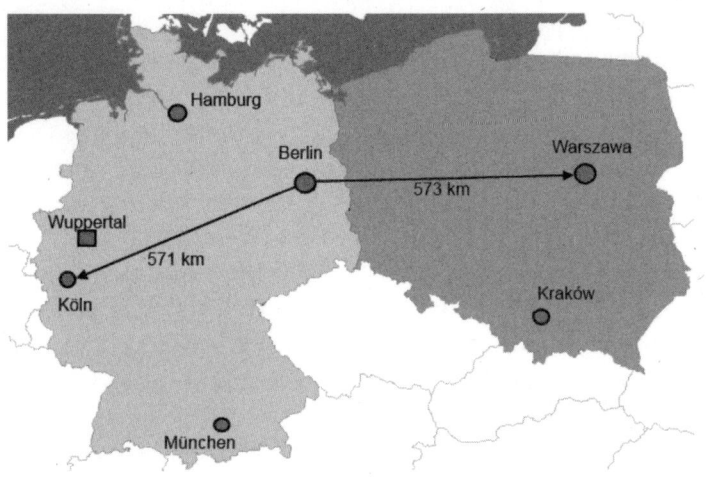

Warschau und Köln sind von Berlin exakt gleich weit entfernt

2 MEIN PAKT MIT WARSCHAU

Einfahrt in die Unterwelt

Im April 1993 kam ich zum ersten Mal nach Warschau. Ich hatte mich für eine studentische Konferenz zum 50. Jahrestag des Ghettoaufstands angemeldet. Teilnehmen sollten dreißig Deutsche, dreißig Polen und dreißig Juden aus der ganzen Welt. Die Konferenz kam mir wie gerufen, um Warschau kennenzulernen. Kost und Logis waren gratis, nur die Reisekosten musste ich selbst aufbringen. Meine Nervosität vor der Abfahrt war nicht mehr so groß wie noch einen Monat zuvor, bei meiner ersten Fahrt nach Polen. Sie hatte mich nach Krakau zu einem zweiwöchigen Sprachkurs geführt. Alles war gut gegangen. Zum einen war ich nicht bestohlen worden, zum anderen hatte ich mitbekommen, dass bereits drei polnische Wörter genügten, um die Einheimischen in Ekstase zu versetzen. Ich konnte »dzień dobry« und »przepraszam« sagen, »guten Tag« und »Entschuldigung«. Das genügte – für Polen und auch für Deutsche. Nach meiner Rückkehr lud ich in Berlin einige Freunde in meine kohlengeheizte Wohnung am Prenzlauer Berg ein und sagte cool: »Dzień dobry przeprzaszam, przepraszam dzień dobry.« Man zog ehrfürchtig die Augenbrauen hoch – kein Wort verstanden! Von nun an galt ich als »Sprachtalent«.

Die Reise zu meiner internationalen Konferenz begann in Lichtenberg, dem östlichsten Berliner Bahnhof. So wie schon einen Monat zuvor bei der Reise nach Krakau bestieg ich auch jetzt wieder große grüne Waggons der polnischen Staatsbahnen PKP, die zu einer Zeit gebaut worden waren, als meine Eltern sich noch nicht kannten. Brav setzte ich mich in das Abteil, das meine Platzkarte mir vorschrieb. (Heute gucke ich gar nicht mehr auf das Ticket, sondern stürme direkt in den Speisewagen durch.) Im Abteil gab es altmodische Polstersitze mit breiten Armlehnen. Solche Eisenbahnsessel hatte ich zuletzt in meiner Kindheit gesehen. Schade, dass es sie in Deutschland nicht mehr gab! Warum eigentlich nicht? Zum ersten Mal bekam ich Zweifel am bundesdeutschen Dauerfortschritt – ein Zweifel, der dann in Polen noch unzählige Male wiederkehren sollte. Mit mir im Abteil saß ein etwa sechzigjähriger Pole, der hervorragend Deutsch sprach, weil er seit vielen Jahren in Gelsenkirchen-Buer lebte. Er schwärmte mir vom elegantesten Stadtteil Warschaus vor, Saska Kępa. Das heiße zu Deutsch »Sächsisches Ufer«. Es handle sich um einen Stadtteil auf der rechten Seite der Weichsel. Natürlich wohnte er selbst ebenfalls dort. Während er mir die Schönheiten seines Stadtviertels schilderte, wunderte ich mich über seinen missionarischen Eifer. Er schien vorauszusetzen, dass ich eine miserable Meinung von seinem Land hatte. Aber das war doch gar nicht so! Fuhr ich nicht gerade deswegen hin, weil Polen so unbekannt war, weil ich ein exotisches Land entdecken und gegen den Strom schwimmen wollte? Leider bemerke ich heute oft denselben missionarischen Eifer an mir. Wenn mich jemand nach Polen fragt, setze ich zu einer zwanzigminütigen Lobeshymne an, statt ganz ruhig darauf zu hoffen, dass mein Gegenüber kein Mainstream-Tourist ist – ein typisches Symptom für den polnischen Minderwertigkeitskomplex, der mich bereits mit Haut und Haaren gepackt hat.

Kurz vor der Ankunft wünschte mir der Mann alles Gute. Das konnte ich brauchen. Denn nun passierte etwas, das mich stark verunsicherte. Der Zug tauchte unmittelbar vor dem Warschauer Centralna-Bahnhof in einen Tunnel ein – und tauchte gar nicht mehr auf. Wir stoppten auf einem unterirdischen Bahnsteig! Das hatte ich in Deutschland noch nie erlebt. Grelles Neonlicht spiegelte sich auf den Marmorplatten, es war ein so unheimlicher Eindruck, als ob man in einem verbotenen Versuchslabor angekommen wäre.

Lebensgefahr

Ich stapfte mit meinem Rucksack die kaputte Rolltreppe nach oben. In der hohen, abendlich leeren Schalterhalle flatterten mir einige aggressive Tauben um den Kopf. Überall muffelte es noch schwer nach kommunistischer Tristesse. Als ich aus dem Bahnhof trat, folgte die nächste unangenehme Überraschung: Einige alte Straßenlampen spendeten ein fahles orangenes Licht, doch außerdem gab es noch Hunderte von Autoscheinwerfer, die am Bahnhof vorbeifluteten. Direkt vor mir verlief eine sechsspurige Straße, dahinter schwang sich ein Betonviadukt über die Fahrbahn. Na wunderbar – ein Autobahnkreuz mitten im Warschauer Zentrum! Für Fußgänger gab es hier weder einen Ampelübergang noch eine Brücke. Ich befand mich auf einer meerumtosten Insel. Wie sollte ich denn bitteschön auf die andere Straßenseite gelangen? An diesem Problem hat sich übrigens bis heute nichts geändert: Der Zentralbahnhof ist auf drei Seiten von großen Straßen umgeben, auf der vierten befindet sich eine Bushaltestelle. Ich war ratlos. Schließlich schnallte ich mir meinen Rucksack ganz eng um die Schulter und sprang todesmutig auf die sechsspurige Straße, mitten in die Autoscheinwerfer hinein. Panisch schnaufend erreichte ich auf der anderen Seite einen Wolkenkratzer, das Hotel Marriott. Außer mir war niemand über die Straße gerannt. Wie gelangten denn die anderen Passagiere vom Bahnhof weg? Dann sah ich sie: Ganz gemütlich kamen sie die Treppe einer Unterführung hinauf. Nicht nur der Bahnhof, sondern auch die angrenzenden Straßenkreuzungen – alles untertunnelt! Mein Fehler hatte darin bestanden, dass ich gleich nach der Ankunft in die oberirdische Bahnhofshalle hinaufgestiegen war. Der Kenner betritt sie gar nicht, sondern bleibt in der Unterwelt und huscht vom Bahnsteig direkt in einen der Fußgängerschächte, die in die Stadt hineinführen.

Die Horrorkonferenz

Vom Bahnhof aus marschierte ich durch die ausgestorbene, von orangenen Straßenlaternen trübe erleuchtete Innenstadt bis zum Konferenzhotel am Weichselufer. Es war eigentlich kein Hotel, sondern das »Haus des Lehrers«, ein besseres Studentenwohnheim. Ich meldete mich in der Lounge an. Dort saß hinter einem einfachen Tisch eine sehr attraktive, rothaarige Studentin. Sie hatte einen Pagenknopf mit schnurgeradem Ponyschnitt und trug eine silbern glitzernde Bluse. Nach einem Blick auf die Gästeliste teilte sie mir mit, dass ich mit einem Mitglied der jüdischen Gruppe zusammen wohnen würde, einem Kanadier. Es sei das Ziel der Konferenz, die Gruppen miteinander zu vermischen. Ich brachte meinen Rucksack aufs Zimmer. Es war klein, mit zwei Betten. Mein Mitbewohner war schon vor mir angekommen, hatte seinen Rucksack abgestellt, war aber noch einmal ausgegangen. Er kam erst spät nachts zurück. Im Halbschlaf bekam ich mit, dass er seine Sachen zusammenpackte und das Zimmer wieder verließ. Ich dachte mir nichts Böses dabei. Erst am nächsten Tag erfuhr ich von der betretenen Studentin, dass der Kanadier auf keinen Fall mit einem Deutschen zusammen wohnen wollte.

Ich war kein bisschen verärgert, sondern spürte eine Art leichter Erregung, sozusagen den Atem der Weltgeschichte. Das war nun also das erste Mal, dass ich persönlich für Auschwitz zu büßen hatte. Heimlich wurde mir von anderen Mitgliedern der jüdischen Gruppe Trost zugesprochen. Zwei kroatische Juden machten mit mir einen Altstadtspaziergang.

Sie deuteten an, dass keineswegs die gesamte jüdische Gruppe feindlich gegenüber den Deutschen eingestellt sei. Die dreißig Leute seien eine weltweit zusammengewürfelte Truppe, und die Aggressionen gingen immer nur von den amerikanischen und kanadischen Juden aus. Am allerfriedlichsten seien die Delegationsmitglieder aus Israel.

Wir konferierten eine Woche lang und besuchten natürlich auch die Gedenkfeiern zum 50. Jahrestag des jüdischen Ghettoaufstandes, bei denen der polnische Staatspräsident Lech Wałęsa und der israelische Premierminister Jitzchak Rabin sprachen. Am nächsten Tag geriet ich am Denkmal des Umschlagplatzes plötzlich in die Journalistenmeute hinein, befand mich ganz nah an Jitzchak Rabin und habe den durchdringenden Blick aus seinen sehr blauen Augen bis heute nicht vergessen.

Am vorletzten Tag berief die jüdische Gruppe eine außerordentliche Versammlung aller neunzig Konferenzmitglieder ein und schlug vor, dass wir zum Abschluss spontan alle nach Auschwitz fahren sollten. Eine heftige Diskussion entbrannte, denn diese Planänderung bedeutete, dass jeder Teilnehmer zusätzliches Geld aus eigener Tasche aufbringen musste. Wenn alle mitkämen, würde es billiger. Doch die meisten Polen hatten dazu keine Lust, sie kannten Auschwitz bereits. Die Deutschen hielten sich heraus oder versuchten, irgendwelche Vermittlungsvorschläge zu machen. Die Sache eskalierte auf erschreckende Weise, es kamen Dinge hoch, die schon während der vergangenen Tage in der Luft gelegen hatten. Plötzlich ging es um die Frage, wer im Zweiten Weltkrieg mehr gelitten habe: Polen oder Juden. Eine polnische Studentin lief weinend aus dem Saal: Sie werde nicht mitfahren, obwohl ihr Großvater ebenfalls in Auschwitz ermordet worden sei. Aber sie wolle die jüdische Okkupation von Auschwitz nicht länger dulden. Die Juden sollten nicht glauben, die einzigen Opfer gewesen zu sein!

Die Fahrt nach Auschwitz begann am nächsten Morgen um fünf Uhr. Außer der jüdischen Gruppe kamen nur wenige Polen und wenige Deutsche mit. Ich selbst fuhr mit, denn meine Sympathien waren zu diesem Zeitpunkt eindeutig auf der jüdischen Seite. Das Verhalten der Polen erschien mir skandalös.

Die Erfahrungen bei der Konferenz hielten mich trotzdem nicht davon ab, wenige Monate später endgültig nach Warschau überzusiedeln. Bei genauerem Hinsehen hatte die Konferenz für mich persönlich sogar ein überraschend positives Ergebnis gebracht: Fünfzig Jahre nach dem Zweiten Weltkrieg konnte man als Deutscher in Warschau leben, ohne irgendwelche Vorwürfe befürchten zu müssen. Im Gegenteil: Polen und Juden klopften uns Deutschen sogar freundlich auf die Schulter und bescheinigten uns, mit der Vergangenheit gründlich abgerechnet zu haben. Erstmals ging mir bei dieser Gelegenheit auf, dass Willy Brandt und viele aus seiner Generation einen verdammt guten Job gemacht hatten.

Im Jahr 2000 wurde übrigens unweit des Ghettodenkmals ein zweites, ziemlich großes Denkmal errichtet: Eine Bronzetafel erinnert an den Kniefall Brandts am 7. Dezember 1970, das wichtigste Ereignis der deutsch-polnischen Beziehungen nach 1945. Dieses Denkmal ist weltweit einmalig, nämlich ein Denkmal für ein Ereignis an einem Denkmal, also quasi ein Metadenkmal. Meines Wissens gibt es in Warschau kein zweites Denkmal für einen Deutschen (Abbildung in Kapitel 19).

3 VON KRAKAU NACH WARSCHAU

Ein Spätentwickler

Es waren einmal Wars und Sawa, einfache Fischersleute, die in den Sumpfgebieten entlang der Weichsel lebten. Eines Abends fanden sie im Uferschilf einen verängstigten jungen Fürsten namens Ziemowit, der sich beim Jagen verirrt hatte. Die Eheleute brachten den Fürsten in ihre Hütte, servierten ihm ein kleines Abendbrot, schütteten ihm ein Nachtlager auf und zeigten ihm am anderen Morgen den Weg aus dem Sumpf. Zum Dank schenkte er ihnen das Landstück, auf dem ihre Hütte stand. Schöne Zeiten, als man sich für ein kostenloses Nachtlager noch anständig bedankte.

Wem die alte Legende ein bisschen zu sehr nach Wohlfühlmarketing klingt, der stößt bei der Etymologie des Namens »Warszawa« – der übrigens »Warschawa« ausgesprochen wird – auf mindestens zwei Theorien. Die eine sagt: Das Gelände entlang der Weichsel gehörte einem Mann namens »Warsz«, wobei dies die Kurzform des altpolnischen Namens »Warcisław« oder »Wrocisław« war. Warszawa wäre dann also das »Gebiet des Warsz«.

Die andere Theorie leitet »Warszawa« nicht aus dem Polnischen, sondern aus der untergegangenen Sprache der Pruzzen ab. »Warza« hieß bei ihnen ein Fischwehr, und »saw« war ein Fischerboot mit einem durchlöcherten Kasten zum Aufbewahren der Fische.

Diese zweite Version zeigt deutlich an, was Warschau ursprünglich war: ein kleines Fischerdorf an der Weichsel. Und das blieb auch noch so, nachdem das Königreich Polen mit seinen Städten Gnesen, Krakau und Lublin schon lange ins Licht der Weltgeschichte eingetaucht war. Warschau war im polnischen Kosmos ein Spätentwickler. Seine erste urkundliche Erwähnung stammt erst aus dem Jahr 1281.

Was führte in den folgenden Jahrhunderten zum Aufstieg des kleinen Weichseldorfes zur Hauptstadt des flächenmäßig größten frühneuzeitlichen Staates Europas? Es waren zunächst zwei geografische Vorteile: Erstens gab es an dieser Stelle eine besonders hohe Weichselböschung. Mit »Böschung« ist die etwa zwanzig bis dreißig Meter hohe Uferklippe gemeint, die seit der letzten Eiszeit einen natürlichen Damm gegen das Weichselhochwasser bildet. Zweitens gab es eine flache Furt durch den Strom, die besonders gerne von den Handelskarawanen in Richtung Russland genutzt wurde. Was lag näher, als auf dem höchsten Punkt der Klippe eine Burg zu erbauen, in der die durchreisenden Händler ihren Zoll entrichten mussten? »Furt« heißt auf Polnisch »bród«, und so heißt bis heute einer der sieben alten Stadtteile Warschaus »Bródno«. Bereits im 16. Jahrhundert entstand hier die erste Brücke über die Weichsel.

Die alte Burg oben auf der Weichselböschung ist nicht mehr erhalten. Sie stand an der Stelle, wo sich heute das Ujazdowski-Schloss (und nicht weit davon die Deutsche Botschaft) befindet. Ältestes erhaltenes, genauer gesagt: nach 1945 wiederaufgebautes Gebäude der Stadt ist heute die kleine gotische Kirche »Mariä Heimsuchung«, 1409 erbaut.

Elche auf Wanderschaft

Wer auf die Rückseite der alten Kirche tritt, hat einen wunderschönen Blick auf das Weichseltal. Dabei bemerkt man erstaunt, dass das gegenüberliegende Flussufer nicht bebaut ist und keinerlei Promenade hat, sondern immer noch, so wie vor tausend Jahren, unreguliert und von Bäumen und Gebüsch gesäumt ist. Wer sich hier auf dem Steilufer abends mit einem Feldstecher positioniert, kann in den Abendstunden auf dem anderen Flussufer gelegentlich verdächtige Bewegungen wahrnehmen. Das ist dann allerdings keiner der vielen Warschauer Jogger, sondern vermutlich ein wandernder Elch. Kein Witz! Auf ihrer herbstlichen Wanderung von Nord- nach Südpolen orientieren sich die Elche gerne am Flusslauf der Weichsel, und schon so mancher späte Jogger wurde plötzlich von einem Elch überholt.

Das Schicksalsfeuer

Und nun folgt ein Eilmarsch durch die polnische Geschichte. Es geht um die Frage, wie es dazu kam, dass Krakau seinen Hauptstadtstatus an Warschau verlor. Im Jahr 1569 bildete sich in Lublin eine politische Union zwischen dem Königreich Polen und dem Großfürstentum Litauen, durch die das neue Gebilde zum flächenmäßig größten Staat Europas aufstieg. Dabei wurde festgelegt, dass die Reichstage in Zukunft in Warschau stattfinden sollten, weil das für die Abgeordneten aus Litauen schneller zu erreichen war als Krakau.

Knapp dreißig Jahre später, im Winter 1596, gab es im unlängst erbauten Königsschloss auf dem Krakauer Wawel einen Brand, der nicht gelöscht werden konnte, weil das gelagerte Löschwasser eingefroren war. Das Schloss nahm empfindlichen Schaden. Um den jahrelangen Wiederaufbauarbeiten zu entgehen, zog der damalige König Sigismund III. samt Hofstaat nach Warschau um. Von diesem Moment an gilt Warschau als polnische Hauptstadt – obwohl Krakau bis ins 18. Jahrhundert hinein die offizielle Hauptstadt blieb. Hier fanden weiterhin die Krönungsreichstage für den neu gewählten König statt. De facto residierte der König aber in Warschau, und zwar im 1619 fertiggestellten Schloss. Mehr als hundert Jahre lang war es von nun an das Los der Könige, ständig zwischen Berlin und Bonn pendeln zu müssen – pardon: zwischen Krakau und Warschau. Als im 18. Jahrhundert zwei sächsische Kurfürsten nacheinander zu polnischen Königen gewählt wurden, kam noch Dresden als dritte Residenz hinzu.

Ein echter Warschauer

An dieser Stelle möchte ich meinen Freund Rysiek vorstellen. Er hat drei Kinder und arbeitet als Übersetzer und Drehbuchautor. Wenn man ihn fragt, woher er kommt, antwortet er stolz: »Jestem Warszawiakiem z dziada pradziada – Ich bin ein Warschauer von Großvater und Urgroßvater her.« Was diese Formel bedeutet, erklärt Rysiek so: Ein echter Warschauer ist jeder, dessen Vorfahren bei Kriegsausbruch am 1. September 1939 in Warschau gewohnt haben. Die Stadt hatte zu diesem Zeitpunkt etwa 1,3 Millionen Einwohner. In den folgenden fünf Besatzungsjahren verminderte sich die Bevölkerungszahl durch Bombenangriffe, Flucht, Deportationen und Hinrichtungen um etwa 300 000 Menschen. Während des zweimonatigen Aufstands 1944 starben noch einmal mindestens 200 000 Menschen. Nach der Einnahme Warschaus durch die Sowjets 1945 kehrten in kurzer Zeit 600 000 Menschen in die Ruinen zurück. Das ist auch in etwa die Basiszahl der überlebenden »echten« Warschauer. Die Einwohnerschaft vergrößerte sich dann allerdings sehr rasch, weil Zehntausende Vertriebene aus den ehemaligen polnischen Ostgebieten nach Westen strömten. Hinzu kam die Landbevölkerung, die vom Wiederaufbau Warschaus angezogen wurde – alles »unechte« Warschauer. Siebzig Jahre später gibt es etwa zwei Millionen Einwohner. Offiziell sind es nur 1,7 Millionen, aber wegen des etwas unflexiblen polnischen Meldesystems haben sich viele

Menschen nicht in der Hauptstadt registrieren lassen. Rysiek schätzt aber, dass sich von den heutigen zwei Millionen nicht mehr als vier Prozent als »echte Warschauer« bezeichnen dürfen, also weniger als 100 000 Menschen. Dabei schwingt in seiner Stimme eine Art aristokratischer Stolz mit. Denn in dieser Frage geht es um mehr als um Meldeformulare, es geht um zivilisatorische Standards. Der echte Warschauer ist der kultivierte Bürger, der anständig mit Messer und Gabel essen kann. Alle übrigen müssen ehrlicherweise eingestehen, dass ihre Vorfahren noch bis vor Kurzem die Schweine gehütet haben!

Rysiek ist kein Einzelfall. Der Krieg rückt in immer weitere Ferne, doch die Unterscheidung von echten und unechten Warschauern hört man interessanterweise immer öfter. Die Frage nach der Herkunft kam in den Neunzigern auf. Die im Kommunismus noch künstlich homogen gemachte Bevölkerung teilte sich blitzschnell in neue Schichten, und besonders ehrenvoll war es jetzt, zur neu entstehenden Mittelschicht zu gehören, der Nachfolgerin des guten alten Bürgertums. In Polen ist es heutzutage wieder geil und aufregend, ein richtiger Bürger zu sein. Der Wind hat sich also gedreht. Fast fünfzig Jahre lang waren Arbeiter und Bauern das Maß aller Dinge – heute sind sie die Buhmänner der Nation, weil sie angeblich primitiv und ungebildet sind (und teilweise immer noch gewisse Steuerprivilegien beanspruchen dürfen).

Angesehene Leitartikler führen sogar fast alle heutigen Probleme Polens auf die Ausrottung des Bürgertums durch Nazis und Sowjets sowie auf die einseitige Förderung von Arbeitern und Bauern nach 1945 zurück. Ein fatales bäuerliches Erbstück sei zum Beispiel das übergroße Misstrauen, das die Polen plage; bäuerlich sei auch der mangelnde Sinn für Ästhetik, der sich in den Städten zeige, die durch ungebildete Bürgermeister und deren Sekretärinnen verschandelt würden. Bäuerliche Tradition sei weiterhin der verantwortungslose Umgang der Leute mit ihrem Geld, das hemmungslose Aufnehmen von

Krediten oder die vulgäre Alltagssprache oder die brutale Behandlung von Hunden und Katzen. Ja, sogar die schlechten Ergebnisse polnischer Olympiateilnehmer in Mannschaftssportarten werden gelegentlich darauf zurückgeführt, dass der Bauer zum Kollektiv ungeeignet sei.

Kein Wunder, dass es immer mehr Warschauer gibt, die schon nach wenigen Sätzen ihre Herkunft »von Großvater und Urgroßvater her« herausstellen. Danach folgt dann meist eine hochauthentische Geschichte von der Großmutter, die im Aufstand 1944 Sanitäterin der Heimatarmee gewesen und mehrfach verwundet worden sei. Wie durch ein Wunder habe sie überlebt und auch das alte Porzellangeschirr der Familie durch den Krieg hindurch gerettet, die Enkel essen heute noch davon.

Rysiek warnt eindringlich vor Hochstaplern, die solche Geschichten erzählen und sich in Wahrheit nur einen bürgerlichen Stammbaum basteln wollen. Um sich von ihnen zu distanzieren, ist er bereit, jedem Zweifler das alte Familienalbum mit den Schwarz-Weiß-Fotos seiner Großeltern aus dem Warschau der Dreißigerjahre zu zeigen. Als ich mir dieses Album anschauen wollte, ergab sich aber ein kleines Problem: Das Album liegt bei den Eltern in Warschau. Rysiek wohnt nämlich schon seit fünf Jahren in Berlin. Und seine Frau ist Bolivianerin.

Die zweite Sigismundssäule

Als ich Rysiek erzählte, dass ich gerade an einem Buch über seine Heimatstadt schreibe, brach es aus ihm heraus: »Vergiss nicht, die leere Sigismundssäule in Krakau zu erwähnen!«

Ich war verwundert. »Steht die Sigismundssäule denn nicht in Warschau?«

»In Krakau gibt es auch eine, aber sie ist leer.«

»Wo soll diese Säule in Krakau denn bitte schön stehen?«

Die Sigismundssäule am Schlossplatz –
beliebter Sammelpunkt für Touristengruppen.

»Auf dem Marktplatz! Aber ich sage ja – leer. Man kann sie leicht übersehen.«

Ich guckte ihn entgeistert an. Man assoziiert die Sigismundssäule (»Kolumna Zygmunta«) eindeutig mit Warschau, sie ist sogar eins der alten Wahrzeichen. Es handelt sich um eine freistehende Barocksäule auf dem Schlossplatz, die 1644 von Władysław IV., Sohn des dargestellten Sigismund III. Wasa, aufgestellt wurde. Sigismund thront in einer Höhe von zwanzig Metern, leicht in den Knien eingeknickt, und schwingt seinen Krummsäbel. Die heutige Säule ist bereits die dritte. Die zweite liegt noch in Sichtweite, nämlich neben dem Königsschloss auf einer Wiese. Die erste stand von 1644 bis 1887, die zweite von 1887 bis 1944. Sie wurde während des Aufstands von einer deutschen Panzergranate getroffen.

Und nun diese Hammernachricht von Rysiek! Es gab eine leere, verwaiste Säule in Krakau! Handelte es sich um eine Gehässigkeit von Sohn Władysław, um den Krakauern jeden Tag vor Augen zu führen, dass sie von seinem Vater ins Unglück der Hauptstadtlosigkeit gestürzt worden waren? Oder war das alles nur eine Ente? Aber Rysiek schien sich seiner Sache sehr sicher zu sein. Ich wühlte in alten Fotos. Hundertmal hatte ich den Krakauer Marktplatz zwischen Tuchhallen und Marienkirche fotografiert. Doch eine leere Säule war mir dabei nicht aufgefallen. Ich googelte heftig – alles ergebnislos.

Rysiek räumte es schließlich ganz nebenbei mal ein: Sorry, möglicherweise gebe es in Krakau tatsächlich keine leere Sigismundssäule. Er habe es zwar vor vielen Jahren von seinem Vater gehört, doch womöglich sei auch der schon von seinem Vater falsch informiert worden...

Gemeinsamkeiten

Rysieks kleiner Irrtum gewährt tiefe Einblicke in die vierhundert Jahre alte Rivalität zwischen Warschau und Krakau. Polnische Städterivalitäten sind normalerweise eine Angelegenheit fürs Kabarett, genau wie in Deutschland. So wie sich die Karnevalsklubs von Köln und Düsseldorf am Rosenmontag beharken, amüsiert man sich in Polen über die Rivalität zwischen den Nachbarstädten Toruń und Bydgoszcz oder Kielce und Radom. Doch bei der vornehmsten Rivalität von allen, »Krakau versus Warschau«, hört der Spaß auf. Hier geht es um mehr als um die Wahl zwischen Alaaf oder Helau, 1. FC oder Fortuna, Kölsch oder Alt. Hier geht es um den Kampf zweier Welten, zweier Systeme. Es geht um Klein gegen Groß, um Katholizismus gegen Kommunismus (beziehungsweise Kapitalismus, aber für den katholischen Krakauer sind sowieso beide Systeme gleich gottlos), um Mittelalter gegen Neuzeit, Tradition gegen Dekadenz, Bildung gegen Barbarei, Kunst gegen Kommerz – und irgendwann geht es tatsächlich auch um Fußball. Wisła Kraków und Legia Warszawa sind die beiden erfolgreichsten polnischen Klubs.

Halten wir aber zunächst mal versöhnlich fest: Zu einer ordentlichen Rivalität gehören vor allem starke Gemeinsamkeiten.

Krakau und Warschau werden vom selben Fluss verbunden. Vierhundert Kilometer muss ein Bötchen zurücklegen, das auf der Weichsel von Krakau nach Warschau schippern will. Bis zur Ostsee hinauf sind es von Warschau aus dann noch einmal sechshundert Kilometer. Ich schreibe mit Absicht »Bötchen«, denn Schiffe mit größerem Tiefgang kommen nicht mehr durch. Im Mittelalter herrschte auf der Weichsel reger Schiffsverkehr, heute ist die Weichsel so versandet, dass man für eine Reise von Krakau nach Warschau am besten den stündlich verkehrenden Intercity wählt, die Fahrt dauert drei Stunden. Eine Autobahn zwischen den beiden Städten gibt es noch nicht. Früher als die Autobahn wird wohl der geplante Radfernwanderweg fertig, der an der Weichsel entlang über die Deiche führen soll.

Eine weitere Gemeinsamkeit: Hier wie dort wird dasselbe Polnisch gesprochen, nahezu ohne dialektale Unterschiede. Das ist in vielen Ländern anders. Hamburger und Münchner, Mailänder und Römer, Pariser und Marseiller, Londoner und Liverpooler – nach drei Sätzen kann man sie ihrer jeweiligen Stadt zuordnen. Polen hingegen ist sprachlich, ethnisch und religiös eines der homogensten Länder weltweit (in Europa nur von Weißrussland übertroffen). Gewiss, es gibt ein paar lexikalische Unterschiede. Die Krakauer sagen für »ich gehe nach draußen« nicht »idę na dwór« (wörtlich: ich gehe auf den Hof), so wie die anderen Polen, sondern »idę na pole« (ich gehe auf das Feld). Auch nennen sie eine Einzimmerwohnung »garsoniera«, und nicht »kawalerka«. Zusammen mit fünf, sechs anderen Beispielen ist das aber auch schon alles. Man kann einen Krakauer sprachlich nicht von einem Warschauer unterscheiden.

Unterschiede

Doch jetzt beginnen die Unterschiede. Und hier liegen dann auch die Gründe dafür, dass Krakau jedem Polen ein versonnenes Lächeln ins Gesicht zaubert, während Warschau ihn zu Gesten der Abscheu stimuliert.

Krakau symbolisiert die goldene Vergangenheit, Warschau hingegen die schwierige Geschichte Polens in der Neuzeit. Warschau war vom Pech verfolgt, es hat die Zerstörungswut zahlreicher Invasoren abgekriegt. Es wurde 1655 von den Schweden demoliert und seiner Kunstschätze beraubt, 1944 von den Deutschen in Schutt und Asche gelegt. Zwischendurch waren immer wieder die Russen da, töteten und deportierten nach den Aufständen von 1830 und 1863 Tausende Menschen.

Krakau kam glimpflicher durch die Jahrhunderte. Es wurde zwar ebenfalls zweimal verheert, zuerst im 13. Jahrhundert, als die Mongolen vorbeizogen, und danach 1655 von den Schweden. Doch auf dem Marktplatz stehen bis heute die Renaissance-Tuchhallen aus dem 16. Jahrhundert, daneben die gotische Marienkirche aus dem 14. Jahrhundert, mit dem unversehrten Marienaltar von Veit Stoß. Zwar sollte die Stadt 1944 von den abziehenden Deutschen gesprengt werden, Pioniere hatten bereits viele Sprengladungen angebracht, doch polnische Untergrundkämpfer durchschnitten die Kabel und entschärften die Ladungen. Krakau verkörpert die Kontinuität der nationalen Geschichte. Allenfalls das Kloster Częstochowa (Tschenstochau) mit dem Bild der Schwarzen Madonna, das 1655 eine mehrmonatige Belagerung der Schweden überstand, besitzt ähnliche Symbolkraft.

Wichtigster Ort Krakaus, symbolische Kultstätte der tausendjährigen polnischen Geschichte, ist der Burgberg Wawel. Das auf einem mythischen Felsen über der Weichsel gelegene Gebäudeensemble aus Renaissance-Königsschloss und Kathedrale ist das Nationalheiligtum Polens. Hier wurden im Mittelalter die meisten polnischen Könige beigesetzt, ab dem 19. Jahrhundert kamen Dichter und Staatsmänner hinzu, darunter Nationaldichter Adam Mickiewicz (1798–1855) und Marschall Józef Piłsudski (1868–1935). Auch der 2010 beim Flugzeugunglück von Smolensk verunglückte Präsident Lech Kaczyński wurde hier in der Krypta gemeinsam mit seiner Gattin Maria begraben.

Nebenan auf dem Schloss residierte während des Zweiten Weltkriegs Hitlers Statthalter für das »Generalgouvernement«, sein langjähriger Rechtsanwalt Hans Frank. Eine gruselige Beschreibung der damaligen Atmosphäre, halb fiktiv, halb dokumentarisch, gibt der Roman »Kaputt« des italienischen Schriftstellers Curzio Malaparte. Geschildert wird ein Abendempfang 1942, den Malaparte zusammen mit Frank und dessen dämonischer Ehefrau Brigitte erlebte.

Krakau steht außerdem wie keine andere polnische Stadt für den nach offiziellem Sprachgebrauch bedeutendsten Polen der Geschichte, Karol Wojtyła, den späteren Papst Johannes Paul II. (1920–2005). In Krakau hat er studiert, hier wurde er 1947 zum Priester geweiht, hier war er Bischof, hier amtierte er ab 1967 als Kardinal. Noch heute wird im Erzbischöflichen Palast das Fenster gezeigt, von dem aus der Papst bei seinen Pilgerreisen nach Polen abends noch ganz ohne Protokoll zu den Gläubigen sprach.

Zu allen Zeiten lebten in Krakau berühmte Künstler, und das »Alte Theater« Krakaus galt über Jahrzehnte hinweg als die erste Bühne in polnischer Sprache. Unter den vielen Kellerbühnen der Stadt ragt der Klub »Pod Baranami« (Zu den Widdern) hervor. Hier saß und rauchte die Jazz-, Chanson- und Kabarett-Bohème des Landes, zusammengehalten vom Charisma des Klubgründers Piotr Skrzynecki (1930–1997).

Wegen seiner wunderschönen Altstadt ist Krakau auch die unbestrittene Hauptstadt der Verliebten. TV-Werbespots für duftenden Kaffee oder beschwingendes Haarspray werden selbstverständlich auf dem größten Marktplatz Europas gedreht; sofort liegt ein Hauch von Florenz in der Luft. Jung gebliebene Omis, die einen Blumenstrauß in die Luft werfen, hübsche Studentinnen, die augenzwinkernd auf alten Fahrrädern vorbeiradeln, gurrende Tauben, die sich auf die Händchen süßer Kinder setzen – that's Cracow!

Auch Warschau hat Kultur

Doch bei genauerem Hinsehen erweist sich der Dualismus zwischen Krakau und Warschau als stark konstruiert. Gewiss, Warschau steht für vieles Negative, zum Beispiel für den politischen Abstieg Polens im 17. und 18. Jahrhundert, für blutige Aufstände gegen die russischen Besatzer im 19., für Ghettoaufstand und Warschauer Aufstand, für Kommunismus und Kriegsrecht im 20. Jahrhundert. Doch auch Krakau hat nicht nur Schokoladenseiten. Im Zweiten Weltkrieg gab es hier ebenfalls ein Ghetto, in dem Zehntausende Juden vegetieren mussten; Steven Spielbergs Film »Schindlers Liste« zeigt diese Zeit. Und das KZ Auschwitz ist nur knapp fünfzig Kilometer entfernt.

Warschau ist auch nicht so kulturlos, wie man es in Krakau gerne sehen will. Warschau hat die große Oper und mindestens fünf wichtige Theater vorzuweisen, darunter das Nationaltheater, das seinen Sitz direkt neben der Oper hat. Und nicht mehr Krakau, sondern Warschau ist heute der Ort, an dem Polens Theater-Avantgarde wirkt, darunter Krzysztof Warlikowski (geb. 1962), Polens derzeit international bekanntester Theater- und Opernregisseur.

Krakau ist stolz auf seinen Sohn und Oscarpreisträger Roman Polański (geb. 1933), aber Warschau kann auf seinen jahrzehntelangen Bewohner und Ehren-Oscar-Preisträger Andrzej

Wajda verweisen (geb. 1928). Krakau besitzt die ehrwürdige Jagiellonen-Universität, gegründet 1367, aber Warschaus erst 1816 gegründete Universität hat zwar nicht einmal einen Namen, belegt aber im jährlichen Uni-Ranking Polens in den meisten Fakultäten den ersten Platz.

Krakau hat seine hohen Toten in der Wawel-Krypta vorzuweisen – aber Warschau verfügt ebenfalls über einen quasi heiligen Friedhof, nämlich den »Stare Powązki«. Hier liegt der Literaturnobelpreisträger Władysław Reymont (1867–1925) begraben, ebenso wie die Eltern Chopins. Und auf dem militärischen Teil des Friedhofs (Powązki Wojskowe) kann man die bekanntesten Toten der jüngsten Geschichte finden, Schauspieler, Soldaten und Politiker. Hier steht auch das monumentale Denkmal für die Flugzeugkatastrophe von Smolensk 2010, samt den Gräbern der meisten Passagiere und Besatzungsmitglieder. Auf diesem Friedhof wurde 2014 auch der umstrittene General Wojciech Jaruzelski beerdigt, der 1981 das Kriegsrecht einführte.

Krakau ist die Stadt Karol Wojtyłas – aber Warschau hat Frédéric Chopin!

Krakau hat den studentischen Kabarettwettbewerb »Paka« zu bieten, ein nationales TV-Ereignis für den Comedy-Nachwuchs, das alljährlich im April stattfindet, aber Warschau besitzt dafür die Kongresshalle, die Carnegie Hall Polens. Hier, in einem Seitenflügel des Kulturpalastes, ist der obligatorische Ort für Events von glamouröser Bedeutung.

Parlament und Regierung, Nationalbank, Fernsehen und die meisten staatlichen und kommerziellen Radiosender, dazu natürlich die internationalen Konzerne – alle haben ihren Sitz in Warschau. Ausländische Firmenbosse, die nach Polen kommen, werden von ihren polnischen Gastgebern gerne für einen Tagesausflug nach Krakau kutschiert. Dort spaziert man dann durch das berühmte Czartoryski-Museum, in dem das einzige Gemälde Leonardo da Vincis in Polen hängt: »Die Dame mit dem Hermelin«. Aber am nächsten Abend sitzen die Herren dann doch wieder in einer Loge des Warschauer Nationalstadions und schreien sich die Kehlen heiser beim 2:0-Sieg Polens über Deutschland.

Auch Krakau hat Nachteile

Die Krakauer witzeln: »Das Beste an Warschau ist der Bahnsteig vier, weil von hier aus die Züge nach Krakau abfahren.« Doch die Warschauer revanchieren sich: »Es gibt nur eine Sache, die die Krakauer uns voraushaben – und das ist die Luftverschmutzung.« Und da haben sie zweifellos recht. Vor allem in den Häusern der Krakauer Altstadt gibt es noch Zehntausende alter Kohlenöfen, die seit 2013 verboten sind, aber weiterhin betrieben werden. Hinzu kommt die tägliche Pendlerlawine, die sich durch Krakaus meist einspurige Straßen schiebt. Die Abgaswolken erinnern an Fotos aus chinesischen Städten zur Rushhour. Und das Schlimmste: Sie können nicht abziehen. Die Stadt liegt in einem Talkessel, sodass an ungünstigen Tagen eine graue Smogglocke über der Altstadt schwebt. Die zugelassene Luftverschmutzung liegt mitunter um das Dreißigfache über der erlaubten Norm. Die Bürgerinitiative »Krakauer Smog-Alarm« hat es plastisch so dargestellt: Für die Krakauer fühlt sich die Luftverschmutzung so an, als ob sie 127 Zigarettenpackungen pro Jahr zusätzlich rauchen würden.

Sorry, ich musste diese Lanze für Warschau brechen. Auch ich habe, nach sechs Jahren Warschau, ein Jahr lang in Krakau gewohnt. Ich hatte eine romantische Wohnung nahe der Altstadt, doch die Atmosphäre der Stadt wirkte auf mich von Monat zu Monat klaustrophobischer. Alle Gedanken und Körperbewegungen werden magnetisch auf den Marktplatz ausgerichtet. Hierhin kommt man nicht ein Mal, sondern drei Mal täglich, um Eis zu essen, Freunde zu treffen oder einfach nur ein Stück freien Himmel über sich zu sehen. Die engen Gässchen, die pickenden Tauben vor den Tuchhallen, das stündliche Trompetensignal von der Marienkirche, die gemütlich quietschenden Straßenbahnen an der Bastei – alles das ist wunderschön, wurde mir aber bald zu kuschelig. Ich bevorzuge breite Straßen, durch die ein kräftiger Wind weht. Nach einem Jahr zog ich zurück in den Norden.

In den letzten Jahren hat sich Krakaus Ruhm bis ins kleinste Reisebüro Südkoreas herumgesprochen. Durch die Altstadt wälzen sich Touristenströme. Mein Freund Sören, der einen zweiwöchigen Polnischkurs in Krakau absolvierte, brachte es böse auf den Punkt: »Am Wochenende erinnert mich Krakau eher an eine überdimensionierte Touristenfalle mit saufenden Iren und partyhungrigen Asiaten. Wenn eine Stadt nur noch aus Fotomotiven besteht; wenn man in der Innenstadt keine Einheimischen mehr antrifft, außer Eisverkäufern; wenn man in einer halben Stunde fünf Mal angesprochen wird, ob man nicht mit zur nächsten Go-Go-Bar kommen will; wenn die Gastronomie nichts mehr mit der einheimischen Küche zu tun hat – dann ist man entweder in Venedig, Rothenburg ob der Tauber oder Krakau. Zur völligen Vergewisserung muss man auf die Werbung der zahlreichen Touristenbusse gucken. Und wenn da steht ›Altstadt! Wawel! Ghetto! Auschwitz!‹ Dann ist es wohl tatsächlich Krakau.« Der Gerechtigkeit halber schickte er später aber noch eine zweite SMS hinterher, in der zugab, dass er mit Krakau ausgesöhnt sei, seit er das jüdische Viertel Kazimierz kennengelernt habe.

4 DURCHBRUCH ZUR INTEGRATION

Euphorie im Sandkasten

Zurück in meine Warschauer Anfangszeit. Das erste halbe Jahr war kinderleicht. Paradoxerweise kam mir zugute, dass ich nicht das Geringste über Polen wusste. Ich hatte keinerlei Bilder im Kopf, keinerlei Erwartungen an das Land. Es gab keine Pflichterlebnisse, Pflichtmuseen, Pflichtfotos – ich war freier als ein Ägyptentourist, der seufzend von Pyramide zu Pyramide fahren muss. Stattdessen nahm ich jeden Tag so, wie er halt kam, bewegte mich nicht ohne Beulen, aber schmerzfrei durch die neue Heimat.

Das allererste Bewerbungsgespräch meines Lebens fand in einer privaten Sprachschule im damals noch sehr heruntergekommenen Stadtteil Praga statt und verlief objektiv gesehen katastrophal. Die Direktorin, etwa fünfzig Jahre alt, trug ein an den Schultern dick wattiertes, giftgrünes Sakko, das sie wohl als eiskalte Businesswoman charakterisieren sollte. Sie hatte fuchsrot gefärbte Haare und blinzelte mich misstrauisch an. Was machte bitte schön ein pickliger, 25-jähriger BRD-Bürger im grauen Praga? Das wollte sie gerne wissen, und nach stammelnden Antworten meinerseits (»Neugier, Abenteuer, einfach so«) fragte sie nach meiner Vorstellung für den Stundenlohn. Ich nannte forsch »fünfhunderttausend Złoty«, was damals fünfzig Mark entsprach. Da stand sie unwillig auf: Das sei ihr entschieden zu viel, 250 000 pro Stunde könne sie mir zahlen, aber keinen Groschen mehr! Do widzenia, auf Wiedersehen!

Ich stand nach fünf Minuten wieder auf der Straße, war aber überhaupt nicht deprimiert, sondern schüttete mich aus vor Lachen, haha, dieses grüne Jackett, haha, diese roten Haare! Und was Arbeit anging – was konnte mir schon passieren, ich war doch Native Speaker, alle Welt riss sich um mich! Und tatsächlich: Eine Woche später war ich bereits Deutschlehrer an einem Gymnasium, wenn auch nur für die Hälfte des Honorars, das ich von der Fuchsfrau bekommen hätte. Das spielte aber keine Rolle – ich war dafür aus dem Nichts zum »Professor« aufgestiegen, wie man in Polen die Lehrer nennt.

Mein Lieblingserlebnis in den ersten Warschauer Monaten waren Straßenbahn-Havarien auf der sechsspurigen Aleja Jana Pawła II. Die alten sozialistischen Bahnen machten alle paar Wochen schlapp, und wie das so ist bei Straßenbahnen: Sobald ein Zug hält, stauen sich hinter ihm binnen kurzer Zeit fünf, zehn und sogar zwanzig nachkommende Bahnen. Interessant war, was dann geschah. Die Fahrer öffneten die Türen, und die meisten Passagiere stiegen aus. Einige wenige nur warteten geduldig auf die Behebung des Schadens. Sie kamen mir immer vor wie erleuchtete Zen-Meister, die bereits die Nichtigkeit allen menschlichen Treibens durchschaut haben. Ich selbst besaß diese Weisheit leider noch nicht und sprang deshalb mit dem Pulk hinaus. Es war ein anarchischer Moment, der schlagartig meine Laune verbesserte: Dutzende, manchmal Hunderte von Menschen quollen aus den Bahnen und zwangen so den Autoverkehr zum Anhalten. Man zwängte sich rücksichtslos zwischen den Autostoßstangen hindurch zum Bürgersteig, aber keiner der Pkw-Fahrer hupte, alle hielten sich bedeckt, denn wir waren einfach zu viele Fußgänger, wir übernahmen die Macht, es war ein Gefühl wie bei einer Revolution. Auf dem breiten Bürgersteig strömten wir dann an der Hala Mirowska vorbei bis zur Kreuzung von al. Jana Pawła II und ul. Solidarności, um dort in Busse umzusteigen. Doch von revolutionärer Wut waren wir weit entfernt, ganz im Gegenteil: Wie immer in Polen, wenn etwas von Staats wegen nicht funktioniert, herrschte eine fatalistisch-lustige Stimmung. Der Staat gab sich eine Blöße – daran war man gewöhnt, und genau genommen hob es sogar die Laune. Man fühlte sich plötzlich verdammt frei.

Zwanzig Jahre später bietet sich den Warschauern immer seltener Gelegenheit zu dieser Art von Freiheitsrausch. Ihre Stadt und der gesamte Staat werden immer perfekter, der anarchische Spielraum immer enger. Warschau hat seine alten sozialistischen Straßenbahnen weitgehend ausrangiert, heute verkehren gelbe Alstom- und Pesa-Niederflurbahnen, die leise surren und nur noch sehr selten kaputtgehen. Während der Arbeit an diesem Buch, immerhin ein ganzes Jahr lang, habe ich nur noch eine einzige Giga-Havarie erlebt.

Als sehr angenehm empfand ich auch, dass es so gut wie keine konkurrierenden Ausländer und Touristen in Warschau gab. Es gab keine Sightseeingbusse, keine Schlangen an den Museumskassen, kein Pidgin-Englisch von Kellnern und Taxifahrern – das zwang mich gnadenlos, Polnisch zu lernen. Kleiner Haken an der Geschichte: Die Sprache war nicht ganz leicht. Aber auch dieses Problem gedachte ich schnell zu beheben. Ich meldete mich zum Polnischkurs an der Warschauer Universität an. Obwohl das Semester schon angefangen hatte, erhielt ich noch problemlos einen Platz. Die Nachfrage war so gering, dass man sich über jeden Neuankömmling herzlich freute.

Zwei Mal pro Woche saß ich nun im alten Pałac Kazimierzowski auf dem Uni-Campus zusammen mit fünfzehn anderen Ausländern, von denen ein Drittel bald wieder frustriert absprang. Niemand machte Hausaufgaben, es herrschte Galgenhumor. Angesichts der vertrackten Sprache fühlten wir uns alle gleich doof. In jeder Unterrichtsstunde gab es neue, verrückte Wörter. Sehr sonderbar fand ich zum Beispiel »facet« (gesprochen »fazet«), es heißt »Typ, Kerl«. Sehr gerne sprach ich dagegen »ufoludki« vor mich hin – »Ufo-Männchen«.

Ich kann nur jedem, der sich alt fühlt, den Rat erteilen: Geh ins Ausland, lern eine komplett neue Sprache – und du darfst noch mal im Sandkasten spielen.

Bolek

Genauso schnell wie den Platz im Sprachkurs bekam ich eine Wohnung. Dazu kaufte ich keine Zeitung, sondern hängte eine Anzeige am Schwarzen Brett der Universität auf, gleich in der Nische neben dem Haupttor: »Deutscher sucht Mitbewohner zur Gründung einer WG«. Meine Anzeige war die einzige dieser Art, und heute weiß ich warum: Es gab damals in Warschau noch so gut wie keine Studenten-WGs. Ein Student wohnte traditionell in einem Studentenwohnheim oder zur Untermiete in einer Privatwohnung. Doch ich hatte schon wieder Glück. Noch am selben Tag meldete sich ein Student, den ich hier einmal Bolek nennen möchte. Wir trafen uns zum Kennenlernen in der damals noch existierenden Milchbar »Karaluch« (Kakerlake). Bolek war klein, hatte eine große Hakennase und studierte Philosophie. Was mich erstaunte: Er war noch nie im Ausland gewesen und sprach höchstens drei Worte Englisch und vier Worte Deutsch. Wir kommunizierten also auf Polnisch. Ich fragte ihn, warum er mit einem Ausländer zusammenwohnen wollte. Er sagte, er wolle die Gelegenheit nutzen, sein schlechtes Schuldeutsch aufzupolieren. Diesen Grund fand ich plausibel. Während des ersten Gesprächs musste ich ihn mehrfach bitten, langsamer zu sprechen, da ich ihn nur mühsam verstand. Seine Lieblingswendung, die ich anfänglich für ein einzelnes Wort hielt, bestand in Wirklichkeit aus zwei Wörtern: »wobec tego«. In meinem kleinen Handwörterbuch fand ich den Ausdruck nicht. Erst in einem dicken Wörterbuch wurde ich fündig. »Wobec tego« bedeutete »angesichts dessen«. Bolek war nicht umsonst Philosophiestudent.

Er sagte mir, dass ich mich um nichts zu kümmern brauche, er werde sich ab jetzt jeden Tag mit der Wohnungssuche beschäftigen und mich immer benachrichtigen, wenn eine neue Besichtigung anstünde.

Tatsächlich telefonierte er eine Woche lang Dutzende von Wohnungsannoncen durch und nahm mich zu mindestens vier Besichtigungen mit. Gleich zu Beginn der Treffen teilte Bolek den Wohnungsbesitzern immer mit, dass sein Begleiter ein »Niemiec« sei, ein Deutscher. Das war mir anfangs noch peinlich, ich befürchtete ein Sinken unserer Chancen, doch bald erkannte ich, dass Bolek wusste, was er tat. Die Vermieter gerieten schlagartig in eine wohlwollende, ja verlegen-schmeichlerische Stimmung. Daran hat sich bis heute nichts geändert: Für Deutsche, Franzosen und andere (westliche) Ausländer ist Mieten in Polen kinderleicht, denn ein ausländischer Mieter ist der Wunschtraum der allermeisten polnischen Wohnungsvermieter. Bolek, ihren Landsmann, streiften sie hingegen mit misstrauischen Blicken. Sie verdächtigten ihn, wie er mir lachend erklärte, dass er ihre Wohnung gnadenlos abwohnen und sie am Ende mit der letzten Telefonrechnung sitzen lassen würde.

Wir hätten jede Wohnung haben können, die wir besichtigten, und entschieden uns schließlich für eine schön geschnittene Wohnung im Stadtteil Muranów. Ich begriff erst einige Tage später, dass die Straße zum jüdischen Ghetto gehört hatte. Das Haus selbst stammte aus der Stalinzeit. Es war ein vierstöckiger Monsterblock mit fast 200 Wohnungen. Das Treppenhaus war überheizt und heruntergekommen, die hellgrüne Wandfarbe blätterte in langen Streifen ab, und die Wasserrohre waren von unzähligen Umzügen bedenklich eingedellt. Ich verliebte mich aber sofort in unsere Wohnung, weil sie im obersten Stock lag, sodass man über den Nachbardächern die goldene Nadel des Kulturpalastes sehen konnte. Das gab ein Gefühl von Zentrumslage, das ich in Berlin immer vermisst hatte.

Die Vermieter waren ein nettes Ehepaar, Pani (Frau) Agnieszka und Pan (Herr) Tomek. Sie kamen einmal im Monat vorbei, um die Miete in bar einzustreichen. Bolek überließ mir ohne Diskussion das größere Zimmer.

Deutsch-polnische Missverständnisse

Zunächst ging alles gut. Wir saßen zusammen in der Küche und sprachen abwechselnd Deutsch und Polnisch, samstags besuchten wir gemeinsam die großen Diskotheken der Stadt (ja, damals hieß es noch »dyskoteka«, heute sagt man auch in Polen nur noch »klub«). Das Publikum war noch sehr bunt gemischt, alle tanzten mit allen. Und so betrat ich Orte, die ich in Berlin nie betreten hätte, weil sie mir nicht alternativ genug gewesen wären. Mal saß man neben Schlipsträgern und biederen Hausfrauen, mal neben Rockertypen und Studenten.

Meistens besuchten wir die Diskothek »Ground Zero« an der ul. Nowogrodzka. Sie befand sich im Keller einer Bank, es handelte sich um einen ehemaligen Atombunker aus der Zeit des Kalten Krieges. Man ging einige Treppenstufen nach unten und betrat eine Galerie, von der aus man eine riesige runde Halle mit stabilisierenden Seitenpfeilern überblicken konnte. Überall wimmelte es von Wachleuten. Sie standen rudelweise neben dem Eingang und inspizierten stündlich die Herrentoiletten. Auch sonst wimmelte es in Warschau von Security-Personal, jede Bank hatte so einen finsteren Gesellen an der Tür stehen, ja sogar Lebensmittelgeschäfte oder öffentliche Bibliotheken wurden von Uniformierten bewacht. Bei ihrem Anblick begriff ich erst richtig, dass ich in einem Transformationsland angekommen war, in dem kaltes Misstrauen herrschte. Die Verwandlung in ein kapitalistisches System, die seit 1989 das Land in Atem hielt, hatte das Vertrauen in Staat und Mitmenschen schwinden lassen.

Auch die Musik im »Ground Zero« war stilistisch noch sehr durchmischt. Abwechselnd wurden polnische und angelsächsische Bands gespielt. Ich lernte hier die Namen der klassischen polnischen Gruppen kennen: Lady Punk, Manaam oder Elektryczne Gitary. Getanzt wurde bisweilen sehr ekstatisch, nach Mitternacht sogar auf dem Tresen. Die Hits des Winters 1994/95 stammten von Nirvana. Seit Cobains Selbstmord waren »Smells like teen spirit« und »Come as you are« blitzartig zu Mainstreamsongs avanciert. Was hätte der Gott des Grunge gesagt, wenn er in Warschau gesehen hätte, wie zu seiner Musik amerikanische Fondsmanager herumhüpften, die mittags noch eine polnische Bank aufgekauft hatten?

Bolek tanzte wenig. Meist stand er an der Bar und sprach schöne Frauen an. Mit dem Kennenlernen hatte er dank seiner charmanten Art keinerlei Probleme, wohl aber mit der Finalisierung. Fast immer trottete er gegen drei, vier Uhr morgens enttäuscht mit mir nach Hause zurück. Seine Misserfolge schob er darauf, dass die Schönen nicht von einem Landsmann, sondern von einem Ausländer abgeschleppt werden wollten. Ja, wenn er ich wäre! Dann würde er ein ganz anderes Leben führen! Es tröstete ihn allerdings, dass der lebende Gegenbeweis seiner (typisch polnischen) Vermutung genauso solo nach Hause schlich. Zum Ausgleich hielt Bolek sich an seinen Kommilitoninnen schadlos. Freitagabend saß er immer im Wohnzimmer an unserem giftgrünen Siebzigerjahretelefon und machte mit gurrenden Worten ein »randka« (Rendezvous) klar. Der Sonntagnachmittag war Randka-Zeit. Am liebsten verabredete er sich im Café Blikle an der ul. Nowy Świat. Dort gebe es die besten Krapfen. Ein Sonntagnachmittag, den er nicht bei Blikle verbracht hätte, wäre für ihn ein verlorener Sonntag gewesen. Unterwegs ins Café besorgte er meist noch eine dunkelrote Rose für die Auserwählte.

Für Kaffee, Krapfen und Rosen hatte er immer Geld übrig. Aber mit der Miete wurde es eng. Kurz bevor unser Vermieterpaar zum dritten Mal erschien, ließ Bolek sehr zerknirscht die Katze aus dem Sack: Er habe so emsig eine Wohnung für uns gesucht, weil er eigentlich davon ausgegangen sei, dass ich die Miete übernähme ... na ja, zumindest achtzig Prozent ...

Was? Wie? Ich war entsetzt und wütend, lief mit dem Metermaß in der Wohnung herum und bewies ihm, dass er zwar das kleinere Zimmer bekommen habe, aber trotzdem mindestens vierzig Prozent der Miete übernehmen müsse. Ich sei ebenfalls kein reicher Mann, sondern ein kleiner Deutschlehrer, der sich jeden Złoty vom Mund absparen müsse, genau wie er selbst!

Bolek zuckte nur resigniert mit den Schultern: Er habe eigentlich überhaupt keine Einnahmen, lebe von dem wenigen Geld, das ihm seine Mutter gebe. Sie sei Köchin in einem katholischen Priesterseminar auf dem Land. Neben dem Studium her arbeiten könne er nicht, denn er habe wegen des vollgepackten Stundenplans überhaupt keine Zeit dafür.

Das empfand ich als flaue Ausrede – mein Stundenplan in Berlin hatte doch lediglich aus zwei Seminaren pro Woche bestanden! Also hielt ich ihm eine dicke Moralpredigt. Nicht seine finanzielle Klammheit ärgere mich, sondern seine wochenlange Taktiererei. Außerdem natürlich dieses Schubladendenken, als sei jeder Deutsche ein reicher Scheich!

Es war mein bis dahin längster Monolog in polnischer Sprache. Wir saßen in der Küche einander gegenüber, und ich sehe noch Boleks traurige Augen. Er widersprach nicht, verbesserte auch nicht mehr meine stümperhafte Grammatik, sondern blieb durchweg stumm. Zwei Tage später zog er aus.

Heute tut es mir wahnsinnig leid. Erstens weiß ich, dass ein Student in Polen tatsächlich keine freie Minute hat. Zweitens war das Ganze ein typisch deutsches Kommunikationsproblem. Allein schon das Wort »Kommunikation« ist hoffnungslos unpolnisch. Es suggeriert schonungslose Aussprachen und herrschaftsfreien Diskurs, flache Hierarchien und furchtlose

Widerrede. Aber all das gab es damals noch nicht in Polen, jedenfalls nicht bei 25-Jährigen, die in einem Schulsystem erzogen worden waren, das kein »Nein«, keinen offenen Widerspruch kennt (und daran hat sich bis heute nicht allzu viel verändert). Inzwischen weiß ich: Ich hätte von Anfang an spüren müssen, welche Botschaften Bolek mir durch die Blume mitteilte. Warum hatte er sich eine Woche lang die Finger wundtelefoniert? Warum hatte er mir anstandslos das größere Zimmer überlassen? Natürlich, um mir indirekt mitzuteilen, dass er im Grunde genommen überhaupt kein Geld besaß. Doch leider hatte ich diese Andeutungen nicht verstanden, denn »Andeutungen« gibt es nicht für einen deutschen Kommunikationsfetischisten. Alles muss glasklar ausgesprochen und am besten noch drei Mal wiederholt werden. Indirektheit – nein, damit konnte ich überhaupt nicht umgehen. Und so war Bolek gezwungen, mir reinen Wein einzuschenken, eine furchtbare Situation für ihn, ein schlimmer Gesichtsverlust. Aus seiner Sicht war es ja keineswegs so gewesen, dass er mich wochenlang ausgetrickst und hingehalten hatte. Er hatte vielmehr geglaubt, dass wir auch ohne viele Worte einen unausgesprochenen Deal hätten: Der Pole hat kein Geld, der Deutsche kann kein Polnisch, deswegen macht der Pole die Arbeit, und der Deutsche zahlt. Und so prallte deutsche Kommunikationswut (»alles muss auf den Tisch«) auf polnische Diskretion (»alles durch die Blume«).

Bolek zog aus, und unser Kontakt schlief ein. Später sahen wir uns noch einige Male in der Stadt, aber es wurde nicht mehr gut. Bolek arbeitet heute als Abteilungsleiter einer großen amerikanischen Firma. Auf einem Internetfoto habe ich gesehen, dass er inzwischen eine getönte Riesenbrille trägt, die seine melancholischen Augen etwas härter macht. Es würde mich interessieren, wie er als Manager so zurechtkommt. Wie stellt er es zum Beispiel an, einem Angestellten seine Entlassung mitzuteilen?

Die besten Berliner Warschaus

Wenn ich heute in einen Berliner beiße, muss ich an Bolek denken, der seine Sonntags-Dates immer in der Traditionskonditorei Blikle an der ul. Nowy Świat veranstaltete, wo es nach allgemeiner Ansicht die besten Krapfen gibt.

»Krapfen« heißen bekanntlich in jeder Region Deutschlands anders. In Wuppertal sagt man »Berliner«, in Berlin »Pfannkuchen«, in Hessen »Kräppel«, in Süddeutschland »Krapfen«. Auf Polnisch heißen sie »pączki« (gesprochen »pontschki«. Übrigens schreibt man Substantive im Polnischen immer klein).

Die pączki von Blikle sind in der Tat sehr empfehlenswert. Am »tłusty czwartek« (Fetter Donnerstag = Weiberfastnacht), also vier Tage vor Rosenmontag, wenn alle Warschauer einen oder auch zehn Berliner kaufen wollen, bilden sich vor dem Geschäft lange Schlangen bis hinaus auf die Straße. Trotzdem würde ich heute sagen, dass es eine noch bessere Krapfenbäckerei gibt, und ich habe fast zwanzig Jahre gebraucht, um sie kennenzulernen. Ein Taxifahrer wies mich bei einer Fahrt durch den Stadtteil Wola mit gelangweilter Stimme darauf hin, dass wir gerade die Konditorei Zagoździński passierten. Ich stutzte, weil ich den Namen noch nie gehört hatte. »Na, die besten pączki Warschaus, wie alle sagen«, brummte der Fahrer, ein etwa sechzigjähriger korpulenter Mann. Bei mir gingen alle Alarmglocken an. Es ist selten, nach so vielen Jahren in einer Stadt noch überraschende Entdeckungen zu machen, aber noch seltener ist es, von einem Warschauer Taxifahrer einen positiven Satz zu hören. Ich bat ihn deshalb, sofort anzuhalten. Er fuhr hart an den Straßenrand heran. Hinter uns hupte jemand. Der Fahrer guckte nicht einmal schuldbewusst in den Rückspiegel. Autofahren in Warschau macht auch den sensibelsten Menschen innerhalb kürzester Zeit zu einem knallharten Egoisten. »Laufen Sie schnell. Ich warte hier.«

Krapfen der Konditorei Zagoździński – bomba!

Die Konditorei Władysław Zagoździński befindet sich seit 1925 an der ul. Górczewska 15, in einem alten Backsteinhaus, das im Krieg ausnahmsweise einmal nicht zerstört, sondern nur stark verrußt wurde. Seither wurde hier nichts renoviert. Private Firmen, die fast hundert Jahre alt und in Familienbesitz sind (heute in vierter Generation), stellen in Polen eine absolute Rarität dar. Man muss sich das auf der Zunge zergehen lassen: Die Konditorei wurde noch tief in der Zwischenkriegszeit gegründet, hat dann fünf Jahre deutscher Zerstörungswut überstanden, fünfundvierzig Jahre kommunistischer Verstaatlichungswut und fünfundzwanzig Jahre Abrissbirnen-Kapitalismus. Und das Beste: In dieser Konditorei gibt es nichts anderes als Krapfen! Der Purismus geht sogar noch weiter: Als ich die Verkäuferin nach der Füllung der Krapfen fragte, erhielt ich die lakonische Antwort: »Marmelade«.

»Haben Sie keine pączki mit Eierlikör?«, fragte ich überrascht, »oder mit Schokocreme?« – »Nie, tylko marmolada – nein, nur Marmelade«, lautete die leicht pikierte Antwort. »Seit 1925 nur Marmelade.« Und plötzlich sehr nett, ohne jede Belehrung, ohne Qualitätsarroganz, schob die Verkäuferin noch hinterher: »Wir experimentieren nicht.«

Ich war schon wieder baff. Keine Experimente? Das ist purer Adenauer und in Warschau so selten, dass ich gleich zwei Berliner auf einen Schlag kaufte. Kostenpunkt für beide: etwa ein Euro zehn. Schon beim Verlassen des Ladens biss ich in den ersten rein: Hmjamjam, unvorstellbar weich, noch ein bisschen warm, zerging im Mund, die Marmelade schmeckte kein bisschen nach Konservierungsstoffen, der Puderzucker war nicht so dick draufgekleistert, dass er auf die Hose gestäubt hätte: einfach perfekt!

Doch Vorsicht: Zagoździński schert sich nicht um verordnete Öffnungszeiten, sondern hat nur so lange geöffnet, wie der Vorrat reicht. Auch das ist im Turbokapitalismus Warschaus eine beeindruckende Seltenheit. Einmal kam ich um fünfzehn Uhr nachmittags und fand ein Schild an der Tür: »Geschlossen wegen Mangel an Ware«. Man sollte am besten vormittags hingehen.

Einige Geheimnisse der polnischen Straßennamen

Die Abkürzung »ul.« auf fast jedem Straßenschild bedeutet »ulica« (Straße), gesprochen »ulitza«.

Weitere Abkürzungen:

»pl.« bedeutet »plac, Platz«, zum Beispiel »pl. Bankowy, Bankplatz«.

»al.« bedeutet »aleje, Allee«, zum Beispiel »al. Jerozolimskie, Jerusalem-Allee«.

Für ausländische Touristen ist verwirrend, dass alle Straßen, die nach bekannten Männern benannt sind, ein »a« am Ende haben, etwa »al. Jana Pawła II« (Jan Paweł = Johannes Paul II.) oder »Skwer Willy Brandta«. Das »a« am Wortende bezeichnet den Genitiv, also »Allee des Johannes Paul II.« oder »Square des Willy Brandt«. Phonetisch gesehen ist meine Lieblingsstraße in Warschau übrigens die »ul. Johna Lennona«.

Zwei in diesem Buch öfter auftauchende Straßen sind die »ul. Anielewicza« und die »ul. Andersa«, benannt nach bedeutenden Persönlichkeiten der Kriegszeit. Offiziell beginnen diese Straßen aber mit dem Vornamen bzw. Titel, deswegen steht dort »ul. Mordechaja Anielewicza« und »ul. Generała Władysława Andersa«.

Es gäbe noch wesentlich vertracktere Geheimnisse der polnischen Straßennamen, doch spare ich sie mir für das Buch »Polen für Hardcore-Fans« auf.

5 MEISTER IM KOMBINIEREN

Griechischer Grillfisch beim chinesisch-vietnamesischen Polen

Um gerecht zu sein, sollte ich erwähnen, dass es auch in der ul. Chmielna 13 gute Berliner gibt, nämlich in der Konditorei Pawłowicz. Doch der Laden imponiert mir nicht so wie »Władysław Zagoździński«. Bei Pawłowicz gibt es die Berliner auf tausenderlei Art: mit oder ohne Zuckerglasur, mit oder ohne Eierlikör, Schokofüllung oder Marmelade. Und so ist es eigentlich auch normal in Warschau. In dieser Stadt wird experimentiert – auf Polnisch sagt man »kombiniert«. Ein gutes Beispiel für ein solches Kombinieren ist ein Restaurantbesitzer in meinem Viertel, den ich hier aus Diskretion mal »Pan Marek« nennen will. Über seinem Lokal hängt ein Schild, das mit schön verschnörkelten Leuchtbuchstaben ein klassisches chinesisches Restaurant anzukündigen scheint, sagen wir mal (verfremdet): »Zum goldenen Hühnchen«. Pan Marek hat einige Jahre im Fernen Osten gelebt, in Vietnam, und ist mit einer Vietnamesin verheiratet. Sie hängt im Restaurant ab und zu mal einen roten Lampion auf oder klebt ein Foto von Hanoi an die Wand. Nach kurzer Zeit begann Pan Marek mit der Kombiniererei. Als Erstes ließ er neben seinem Firmenschild »Zum goldenen Hühnchen« noch links und rechts in großen Leuchtlettern »Pepsi Cola« anbringen. Nun sah das Lokal plötzlich nicht mehr chinesisch aus, sondern eher wie ein ziemlich billiger Schnellimbiss. Aber Pan Marek ging es genau darum: Er wollte nicht nur zahlungskräftige Kenner der chinesischen (in Wahrheit vietnamesischen) Küche erreichen, sondern auch der gewöhnlichen Laufkundschaft signalisieren, dass man hier auch einfach mal eine Coladose mitnehmen kann. Doch diese Erweiterung seines Kundenspektrums genügte ihm noch nicht. Nach einem Urlaub in Griechenland kam er auf die Idee, sich einen riesigen griechischen Fischgrill anzuschaffen. Nirgendwo in der Nähe gebe es eine Fischbraterei, sagte er mir eifrig. Wiederum einige Monate später heuerte er noch einen kubanischen Weinexperten an, der ihm helfen sollte, einen anständigen Weinkeller aufzubauen, da es in unserem Viertel auch keinen vernünftigen Weinladen gebe. Nun hatte er alle an Bord, das ganze Viertel: die Colatrinker, Weintrinker, Fischliebhaber und Chinese-Food-Fans. Sorge, dass sie mit der Zeit alle wegbleiben könnten, hat er nicht, denn Pan Mareks Philosophie ist das Gegenteil von »Besinne dich auf dein Kerngeschäft«. Man kann sein Lokal boshaft als »Gemischtwarenladen« bezeichnen, aber man kann auch positiv sagen: Ein echter Warschauer ist das Gegenteil von einem dogmatischen Fachidioten. Er ist nach allen Seiten hin offen!

Kombinationsweltmeister J. Kaczyński

»Trzeba kombinować – man muss kombinieren!« Das ist das Lebensmotto der Hauptstädter. Der eingangs erwähnte Schlager reimt es so: »Nie masz cwaniaka nad Warszawiaka – es gibt kein größeres Schlitzohr als den Warschauer.« Auf YouTube kann man sich eine moderne Rap-Version dieses Schlagers angucken, von einem gewissen Krzysztof Skonieczny gesungen. Sie hat es bereits auf über fünf Millionen Klicks gebracht.

Größtes Schlitzohr im ganzen Land ist denn auch unzweifelhaft ein echter Warschauer, also »von Großvater und Urgroßvater her«, nämlich der ehemalige Premierminister und Chef der Regierungspartei PiS (»Recht und Gerechtigkeit«), Jarosław Kaczyński. Schon die Art und Weise, in der er 2005 nach den Wahlen seinen Mitbewerber Donald Tusk in die Opposition schickte, war höchst gerissen. Bis zur Wahl war ganz Polen von einer Koalition der beiden konservativen Parteien PiS und PO ausgegangen. Doch nach der Wahl schlug Kaczyński eine Volte und paktierte mit zwei exotischen Kleinparteien, die er bis dahin immer lächerlich gemacht hatte. Auch seine Versicherung, dass er niemals Premierminister werden wolle, wenn sein Bruder Lech zum Staatspräsidenten gewählt werden würde, war nur ein Trick. Lech gewann die Wahl tatsächlich, und Jarosław salbte daraufhin, um der Öffentlichkeit Sand in die Augen zu streuen, einen völlig Unbekannten zum Premierminister. Nach einer Anstandsfrist von wenigen Monaten sägte er ihn dann schnell wieder ab. Nun konnte er selbst das Land regieren, und das Foto, wie er von seinem Zwillingsbruder Lech, dem Staatspräsidenten, die Ernennungsurkunde zum Premierminister erhielt, darf als ein symbolischer Triumph der schlauen Hauptstädter über den staunenden Rest Polens gewertet werden. Doch 2007 rächte sich das gefoppte Land, und für Jarosław Kaczyński kam eine bittere Wahlniederlage. Danach versuchte er sieben Jahre lang, seinem Amtsnachfolger Donald Tusk das Leben schwer zu machen – wieder mit allen Tricks.

Einen dieser Tricks holte Kaczyński am 20. März 2013 aus seiner geräumigen Kiste. Für diesen Tag hatte seine Partei im Parlament mal wieder ein konstruktives Misstrauensvotum gegen Tusk beantragt. Gesetzlich vorgeschrieben ist dabei, dass die antragstellende Partei einen eigenen Kandidaten für den Posten des Premierministers benennt. Weil Kaczyński aber voraussah, dass sein Kandidat und das gesamte Misstrauensvotum von der Regierungskoalition mühelos abgeschmettert werden würde, schickte er als Kanonenfutter einen Soziologieprofessor namens Piotr Gliński ins Rennen. Der Haken an der Sache: Professor Gliński war kein Sejm-Abgeordneter und durfte deshalb nicht vom Rednerpult aus sprechen. Er saß lediglich oben auf der Zuschauertribüne. Kaczyński, das Warschauer Schlitzohr, fand eine geniale Lösung, um das Verbot zu umgehen. Er trat ans Sejm-Mikrofon und sagte zu den fast fünfhundert versammelten Parlamentariern: »Wer könnte den Antrag auf das heutige Misstrauensvotum besser begründen als Professor Gliński selbst?« Damit zog er ein modernes Tablet heraus, drückte auf »play« – und die erstaunten Abgeordneten sahen eine Pressekonferenz, die Professor Gliński kurz zuvor gegeben hatte. Natürlich war der Bildschirm des Tablets für den großen Parlamentssaal viel zu klein, Kaczyński presste das Gerät deswegen dicht an das Pultmikrofon, damit zumindest die Worte Glińskis verstanden wurden. Unterstützend eilte sein junger Fraktionssprecher herbei, um dem 64-jährigen Kaczyński zu zeigen, wie er den Ton am Tablet lauter machen könne. Es war trotzdem immer noch nichts zu verstehen, außerdem brachen viele Abgeordnete in lautes Lachen aus. Auch Kaczyński selbst konnte sich eines breiten Grinsens nicht erwehren, hielt aber unverdrossen weiter das Tablet ans Mikrofon und rief: »Wenn Sie ruhig wären, könnte man was verstehen!« Nur der damalige Premierminister Tusk konnte über diesen genialen Beweis von Warschauer Kombinatorik nicht lachen. Mit versteinerter Miene beobachtete er von der Regierungsbank aus die Mätzchen seines Widersachers. Lag seine miserable Laune etwa daran, dass er als kühler Danziger den Warschauer Kaczyński um seine Schlitzohrigkeit beneidete? Oder fasste er in dieser Stunde den Entschluss, sich bei nächstmöglicher Gelegenheit aus dem Warschauer Staub zu machen? Ende 2014 übernahm er jedenfalls in Brüssel das Amt des Präsidenten des Europäischen Rates. Clever nutzte Kaczynski die Gunst der Stunde. Da er selbst keine Wahlen mehr gewinnen konnte, hievte er bei der Präsidentschaftswahl einen jungen Gefolgsmann, Andrzej Duda, ins Amt. Anschließend stellte er seine Mitarbeiterin Ewa Szydło als Premierministerin gegen die blasse Nachfolgerin Tusks auf. Auch dieser Coup gelang. Seitdem ist er faktischer Herrscher Polens – ohne die lästigen Pflichten eines Staatsoberhauptes. An guten Tagen muss er nicht einmal sein Haus im Stadtteil Żoliborz verlassen.

Taxitherapie

Hier noch ein weiteres Beispiel für Warschauer Kombinatorik, das zugegebenermaßen wie ein arg konstruierter Gag wirkt, aber hundertprozentig authentisch ist.

Warschaus Flughafen liegt am südwestlichen Stadtrand und wurde für die Fußball-EM 2012 umfassend modernisiert. Eine ästhetische Perle ist dadurch nicht aus ihm geworden, aber wo auf der Welt gibt es einen schönen Flughafen? Offiziell ist er nach dem international bekanntesten Sohn der Stadt benannt, Frédéric Chopin, doch die Einheimischen nennen ihn so wie den Stadtteil, in dem er liegt: Okęcie. Man spricht das ungefähr »Okentche« aus. Ein Transfer mit dem Taxi ins Zentrum dauert normalerweise etwa zwanzig Minuten. Der Fahrpreis liegt zwischen sieben und fünfzehn Euro, je nach Firma. Taxifahren ist in Polen ziemlich kapitalistisch organisiert, das heißt, der Markt regiert sich selbst. Es gibt keinen einheitlichen Fahrpreis, jede Firma kann ihn selbst festsetzen. Das deutsche Taxisystem ist dagegen der reine Staatssozialismus.

Die Zahl der Warschauer Taxen ist enorm, sie beträgt mehr als 12 000. Im Verhältnis zur Einwohnerzahl hat die Stadt somit mehr als dreimal so viele Taxen wie Berlin (7500). Das ist für die Fahrer unerfreulich, hat aber für die Kunden den Vorteil, dass Taxifahren relativ billig ist und in jeder Lebenslage gerade ein Wagen um die Ecke biegt. Die Autos sehen nicht einheitlich gelb oder schwarz aus, sondern können alle Farben der Regenbogens haben. Die Fahrer sind in mehreren Dutzend Firmen organisiert. Man erkennt die jeweilige Firma am Schild auf dem Dach, z. B. »Sawa Taxi« oder »Wawa Taxi«. Daneben steht die Telefonnummer. Alle diese Firmen sind absolut clean und bieten leicht unterschiedliche Fahrpreise, die immer auf dem rechten Hinterfenster aufgeklebt sind.

Verwirrend ist aber, dass es auch Taxis gibt, die nur das Schild »Taxi« auf dem Dach haben, ohne Telefonnummer, ohne Firmennamen. Sie gehören meist brummigen Individualisten oder Rentnern, die in keiner Firma organisiert sind, weil sie keine Lust haben, die Gebühren für die Funkzentrale zu bezahlen. Auch von diesen Herren sind neunzig Prozent absolut ehrlich. Doch für zehn Prozent ... übernehme ich keine Haftung.

Irgendwo habe ich mal gelesen: Zu einem richtig schönen Urlaub gehört, dass man gleich bei der Ankunft von einem Taxifahrer abgezockt wird.

Nach dieser Definition garantiert zumindest der Warschauer Zentralbahnhof noch keinen richtigen Urlaub. Der Bahnhof wird ausschließlich von zwei großen Taxifirmen bedient, die absolut seriös sind. Die Fahrer sitzen in ihren Taxen links und rechts der Bahnhofshalle und warten dort ganz ruhig auf Fahrgäste. Man wird nicht betrogen – versprochen. Allenfalls könnte man bemängeln, dass manche Fahrer die Koffer der Fahrgäste ein bisschen allzu phlegmatisch in den Kofferraum hieven.

Am Flughafen ein ähnliches Bild. Neunzig, nein: 98 Prozent aller dortigen Taxifahrer sind sauber. Auch hier gibt es wieder zwei oder drei Firmen, die das Monopol haben, über das sich die Fahrer der übrigen Firmen natürlich sehr ärgern. Wenn schon Kapitalismus, dann auch schrankenloser Kapitalismus ohne Privilegien! Aber das wünscht die Flughafenverwaltung nicht. Deswegen dürfen alle übrigen Taxifirmen den Flughafen nur anfahren, wenn sie zuvor von einem Kunden telefonisch geordert wurden. Internationale Fluggäste staunen nicht schlecht, wenn sie beobachten, dass polnische Passagiere in ganz andere Taxifirmen einsteigen als die, die am Halteplatz warten. Die Lösung: Die Polen kennen das System und haben gleich nach der Ankunft in Warschau schnell ein Taxi ihrer Lieblingsfirma bestellt. Doch wirklichen Grund zur Sorge gibt es nicht, die Flughafentaxis sind allenfalls ein bisschen teurer als die anderen Taxen, die nur auf telefonische Bestellung kommen.

Dann allerdings gibt es am Flughafen noch eine Restquote von etwa zwei Prozent Desperados. Diese Herren mittleren Alters und korpulenter Statur stehen nervös in der Ankunftshalle, mit Sonnenbrille und klimpernden Autoschlüsseln, und machen auf ahnungslose Ausländer Jagd. Wer ihnen in die Hände fällt, kann seinen Freunden hinterher eine schöne Anekdote erzählen. Heute bin ich an der Reihe.

Eines Tages kam ich ausnahmsweise nicht mit dem Zug, sondern per Flugzeug nach Warschau und wurde in der Ankunftshalle von einem der Desperados angesprochen: »Taxi, Taxi?« Mir fiel sofort auf, dass der Mann ein stark gerötetes Gesicht hatte. Alkohol? Nein. Eher wirkte er erregt darüber, dass ihn alle Leute bisher verächtlich beiseitegeschoben hatten. Auch bei mir rechnete er wieder mit einem kalten Ignorieren und schaute mich nervös an. Das tat mir irgendwie leid. Was sollte schon groß passieren? Ich war kein naiver Tourist mehr, sondern beherrschte die Landessprache und kannte auch den Preis, den ich normalerweise vom Flughafen bis zu meinem Haus bezahlen muss. Ich nannte meine Adresse und fragte den Mann, was die Fahrt kosten würde ... »Nein, nein!«, schnitt er mir lächelnd das Wort ab. »Über den Preis sprechen wir nach der Ankunft! Wir werden uns schon einig!« Er gebrauchte hier die beliebte polnische Wendung »dogadamy się«. Ich wurde misstrauisch. Diese Wendung fällt oft zu Beginn langwieriger Feilschereien.

»No dobrze – na gut«, sagte ich zögernd. Und bereute meine Entscheidung bereits.

Wir gingen ins Parkhaus hinüber, wo der Fahrer einen dunkelblauen Wagen japanischer Bauart abgestellt hatte. Ich stutzte. Auf dem Dach gab es überhaupt kein Taxischild, nichts, im Innern auch keinen Taxameter. Würde mich der Fahrer knebeln und in die Weichsel werfen?

Während ich es mir auf der Hinterbank bequem machte, fragte ich ihn, zu welcher Firma er gehöre. Er drehte sich um und musterte mich einen Moment lang, als wolle er prüfen, ob ich eine unangenehme Wahrheit vertragen könne. »Sie sind bei einem Psychotherapeuten gelandet.«

»Äh, wie bitte?«

Er wirkte völlig ernsthaft. »Ich habe ein Zertifikat für Psychotherapie. Wenn Sie ein Problem haben – schießen Sie los!«

»Ein Zertifikat? Von wem?«

»Von der Europäischen Gesellschaft für Psychotherapie.« Und nun musste der Mann doch grinsen und erzählte mir eine Geschichte, die gelinde gesagt unglaubwürdig klang.

Er gehörte zu einer Gruppe von etwa dreihundert Fahrern, die jahrelang im Personentransport gearbeitet hatte, als verhasste Konkurrenten der 12 000 Taxifahrer, die Warschau ohnehin schon hat. Die Personentransporteure waren eine Plage für die regulären Taxifirmen, weil sie ohne teure Taxilizenz auskamen und auf diese Weise günstigere Preise anbieten konnten. Nach jahrelangem Hin und Her wurden sie schließlich von der Stadtverwaltung verboten, zumindest für den Individualtransport. Doch 120 der abgewickelten Personenchauffeure nutzten ein legales Hintertürchen. Sie ließen sich bei irgendeiner dubiosen »Europäischen Gesellschaft für Psychotherapie« zu Therapeuten umschulen, was angeblich mit einem Aufwand von nur vier Stunden möglich war. Seither konnten sie ihren Kunden eine Psychotherapie in einer »fahrbaren Praxis« anbieten. »Nebenbei« wurde der Kunde von A nach B befördert.

»Wie können Sie mir denn psychotherapeutisch helfen?«, fragte ich meinen Fahrer.

»Wir bieten vier Therapieformen an. Erstens – wir hören unseren Patienten zu. Bei uns können Sie sich mal richtig aussprechen. Zweitens: Wir bieten eine Beruhigung der Sinne an. Wenn der Passagier während der Fahrt aus dem Fenster guckt, wird er durch die vorbeiziehende Landschaft in einen tranceartigen Zustand versetzt. Drittens bieten wir eine Schütteltherapie an, die beim Fahren durch Schlaglöcher entsteht. Davon haben wir ja in Polen genügend! Und viertens« – der Fahrer zeigte auf einen Geruchsbaum, der am Rückspiegel baumelte – »haben wir gute Aromabäumchen. Atmen Sie tief ein – Vanille-Kokos, ein wunderbarer Geschmack. Sie fühlen sich bei der Ankunft wie neugeboren!«

Ich sagte nichts mehr, sondern nutzte die zweite Therapieform, ruhiges Zum-Fenster-Rausgucken. Als wir an einer Ampel hielten, deutete der Fahrer auf einen roten Uralt-Jetta, der auf der Nebenspur hielt, ebenfalls mit einem Passagier auf der Rückbank. »Sehen Sie den da? Das ist mein ehemaliger Kollege von der Personenbeförderung. Er gehört allerdings jetzt zu einer Wachschutzgesellschaft.«

»Und warum hat er hinten einen Passagier drin?«

»Weil ihn seine bisherigen Passagiere jetzt als Personenschützer buchen können.«

Ich musste lachen. Er sagte entschuldigend: »Sie wissen ja: Wir leben in einem verrückten Land. Bei uns regiert der Neid. Einer gräbt dem anderen eine Grube unter dem Hintern. Und wenn die Stadtverwaltung uns frecherweise die Konzession entzieht, dann müssen wir eben kombinieren.«

Als ich in meiner Straße abgesetzt wurde, fragte ich nach dem Preis. Der Fahrer verlangte sechzig Złoty. Das entsprach fünfzehn Euro und war um ein Drittel mehr, als ich bei einer regulären Taxifirma bezahlt hätte. Ich bezahlte es, verlangte aber, dass ich noch ein Foto von ihm machen dürfte. Zu meiner Verwunderung hatte er nichts dagegen. Warum auch – es war ja alles völlig legal.

6 EIN ANGELEHNTES HINTERTÜRCHEN

Das älteste Lyzeum Warschaus

Und jetzt eine sehr ermutigende Nachricht: Die polnische Sprache ist gar nicht so hermetisch, wie es manchmal den Anschein hat. Es gibt da gerade für deutsche Touristen ein angelehntes Hintertürchen, nämlich die äußerst zahlreichen deutschen Lehnwörter. Ich selber kam erst nach einiger Zeit dahinter, wie groß dieses Türchen ist, man sollte eigentlich von einem sperrangelweit geöffneten Tor sprechen. Die gängigen Polnischlehrwerke schweigen sich darüber aus.

Meinem ersten Lehnwort begegnete ich kurz nach der Ankunft in Warschau. Wie schon erwähnt, fand ich schnell einen Job als Deutschlehrer, und zwar am ältesten Gymnasium der Stadt, dem Königin Hedwigs-Lyzeum (Królowa Jadwiga-Liceum). Es wurde 1874 gegründet, befand sich ursprünglich am Plac Trzech Krzyży, wurde aber im Krieg zerstört und im südlichen Stadtteil Mokotów wiederaufgebaut, in derselben Woronicza-Straße, in der heute auch das monumental-schrille Gebäude des staatlichen Fernsehens TVP steht (Siehe Kapitel 10).

Ich war, abgesehen von den Sportlehrern und den katholischen Schulpriestern, einer der wenigen männlichen Lehrer. Polnische Schulen, nicht nur die Grundschulen, sind fest in Frauenhand. Jeden Tag im Lehrerzimmer schwärmten mehr als vierzig adrette Kolleginnen um mich herum. Sie waren so dermaßen modisch gekleidet, dass man den Eindruck einer permanenten Fashion-Week haben konnte. Eines Tages hatten wir Besuch von einer Delegation deutscher Lehrer aus einer

Partnerschule im Oldenburger Land. Die Deutschen fragten mich heimlich, was denn bitteschön mit den polnischen Kolleginnen los sei? Warum seien die denn alle so herausgeputzt, gebe es heute vielleicht irgendeinen Feiertag? – Meine polnischen Kolleginnen wiederum ließen nach der Visite in dezenter Form durchblicken, dass sie die deutschen Studienräte und -rätinnen um ein Haar mit der Pennergruppe aus dem nahegelegenen Park verwechselt hätten.

Bruderszaft

Integrationsprobleme hatte ich keine, ganz im Gegenteil: Meine neuen Kolleginnen boten mir sofort das »du« an, verzogen allerdings das Gesicht, als ich umstandslos auch die Direktorin duzte, eine sehr nette, warmherzige Frau von Mitte fünfzig. »Das geht nicht«, meinten sie, »eine Direktorin darfst du in Polen überhaupt nicht mit Namen ansprechen, sondern nur mit ihrem Titel: Pani Dyrektor!« Als ich sie daraufhin zwar nicht mehr duzte, aber immer noch mit ihrem Nachnamen ansprach, weil mir der Titel »Pani Dyrektor« irgendwie nicht über die Lippen kommen wollte, schuf sie selbst charmante Abhilfe, indem sie mich während einer großen Pause in ihr Kabinett bat. Dort hatte sie schon zwei Teegläser bereitgestellt und bot mir nun mit feierlicher Miene das »du« an. Sie tat es mit dem interessanten polnischen Satz: »Chciałabym z panem wypić bruderszaft!« Zu Deutsch: »Ich würde gerne mit Ihnen Brüderschaft trinken!« Ich bejahte erfreut und hob mein Teeglas. Nachdem wir angestoßen hatten, bedankte ich mich dafür, dass sie extra für mich ein deutsches Wort in ihre Frage eingebaut hatte. Sie schaute mich verwundert an: Wieso deutsches Wort? Welches denn? Sie hatte doch nur Polnisch gesprochen!«

»Na, Brüderschaft«, sagte ich lächelnd.

»Wie? Handelt es sich denn bei ›bruderszaft‹ um ein deutsches Wort?«

Ich wurde unsicher und fragte wenig später die älteste Deutschlehrerin im Kollegium um Rat. Tatsächlich bestätigte sie, dass »bruderszaft« ein deutsches Lehnwort im Polnischen sei, das schon seit Generationen existiere. Kein Pole denke dabei an Deutschland, so wie kein Deutscher bei »Brief«, »Kapsel« oder »Fenster« das römische Weltreich vor sich sieht.

Doch »bruderszaft« war nur der Anfang. Je mehr ich ins Polnische eindrang, desto verwunderter war ich, wie viele Lehnwörter es gab. Eine Mathematiklehrerin lobte einen Schüler nach einer guten Klassenarbeit für das »majstersztyk«, das er ihr abgeliefert habe, also für das »Meisterstück«; unsere Direktorin beendete eine Konferenz mit dem Wort »fajrant«, die polnische Version von »Feierabend«; und oben auf dem Schulgebäude saßen die Tauben auf dem »dach«, wie mir eine Schülerin sagte. Da sie voraussetzte, dass ich »dach« vermutlich nicht verstehen würde, sagte sie erklärend »roof« dazu. Ich freute mich über jedes deutsche Lehnwort, da ich es nun nicht mehr extra lernen musste. Irgendwann erfuhr ich endlich: Polnisch ist sogar die Sprache mit den meisten deutschen Lehnwörtern weltweit! Viele sind über das Jiddische hereingekommen (von dem später noch die Rede sein wird), viele auch über das Schlesische, das ein unglaubliches Gemisch aus Deutsch und Polnisch darstellt. Wer da behauptet, Polnisch sei »total anders« als Deutsch, übersieht die Lehnwörter!

Mein absoluter Liebling ist das polnische Wort für »Dingsbums«. Es lautet »wihajster«, setzt sich also aus den drei Wörtern »wie heißt er« zusammen. Ich hörte es ausgerechnet von dem TV-Regisseur Leszek, der nun wirklich kein Freund der deutschen Sprache war. Er fiel aus allen Wolken, als ich ihn damit aufzog, dass er soeben Deutsch gesprochen habe. »Was?« sagte er auf Polnisch. »Wirklich? ›Wihajster‹ kommt aus dem

Deutschen? Weißt du was, das ist mir *gancegal*!« Und damit konnte ich ihn gleich noch mal aufziehen.

Auf Platz zwei, was die Zahl deutscher Lehnwörter angeht, steht übrigens das Russische. Gewiss, auch im Englischen gibt es deutsche Lehnwörter. Aber ihre Menge ist überschaubar. Ins Alltagsenglisch sind nur sehr wenige deutsche Wörter eingedrungen, darunter »kindergarden«, »angst«, »bratwurst« und »blitzkrieg«.

Umgekehrt wurde auch das Deutsche durch polnische oder allgemein slawische Wörter bereichert. Unsere »Grenze« kommt vom Wort »granica«; unsere »Gurke« kommt von »ogórek«; der »Fatzke« vom polnischen Vornamen »Wacek«, und das umgangssprachliche Wort »Penunzen« stammt vom polnischen Wort für »Geld« ab, »pieniądzy«.

Irgendwann begann ich damit, eine private Liste gemeinsamer deutsch-polnischer Wörter zusammenzustellen, aus denen schließlich eine kleine Geschichte entstand. Sie hat genau 500 Wörter, unter denen sich 55 *kursiv gedruckte* Lehnwörter befinden, deutscher oder polnischer Herkunft – also immerhin elf Prozent des Gesamttextes. Nur ganz wenige Wörter wird man erst nach zweimaligem Lesen verstehen. Um der besseren Lesbarkeit willen habe ich mir erlaubt, die polnischen Hauptwörter ausnahmsweise einmal groß zu schreiben.

Ein deutsch-deutsch-polnisches Märchen

Freddy lebte in Wuppertal und arbeitete als *Frizjer*. Die Arbeit machte ihm viel *Frajda*, obwohl sie nicht viele *Penunzen* brachte. Jedes Jahr freute er sich auf seinen *Urlop*, denn er hatte großes *Rajzefiber*. In dieser Saison wollte er, weil es so schön billig war, in einen *Kurort* namens Bad Saarow fahren, fünfhundert *Kilometry* östlich von Wuppertal. Freddy war sehr *sceptyczny*: Zum ersten Mal ging es in die ehemalige DDR, da konnte man schon eine leichte *panika* kriegen! Und tatsächlich: Das *Hotel* in Bad Saarow war ein *Masakra*. Die Badewanne war ein einziger *Syf*, und unter seinem Bett fand Freddy sogar einen alten *Rolmops*. Zum Mittagessen gab es immer nur eine dünne Tomaten-*Zupa*. Warum hatte er auch das billigste *Pensjonat* am Ort gebucht?

Jeden Abend ging Freddy in eine *Knajpa*. Der *Barman* hieß Herbert und hatte einen *Platfus*, war aber sehr *sympatyczny*. Freddy sagte Herbert sofort, dass Wetter, Essen und Frauen in Bad Saarow eine *Katastrofa* wären. Herbert antwortete langsam: »Dafür haben wir aber einen sehr guten *Wódka*, Grasovka mit dem Bisonkraut in der Flasche!«

Nach dem zehnten Glas sagte Freddy: »*Kolega*, du bist in Ordnung!« Sie tranken *Bruderszaft*, und irgendwann gestand Herbert, dass er früher bei der Stasi als *Szpicel* gearbeitet habe. Da zog Freddy sein *Sztambuch* aus der Tasche: »Soso, mein Urgroßvater war dafür *Feldmarszalek* im Krieg, jetzt sind wir *kwita*!«

Plötzlich hatte Herbert eine *Idea*. Er erzählte Freddy, dass sein *Szwagier* vor Kurzem nach Polen ausgewandert sei und in Warschau als *Fizjoterapeuta* eine steile *Kariera* mache. »Wie wäre es, Freddy, wir unternehmen auch mal eine kleine *Rejs* nach Polen?«

»Nach Polen?«, rief Freddy erschrocken. »Was für ein *Szajs*! Bad Saarow ist mir schon ostig genug!«

»Wieso?«, fragte Herbert. »Willst du nicht auch *Milioner* werden?«

»Nein, das *Ryzyko* in Polen ist mir viel zu groß! Dort wird mir doch sofort mein Portemonnaie aus der Hosentasche gezogen!«

Herbert lachte: »Keine Angst. Ich bin ein alter Ritterfan und habe im Kofferraum meines Wartburgs immer eine alte *Rynsztunk* zu liegen. Die kannst du anziehen, dann wird dir niemand mehr in die Tasche fassen!«

»*Genialne*!«, rief Freddy. »Jetzt hast du mich überzeugt! Wann soll's denn über die *Grenze* gehen?«

»*Gancegal*, morgen oder übermorgen. Ich seh uns schon, wie wir richtig *Gaz* geben und bei hundert Sachen das *Szyberdach* runterkurbeln!«

Doch dann geschah eine *Tragedia*. Der elfte Grasovka schlug bei Freddy ein wie eine *Bomba*. Ihm wurde kotzübel, er rannte zur *Toaleta* und übergab sich. Leider verfehlte er knapp den *Kibel*. Herbert kam mit dem Wisch-*Mop* angelaufen und war stinkwütend: »Du verträgst noch nicht mal elf Grasovka? Was seid ihr Wessis doch alle für *Hochsztapler*!«

Als Freddy am nächsten Morgen aufwachte, lag er auf einer *Materac* am Boden und hatte einen schlimmen *Kac*. In seinem Kopf kreischte eine riesige *Krajzega*. Er seufzte, zog sich seinen *Szlafrok* an und ging zum Frühstücks-*Bufet*. Anschließend fuhr er mit Herbert nach Warschau und lernte dort eine sehr *fajna* Frau namens Agata kennen. Sie lebt heute mit ihm in Wuppertal und macht ihm jeden Tag Pfannekuchen mit *Marmelada* und *Cukier Puder*!

7 EIN UTOPISCHES EXPERIMENT

Der Königstrakt

Marcel Reich-Ranicki erzählt in seiner Autobiografie »Mein Leben« von einem Spaziergang, den er in den frühen Fünfzigern mit Stanisław Jerzy Lec unternahm, dem bald auch in Deutschland berühmten Schriftsteller und Aphoristiker. »Vor bald einem halben Jahrhundert machten wir, Lec und ich, einen langen Spaziergang – vom Haus des Schriftstellerverbandes in Warschau bis zum wunderbaren Łazienki-Park und zurück. Es ist der schönste Straßenzug der polnischen Hauptstadt. Lec sprach unentwegt – und ich, von dem behauptet wird, nicht besonders wortkarg zu sein, lauschte schweigsam und begnügte mich damit, ihm mit gelegentlichen Stichworten zu dienen. Alles, was er erzählte, interessierte und amüsierte mich – nicht zuletzt seine improvisierten und leider nie notierten deutschen Wortspiele. Nach einer Stunde sagte er plötzlich: ›Das geht nicht so weiter. Wir reden ja immer nur über mich. Jetzt wollen wir über Sie reden. Sagen Sie mal, wie hat denn Ihnen mein letztes Buch gefallen?‹ Ich habe diese Äußerung vielen Kollegen erzählt, man hat sie immer wieder zitiert und oft auch anderen Autoren zugeschrieben: So entstand eine internationale, eine schon klassische Wanderanekdote.«

Der Geburtsort dieser Anekdote, der erwähnte »schönste Straßenzug der polnischen Hauptstadt«, ist der Königstrakt. Dabei handelt es sich nicht um einen offiziellen Straßennamen, sondern um eine historische Straße, die in ihrem Verlauf verschiedene Namen hat, ul. Krakowskie Przedmieście, ul. Nowy Świat, Aleje Ujazdowskie und noch andere. »Königstrakt« wurde sie genannt, weil hier die polnischen Könige mit ihrem Hofstaat entlangritten, wenn sie sich vom Stadtschloss aus zu den Bädern im Park und weiter bis zum Schloss Wilanów begaben. Die Strecke umfasst etwa dreizehn Kilometer. Hinter Wilanów führt die Straße dann noch weiter in den Süden, 300 Kilometer bis nach Krakau, wo sich der König immer noch oft blicken lassen musste. Der Trakt und seine Verlängerung war für den König sozusagen das, was für manche deutsche Minister die Autobahn zwischen Berlin und Bonn ist.

Die Adelsdemokratie

Wer gerade keinen kurzweiligen Aphoristiker an seiner Seite hat, kann einen Spaziergang über den Königstrakt dazu nutzen, sich einem unbekannten Kapitel polnischer Geschichte zu widmen. Die prächtigen Adelspaläste im Neorenaissancestil, die heute in Staatsbesitz sind, etwa die Universität oder der Präsidentenpalast, laden dazu ein, über die einzigartige Beziehung von Adel und König in Polen nachzudenken. Die knapp dreihundert Jahre von der Blütezeit des polnischen Königreiches im 16. Jahrhundert bis zu seinem Ende 1795 stellen ein hochinteressantes Menschheitsexperiment dar, das eigentlich in keinem Sammelband politischer Utopien fehlen dürfte. Seit dem Ende der Jagiellonen-Dynastie 1572 beschritt Polen einen europäischen Sonderweg, die sogenannte Adelsdemokratie. Polen war der liberalste Staat dieser Epoche. Die Thronfolge fand nicht mehr nach dynastischen Prinzipien statt, sondern der König wurde vom Adel gewählt. Außerdem fanden alle zwei Jahre Reichstage statt, bei denen nicht nach dem Mehrheitsrecht abgestimmt wurde. Stattdessen galt die Regel des »liberum veto«, die sich ab 1652 so weit verschärfte, dass ein Gesetz von einem einzigen Stimmberechtigten verhindert werden konnte. Dahinter stand die trotzige Ansicht, dass es überall nur wenige Tugendhafte gibt und die Mehrheit stets dumm ist. Friedrich Schiller hat das in seinem Demetrius-Drama bei der Schilderung eines polnischen Reichstags so formuliert: »Was ist die Mehrheit? Mehrheit ist der Unsinn; / Verstand ist stets bei Wen'gen nur gewesen.« Und Dieter Nuhr goss es in die Worte: »Geist addiert sich nicht, aber Dummheit schon.«

Polnische Politik des 17. und 18. Jahrhunderts ist ein ständiges Kräftemessen zwischen Adel und König. Das war in jeder europäischen Monarchie so – doch in Polen war der König meist der Unterlegene. Hierin liegt der Sonderweg in Europa, der die Einstellung der Polen zu ihrem Staat bis heute beeinflusst. Eine positive Folge dieses Weges war, dass es niemals einen Absolutismus französischer Prägung gab, keinen Sonnenkönig, kein Versailles, keinen Verkauf von Landessöhnen an fremde Armeen. Die Freiheit des Individuums war hier größer als anderswo, zumindest dann, wenn man zu den adligen acht bis zehn Prozent der Bevölkerung gehörte. (Übrigens lag der Anteil der Adeligen in Deutschland und den meisten anderen Staaten bei nur einem Prozent.)

In seinem heute immer noch lesenswerten Buch »Reise nach Warschau 1791–1793« beschreibt der Deutsche Johann Christoph Friedrich Schulz mit feiner Beobachtungsgabe eine freie Gesellschaft, die nicht gezeichnet ist vom Absolutismus: »Die kleinstädtischen Rücksichten auf den oberen und unteren Platz, die Schüchternheit im Widerspruche, das furchtsame Erwarten, ob ein Größerer einen anreden werde, das Zurückdrücken von Gruppen, die einem nicht bekannt sind, das erbärmliche Warten auf einen Gruß, das ängstliche Studium, einem jeden seinen Titel zu geben, das kindische Mildern des natürlichen Lautes der Stimme, das Zurückhalten eines witzigen Einfalles, aus Furcht irgendjemanden damit anzustechen, das matte, unterwürfige, überfeine Benehmen gegen die Weiber, und tausend andre Dinge, welche manche kleine große Welt in Deutschland quälen; von allen diesen findet man in den warschauischen Gesellschaften keine Spur, sondern man spricht und lacht, wie man sich gewöhnt hat, man behauptet, wovon man überzeugt ist, man widerspricht, wenn man anders denkt, man freut sich laut über frohe Dinge, man macht Witz, so viel man kann, man schämt sich nicht, der Erste bei Tische, der Durstige beim Glase, der Verliebte beim schönen, der Eifersüchtige beim treulosen Weibe zu sein; mit einem Worte: man gibt sich, wie man ist, und versperrt dadurch jedem Zwange die Türe.«

Doch die Freiheit hatte ihren Preis. Polen wurde zum ersten »failing state« der Moderne. Die Reichstage wurden zunehmend von russischen und preußischen Agenten gelenkt, die Kleinadeligen hohe Bestechungssummen dafür zahlten, dass sie die Abstimmungen platzen ließen. Zur Regierungszeit des polnisch-sächsischen Königs August III. (1733–1763) kommt überhaupt nur noch ein einziger Reichstag zum Abschluss. Bereits seit dem Nordischen Krieg 1700 taumelt das Land von Krise zu Krise. Weil der Adel sich weigert, Sondersteuern zu bewilligen, ist es für den König unmöglich, ein schlagkräftiges Heer aufzustellen. Stattdessen muss er mit kleinen, improvisierten Armeen von Krise zu Krise, von Brandherd zu Brandherd eilen – so lange, bis Polen in Europa nur noch eine Lachnummer ist. 1791 wird nach einem vierjährigen Beratungsmarathon die erste demokratische Verfassung auf europäischem Boden verabschiedet, gut zwanzig Jahre nach der amerikanischen Verfassung, aber noch ein Jahr vor der französischen Verfassung. Ganz im Sinne der Aufklärung erhalten Bürger, Bauern und Juden größere Rechte.

Doch all das ist bald schon Makulatur. 1792 marschieren zaristische Truppen in Warschau ein, 1794 entfesselt ein Brigadegeneral namens Tadeusz Kościuszko einen Aufstand gegen die russischen Besatzer, verliert die Entscheidungsschlacht, wird gefangen genommen und beschließt seine Tage im Schweizer Exil. Auch der letzte König Stanisław August Poniatowski geht ins Exil, kurioserweise nach St. Petersburg. Warschau fällt zunächst an Preußen, erhält aber 1815 einen russischen Statthalter, der das Land zunächst recht liberal regiert, aber nach dem Aufstand von 1830 brutal an die Kandare nimmt.

Aus dem Abstand von zweihundert Jahren stellt sich die Frage, ob man die Adelsfamilien auch weiterhin, wie bislang üblich, nur als egoistische Totengräber des polnischen Staates abtun kann. Vielleicht sollte man sie zur Abwechslung einmal mit philosophischer Sympathie betrachten. Sie kämpften um eine radikale Freiheit, die viele gute Eigenschaften in Polen hervorgebracht hat. Jeder, der das Land pauschal als »tief katholisch« bezeichnet und damit »stockkonservativ« meint, vergisst, dass im 16. Jahrhundert eine zweite, liberale Tradition begann und neben dem Katholizismus herlief. Diese Traditionslinie ist gekennzeichnet durch Skepsis gegen König, Kirche und Herrschaft aller Art, außerdem durch tolerante Respektierung abweichender Meinungen und tapfere Verteidigung des Individuums gegen die Mehrheit. Es ist nur ein ganz kleines bisschen übertrieben, wenn man die Entstehung der Solidarność-Gewerkschaft 1980 als Spätfolge der Adelsdemokratie ansieht.

Wer will, kann all dies, Aufstieg und Verfall der Adelsdemokratie, auf dem Königstrakt sehen – und zwar nicht nur vor dem geistigen Auge, sondern in Gestalt der prächtigen Adelspaläste, die hier stehen. Besonders der erste Teil des Trakts, die ul. Krakowskie Przedmieście (Krakauer-Vorstadt-Straße), wird von prächtigen Neorenaissance- und Barockpalästen gesäumt. Im weiteren Verlauf, am Łazienki-Park, kommt dann noch auf der rechten Seite der riesige Amtssitz des Ministerpräsidenten hinzu. Alle diese Paläste waren einmal private Residenzen, die den mächtigsten Adelsfamilien gehörten, den Radziwiłłs, Potockis oder Zamoyskis. Fast alle wurden im Krieg zerstört; immerhin einhundert sind nach 1945 wiederaufgebaut worden.

Keine Bannmeile

Im weiteren Verlauf des Trakts, hinter dem Pl. Trzech Krzyży (Drei-Kreuze-Platz), biegt nach links die ul. Wiejska ab. Hier befindet sich das Parlamentsgebäude, der »Sejm«. Und hier gibt es eine Besonderheit, die bis heute vom (möglicherweise allzu) liberalen Geist der polnischen Adelsdemokratie zeugt: Rings um das Sejm-Gebäude gibt es keine Bannmeile. Demonstranten dürfen bis unmittelbar an das Parlament herankommen. Gewisse Gruppen nutzen dies aus, um ihren Argumenten physischen Nachdruck zu verleihen. Nachdem etwa die Regierung von Premierminister Donald Tusk beschlossen hatte, das Rentenalter auf 67 Jahre anzuheben, kam es zu einer regelrechten Belagerung durch die Gewerkschaften, bei der eine Kette gespannt wurde, die nur Abgeordnete passieren durften, die gegen den Beschluss gestimmt hatten. Auch die oberschlesischen Bergleute sind gefürchtet. Sobald die Regierung gelegentlich die Absicht äußert, gewisse Privilegien für die Bergleute aufzuheben, fahren gleich in der nächsten Woche sechzig Busse aus Katowice vor...

8 IM WOHNUNGSWAHN

Das Kaufdogma

Nach mehr als zehn Jahren kaufte ich meinen Vermietern Agnieszka und Tomek ihre Wohnung ab. Zum einen hatte ich inzwischen, nach kargen Jahren als Deutschlehrer, einen einträglichen Job beim Fernsehen bekommen und sogar einen TV-Spot gedreht (»Ranimax – die Verdauungstropfen«). Zum anderen brauchte Tomek gerade eine Finanzspritze, weil er einen Bauernhof mit 800 Perlhühnern erwerben wollte.

Nach zehn Jahren Mieterdasein war ich nun also Wohnungsbesitzer. Das warf ein Grunddogma meiner Lebensphilosophie über den Haufen. Ich hatte mich bis dahin immer als einen überzeugten Mieter bezeichnet und war stolz darauf gewesen, nicht den polnischen Wohnungswahn mitzumachen.

In Polen mietet man Wohnraum nicht, sondern kauft ihn. Ein großer Teil der Bevölkerung kann sich diesen Luxus zwar nicht erlauben und muss mieten, strebt aber mit ganzer Kraft danach, diesen unwürdigen Zustand mittels Kreditbeschaffung schnellstens zu beenden. Mietverhältnisse dauern deshalb selten länger als zwei, drei Jahre und sind auf Mieter- und Vermieterseite meist von großer Lieblosigkeit und Flüchtigkeit geprägt. Meine zehn Mietjahre waren vermutlich absoluter Warschaurekord. Aber mit einem Monatsverdienst von etwa sechshundert Euro war jeder Gedanke an Kaufen unmöglich gewesen. Die Immobilienpreise lagen noch in den Nullerjahren deutlich höher als in Berlin. In meinem citynahen Stadtviertel kostete der Quadratmeter etwa 2500 Euro. Man musste sich dafür in einen vierzigjährigen Kredit stürzen und zusätzlich noch Geld bei der Oma pumpen – aber all das war den Leuten egal, sie taten es. Bereits die Studenten mieteten nur ungern und versuchten, so schnell wie möglich eine Einzimmerwohnung zu erwerben – »Kawalerka« heißt das (außerhalb Krakaus). Sie gelten als die beste Geldanlage.

Als ich nach Warschau kam, hatte ich noch nie einen Gedanken an den Kauf einer Wohnung verschwendet. Nun musste ich plötzlich heiße Diskussionen mit polnischen Freunden führen, die mich immer wieder drängten, endlich meinen eigenen Wohnraum zu erwerben: »Wenn du mietest, hast du am Ende nichts in der Hand!« Sie wunderten sich, dass ein Deutscher, den sie klischeemäßig für sehr clever in Gelddingen hielten, so naiven Widerstand dagegen leistete. Ich wiederum fand ihre Ansichten einfach nur spießig. Aber warte mal, dachte ich, wenn die Gesellschaft reicher und mobiler wird, endet der Wohnungskauf-Hype ganz schnell! Dann wird es sogar zu Protesten der jungen Leute gegen das Establishment kommen! Als Dozent an der Universität entwickelte ich vor meinen Studenten schon kühne Zukunftsszenarien mit brennenden Reifen und Massendemonstrationen, so wie sie in Westdeutschland 1968 stattgefunden hatten.

Reifen haben bis heute keine gebrannt, doch meine Prognose war trotzdem nicht ganz falsch. Die junge Generation entfernt sich mit Lichtgeschwindigkeit von ihren Eltern. In Polen gibt es heute zwischen fünfzigjährigen Eltern und ihren zwanzigjährigen Kindern einen Konflikt, wie man ihn in Deutschland allenfalls aus den Sechzigerjahren kennt. Das betrifft die Einstellung zur Religion, zur Ehe, zum Essen, zum Alkohol, zum Fahrradfahren, zur Tolerierung von Minderheiten – und natürlich auch zum Wohnen. Der Kauf einer Wohnung ist für die Zwanzigjährigen nicht mehr der alleinige Sinn des Lebens. Lieber wollen sie Omas Erbe für coole Klamotten, ein Smartphone oder eine exotische Reise ausgeben. Und geheiratet wird auch nicht mehr mit fünfundzwanzig. Stattdessen hängt man ein Zweitstudium im Ausland an oder gründet mit Freunden eine WG. Das Heiratsalter steigt, die Zahl der Singles steigt – und vor Kurzem habe ich sogar in einer seriösen Zeitung ein Plädoyer für »Mieten statt Kaufen« gelesen, vor zwanzig Jahren unvorstellbar.

Nur ich selbst habe mich gegen den Trend entwickelt. Ich habe nicht nur die Wohnung von Agnieszka und Tomek gekauft, sondern meine gierige Kralle sogar nach einer zweiten Wohnung ausgestreckt. Schuld daran war Pan Włodek, der Immobilienhai.

Pan Włodek, der Immobilienhai

Kurz nach dem Erwerb meiner Wohnung bemerkte ich, dass die kleine Einzimmerwohnung direkt neben mir ebenfalls ihren Besitzer gewechselt hatte. Das war eine gute Nachricht, denn sie hatte mehrere Jahre lang einem desolaten Alkoholikerpärchen gehört, das zum Albtraum unseres Hauses geworden war. Ständig schliefen sie ihren Rausch im Treppenhaus aus oder klingelten bei den Nachbarn, um sich einen Schraubenzieher auszuleihen, weil sie mal wieder ihren Wohnungsschlüssel verloren hatten und das Schloss abschrauben mussten. Ich glaube, am Ende war ich der letzte Mensch, der ihnen noch einen Schraubenzieher lieh, allerdings wohnte ich ja auch direkt neben ihnen und konnte mir mein Werkzeug sofort nach erfolgreichem Türaufbruch zurückholen. Ich hatte gerüchteweise vernommen, dass sie ihre kawalerka verkauft hätten, und das bestätigte sich nun, denn ich sah den neuen Besitzer leibhaftig vor mir. Er kniete im Treppenhaus direkt vor meiner Wohnung und war damit beschäftigt, seinen übel zugerichteten Türrahmen zu schmirgeln und zu spachteln. Altersmäßig schätzte ich ihn auf Mitte, Ende fünfzig. Er hatte strähnige weiße Haare und trug eine grüne Handwerkerlatzhose. Als ich meine Wohnung abschloss, drehte er sich nicht um, obwohl ich quasi mit dem Knie in seinen Rücken stieß. Aber er tat so, als wäre er total in seine Arbeit versunken. Diese Haltung behielt er tagelang bei, denn er arbeitete tatsächlich so lange an seinem Türrahmen. Ich machte schließlich, wie so häufig in Polen, den ersten Schritt und murmelte »dzień dobry«. Der Grobian murmelte »dzień dobry« zurück, vermied aber konsequent jeden Augenkontakt. Ich scherte mich nicht weiter darum, weil ich mich an diese Unhöflichkeit gewöhnt habe. Es ist kommunistisches Erbe, das meinen Wohnblock verhext hat, krankhaftes Misstrauen gemischt mit eiskaltem Desinteresse. Gegrüßt wird im Treppenhaus grundsätzlich nicht; sogar Mieter, die noch länger als ich im Haus wohnen, senken beim Vorbeigehen den Blick, sodass sie nicht mitkriegen müssen, an wem sie da gerade vorbeihuschen. Eine Mitschuld an dieser grauenvollen Anonymität gebe ich der ebenfalls aus kommunistischen Zeiten stammenden Durchnummerierung der Wohnungen. In polnischen Wohnblocks findet man an den Türen grundsätzlich keine Namensschilder, sondern nur Nummern. Das macht irgendwie auch aus dem Nachbarn eine Nummer – die immer gleich bleibt, egal, wer gerade in der Wohnung haust. Hätte ich eine Reformidee für Polen frei, würde ich »Namensschilder statt Wohnungsnummern« vorschlagen.

Bei meinem neuen Nachbarn spürte ich allerdings von Anfang an, dass hier mehr als die übliche Fremdheit vorlag. Er boykottierte mich regelrecht, und das bestätigte er mir auch später, als wir uns kennenlernten. Die Hausverwaltung hatte ihn darüber informiert, dass er neben einem bekannten Serienschauspieler einziehen würde, und das hatte bei ihm genüsslichen Trotz provoziert. Lieber hätte er sich mit dem Spachtel den Finger abgehackt, als mir einen neugierigen Blick zuzuwerfen.

Nachdem er den Türrahmen endlich perfekt abgespachtelt und weiß gestrichen hatte, baute er eine neue Wohnungstür ein. Sie hatte vier Schlösser, so wie die ältere Generation in Polen es auch heute noch hält, in Zeiten modernster Sicherheitstüren. Eine anständige Tür muss drei bis fünf Schlösser haben – so war es im Kommunismus, und so bleibt es!

Als Nächstes fing er an, im Innern seiner Wohnung zu hämmern. Eines Tages musste er aber doch mal bei mir klingeln, weil er eine Frage bezüglich des Gasanschlusses hatte, und so kam unsere Bekanntschaft in Gang. Mein neuer Nachbar hieß Włodzimierz, Koseform Włodek, war von Beruf Ingenieur, hatte in den späten Siebzigerjahren einige Zeit in Libyen gearbeitet, wo damals viele Polen beschäftigt waren, und gehörte nach 1989 zu den Systemverlierern, die keinen Job mehr fanden. Eine Weile führte er chinesische Naturarzneimittel nach Polen ein, dann hatte er so viel Geld zusammengespart, dass er sich auf ein lukrativeres Geschäftsmodell spezialisieren konnte: Er kaufte spottbillige heruntergekommene Wohnungen auf, renovierte sie und verkaufte sie weiter. In einem Land, in dem Wohnungen wie Goldbarren sind, kann man mit dieser Idee atemberaubende Gewinne machen. Er selbst beschrieb das Erfolgsmodell allerdings viel nüchterner, mit seiner heiser-knarzenden Stimme: »Zbieram i prostuję gwoździe – ich sammle Nägel und mache sie wieder gerade.«

Als ich ihn einmal augenzwinkernd fragte, wann er endlich genügend Geld beisammen hätte, um mit der Renovierungsplackerei aufhören zu können, wehrte er heftig ab: Er habe doch gerade erst angefangen! Er sei noch ein ganz armer Schlucker!

Ich kenne das Spiel inzwischen: Niemals zugeben, dass man Geld hat, denn nichts fürchtet man in Polen so sehr wie den sprichwörtlichen »uneigennützigen Neid« der eigenen Landsleute. Es gehört zu den eisernen Dogmen von Leuten wie Pan Włodek, dass kein Volk seine Nachbarn so häufig beim Finanzamt denunziert wie die Polen. »Wehe, du kaufst dir einen neuen Mercedes – sofort hast du wie von Zauberhand eine

Kontrolle vom Finanzamt am Hals.« Eben darum trug er wohl auch immer nur eine abgewetzte grüne Latzhose. Ich darf hier eine Warnung aussprechen: Man sollte in Polen nicht automatisch vom manchmal recht hilfsbedürftigen Aussehen der älteren Generation auf Armut und schwere Sorgen schließen. Es könnte sich auch um vorsichtige Millionäre wie Pan Włodek handeln. Das möchte ich manchmal dem einen oder anderen Deutschen ans Herz legen, der mal wieder die armen polnischen Handwerker in Berlin oder Köln bemitleidet. Wenn der wüsste! Linkisches Lächeln, brummige Antworten, verstrubbelte Haare und abgewetzte Latzhosen: Das gehört oft zum (höchst einträglichen) Geschäftsmodell.

Pan Włodek war, als das Eis einmal gebrochen war, ein knochentrockener Sarkast, seine Sicht der Welt rabenschwarz. Eine besonders kritische Einstellung hatte er gegenüber jeder Art von Autorität. Die Angestellten unserer Hausverwaltung hielt er für Diebe, die überhöhte Wasserrechnungen schrieben; die freiwilligen Mitglieder des Eigentümerrates waren für ihn gerissene Betrüger, die sich von diesem ehrenamtlichen Job geheime Vorteile versprachen. Doch wen er am allerwenigsten leiden konnte, waren Handwerker. Entweder besaßen sie die Frechheit, Bagatellarbeiten wie Tapezieren und Kacheln auszuführen, die jeder normale Mensch viel besser selbst erledigen konnte. Oder sie hatten die noch viel größere Frechheit, Dienstleistungen anzubieten, die der arme Jan Kowalski aus Sicherheitsgründen nicht selbst durchführen durfte, wie zum Beispiel Gas- und Elektrikerarbeiten. Als ich einmal nachmittags durch die angelehnte neue Tür in seine kleine Wohnung trat, um ein Pläuschchen mit ihm zu halten, schimpfte er, dass heute der Klempner da gewesen sei. Was für ein Stümper! Wie der die Rohre im Bad verlegt habe, total schief. Jetzt dürfe er einen neuen Klempner bestellen, der die Kacheln noch mal aufreißen und den Rohrverlauf ändern müsse. Kurwa! (Hure, der wichtigste polnische Fluch.)

Eines Tages, als Pan Włodek mit seiner Renovierung schon fast fertig war und die Wände malerte, fragte er mich listig, ob ich ihm seine kleine Wohnung nicht abkaufen wolle. Da sie genau neben meiner Wohnung liege, könne ich dann einen Durchbruch machen und meinen Wohnraum um zwanzig schöne Quadratmeter vergrößern!

Ich überlegte ein Wochenende lang und bejahte seine Frage dann, woraufhin er mir einen sehr hohen Preis nannte. Es war wirklich ein erkleckliches Sümmchen, etwa das Fünffache dessen, was er selbst dem Alkoholikerpärchen gezahlt hatte. »Das darf doch wohl nicht wahr sein!«, schrie ich und schlug in größter Verzweiflung die Hände vors Gesicht. Man muss sich in Polen manchmal benehmen wie auf einem marokkanischen Teppichbasar.

»Aber es ist doch alles frisch renoviert!«, rief Pan Włodek stolz und zeigte auf die neuen braunen Duschkacheln.

»Ich will aber keine Kunststoffdielen in der Wohnung und auch keine braunen Duschkacheln, also muss ich alles wieder rausreißen, Pan Włodek. Mitleid!«

Doch statt nun frank und frei einzuräumen, dass er mich a) für einen reichen Deutschen hielt, b) für einen reichen TV-Star und c) für einen Wohnungsbesitzer, der die einmalige Chance hatte, seine Wohnung zu erweitern, fing er an, heftig zu jammern. Der Preis KLINGE hoch, SEI es aber nicht, wenn man bedenke, dass er selbst ja letztlich der Dumme an diesem Geschäft sei. Er müsse nun wieder eine neue kawalerka suchen und ihren Kauf finanzieren, müsse wieder irgendwelchen Banditenhandwerkern viel zu hohe Preise zahlen und jede Menge neuer Kacheln verlegen. Oh, wie er das hasse! Darauf habe er nun wirklich GAR keine Lust! Er tue es dennoch, und zwar weil er mich schätze – und als Zeichen seines guten Willens biete er mir an, für die Vertragsunterzeichnung den billigsten Notar in ganz Warschau zu finden, sodass ich ein erkleckliches Sümmchen sparen könne. Die Aufgabe, einen Notar zu finden, obliege ja eigentlich dem Käufer, aber er werde sie mir netterweise abnehmen!

Er ging tatsächlich von seinem überhöhten Preis um keinen Groschen herunter. Aber was konnte ich schon machen? Meine Gier war geweckt, ich war zum Wohnungszombi mutiert – vermutlich unvermeidbar nach zehn Jahren Polenaufenthalt.

Bereits zwei Tage später klingelte Pan Włodek wieder an der Tür (telefonisch meldete er sich nie bei mir, weil er glaubte, dass ich als Ausländer von irgendwelchen Geheimdiensten abgehört würde). Also, er habe eine sehr charmante Notarin gefunden, die die Transaktion so billig wie möglich abwickeln werde. Ich würde fast tausend Złoty sparen!

Ich willigte erschöpft ein.

Am vereinbarten Tag wartete er vor dem Notarsbüro, zusammen mit seiner (sehr wortkargen) Frau. Wie sich herausstellte, war sie die offizielle Besitzerin aller seiner Wohnungen, etwa fünf an der Zahl. Gekleidet war Pan Włodek zur Feier des Tages in einen roten Nicki und eine ausgeblichene Jeans, außerdem hielt er einen hübschen Blumenstrauß in der Hand und war generell in phantastischer Laune. So hatte ich ihn, den ewigen Skeptiker, noch nie erlebt. War es die Freude über den satten Reibach, den er heute einstreichen würde?

Nein, es war eher erotische Gehobenheit. Als die Sekretärin des Notariats uns die Tür öffnete, wandte Pan Włodek sich zu mir und sagte heiser knarzend: »Hübsch, nicht wahr? Aber warten Sie noch, bis Sie ihre Chefin sehen, die ist noch hübscher!« Dass die Sekretärin und auch seine Frau diese Bemerkung mithörten, störte ihn nicht im Geringsten. Dann kam die junge Notarin herein. Pan Włodek zwinkerte mir zu: »Hatte ich recht?« Die Notarin war tatsächlich eine sehr attraktive Frau. Er gab ihr den Blumenstrauß und küsste ihr die Hand – eine in seiner Generation noch durchaus übliche Geste, Ausländern allerdings eher abzuraten.

Nun fing die Notarin an, den Vertragstext vorzulesen. Ab und zu machte sie Pausen, um sich bei Pan Włodeks Frau und bei mir zu vergewissern, ob alles korrekt war. Wir nickten dann pflichtgemäß und sagten: »Tak! – Ja!«. Pan Włodek beobachtete das strahlend. Plötzlich unterbrach er das monotone Vorlesen und scherzte in unsere Richtung: »Passt gut auf, ihr beiden, dass die Frau Notarin euch nicht beim nächsten Mal beiläufig fragt, ob ihr nicht vielleicht auch noch Mann und Frau werden wollt!« – »Und wenn Ihre Frau dann Ja sagt?«, fragte ich ihn. – »Dann werde ich ihr Trauzeuge!«, lachte er vollkommen schmerzfrei.

Kaum war die kleine Wohnung offiziell in meinen Besitz übergegangen, engagierte ich zwei Handwerker und ließ sie einen Durchbruch zwischen meinen beiden Wohnungen machen. Außerdem mussten sie die braunen Kacheln von Pan Włodek wieder herausreißen. Ich muss gestehen, dass ich die armen Männer ziemlich schroff behandelt habe, im Ohr eine weitere Maxime von Pan Włodek: »Man darf Handwerkern niemals sagen, dass man zufrieden ist, sonst werden sie übermütig.«

Nach zehn Warschauer Jahren war ich damit zum eiskalten Immobilienhai mutiert. Pan Włodek sah ich später noch einmal in der U-Bahn wieder. Er erzählte ächzend, dass er wieder in einem heruntergekommenen Wohnblock eigenhändig eine Renovierung durchführe. Wie sich im weiteren Gespräch herausstellte, handelte es sich um einen von Warschaus teuersten, lukrativsten Wohnblocks, direkt neben der U-Bahn-Station Świętokrzyska.

9 DANKE FÜR DEN M-KOMPLEX

Ein Städter ist ein Schimpfer

Je alteingesessener der Warschauer, desto lauter schimpft er. Das dürfte eine proportionale Gleichung sein, die für alle Großstädter gilt. Was haben zum Beispiel die Berliner nicht alles zu jammern: Der neue Großflughafen ist eine endlose Großbaustelle, ständig streikt die S-Bahn, die halbe Stadt spricht Türkisch, die Große Koalition ist Murks, die Kellner sind unfreundlich und die Gehsteige voller Hundedreck.

Und worüber wird in Warschau lamentiert? Nicht über die Ausländer – denn die gibt es gar nicht, zumindest nicht in wahrnehmbaren Größenordnungen. Die größte Ausländergruppe sind etwa 50 000 Vietnamesen, die aber im Stadtzentrum nur selten anzutreffen sind; sie lebten viele Jahre lang in einer Parallelwelt, schienen weder die öffentlichen Verkehrsmittel noch die Parks oder Einkaufsgalerien zu besuchen. Wenn man sie sah, dann nur bei der Arbeit, meist auf den großen Billigbasaren am Rand der Stadt. Aber auch hier ändert sich was. Vor Kurzem betrat ich einen Handyladen in der Bahnhofsunterführung. Der strahlend lächelnde Besitzer war ein etwa dreißigjähriger Vietnamese, sprach ein fast perfektes Polnisch, war mit einer Polin verheiratet und kannte mich sogar aus dem Fernsehen, weil er mit polnischen Serien aufgewachsen ist. Wir machten ein Selfie, und er sagte, dass in Warschau mittlerweile schon viele junge Vietnamesen leben, die in zweiter Generation bestens integriert sind.

Gejammert wird in Warschau natürlich auch über Großbaustellen, allen voran die zweite U-Bahn-Linie, die den westlichen Stadtteil Wola mit dem östlichen Praga verbinden soll. Seit Beginn der Arbeiten 2012 kommt es zu jahrelangen totalen Straßensperrungen, auch zu erheblichen Schlampereien, die Tunnelüberflutungen und Hauseinstürze zur Folge hatten. Ein erster Teilabschnitt mit sechs Stationen wird 2015 eröffnet, aber die Fertigstellung der gesamten Strecke soll sich noch mindestens bis 2019 hinziehen.

Sehr verspottet wurde eine Zeit lang Warschaus zweiter Flughafen in Modlin, fünfzig Kilometer östlich des Zentrums, der für die Billigfluglinien zuständig ist, sozusagen das Warschauer Pendant zu »Frankfurt Hahn«. Er ist häufig gesperrt, weil er in einem sumpfigen Gebiet gebaut wurde, in dem sich gerne Bodennebel bildet. Mehrere Fluglinien zogen sogar zum Warschauer Flughafen zurück, weil sie die dauernden Ausfälle satthatten. Inzwischen habe ich den Eindruck, dass man kaum noch spottet, sondern die Unbequemlichkeiten von Modlin zähneknirschend in Kauf nimmt.

Gejammert wird dafür umso heftiger über den Verkehrsinfarkt in der Innenstadt. Warschau steht in der europäischen Stau-Rangliste auf Platz eins, noch vor Brüssel. Durchschnittlich fast hundert Stunden im Jahr müssen Autofahrer hier im Schritttempo fahren. Die schlimmste deutsche Stadt, Köln, bringt es gerade mal auf 79 Stunden pro Jahr. Vorbei die Zeiten, als man zumindest zwischen neun und siebzehn Uhr relativ schnell durchs Warschauer Zentrum kam. An manchen Tagen ist kein Unterschied mehr zwischen morgendlicher Rushhour und »entspanntem Vormittagsverkehr« erkennbar. Schuld daran sind die neuen Wolkenkratzer im Stadtzentrum, die Tausende neuer Arbeitnehmer anlocken, aber durch keine einzige zusätzliche Straße, keinen Tunnel unterstützt wurden.

Heftig geschimpft wird natürlich auf die Politiker, allen voran auf den jeweiligen Stadtpräsidenten (so heißt hier der Oberbürgermeister). Seit mehr als zehn Jahren wird dieses

Amt übrigens von einer Frau bekleidet, Hanna Gronkiewicz-Waltz. Sie residiert im wunderschönen Rathaus am Plac Bankowy, einem klassizistischen Bau von 1825, der ursprünglich ebenfalls ein Adelspalast war. Vor dem Rathaus stand fast vierzig Jahre lang ein Denkmal des ersten sowjetischen Geheimdienst-Chefs Feliks Dzierżyński (1877–1926), der polnischer Abstammung war; auch der gesamte Platz war nach ihm benannt. Dzierżyńskis Skulptur wurde 1989 von aufgebrachten Bürgern demoliert; später errichtete man an dieser Stelle ein (totlangweiliges) Denkmal für Juliusz Słowacki (1809–1849), der neben Adam Mickiewicz als zweiter Nationaldichter Polens gilt.

Brüchiger Stolz

Die Schimpfparallelen zwischen Berlinern und Warschauern liegen auf der Hand. Doch nun zu einem gewaltigen Unterschied. Die Berliner schimpfen laut, sind aber abends unter der Bettdecke mächtig stolz auf ihre tolle Stadt. Was schadet es schon, dass der neue Flughafen ein paar Jahre später in Betrieb genommen wird – Millionen Touristen bestätigen den Berlinern zu jeder Jahreszeit und in jeder U-Bahn massenweise, dass sie in einer bundes-, europa-, ja weltweit beliebten Stadt leben.

Den Warschauern fehlt diese Bestätigung. Sicherlich, die Zahl der Touristen ist seit der Fußball-EM 2012 um einige Prozent gestiegen. Interessanterweise kommen vor allem mehr südländische Touristen in die Stadt, Italiener, Franzosen und Spanier – aber mit Budapest oder gar Prag kann man sich trotzdem noch lange nicht messen. Der Stolz der Warschauer ist deswegen sehr brüchig und schwach auf der Brust. Den Slogan »Wohnen, wo andere Urlaub machen« kann man sich hier jedenfalls nicht vorsingen. Der Warschauer lässt höchstens kurz mal die Muskeln spielen, wenn ein Ausländer oder – noch schlimmer! – ein Krakauer daherkommt und behauptet, dass Warschau grau und hässlich sei. Na warte, dem werden die Augen ausgekratzt! Aber sobald er wieder abgereist ist, sitzen alle da und seufzen: »Eigentlich hatte er ja doch recht!« Auf einer Garagentür bei mir um die Ecke gibt es ein böses Graffito: »Warszawa, europejska stolica kultury niskiej« – Warschau, europäische Hauptstadt der niederen Kultur. Keine Ahnung, was mit »niederer Kultur« konkret gemeint sein soll – vielleicht die mitunter recht ungezogenen Fußballfans von Legia Warszawa? Aber jeder versteht die Message: Warschau ist mies. Das ist nicht mehr das übliche Geschimpfe, es ist der pure Selbsthass.

Auch mein Freund Rysiek, der echte Warschauer und glühende Lokalpatriot, schimpft auf seine Stadt, und zwar wie ein Rohrspatz. Wir sitzen in einem Berliner Café, und nur wenige Sätze, nachdem er mal wieder über Krakau abgelästert hat, ändert er die Fahrtrichtung und hält eine Tirade gegen Warschau: »Im Zentrum passt doch nichts zusammen, keine Ordnung, kein Plan, Wolkenkratzer neben sozialistischen Plattenbauten, permanente Staus, Reklame-Shit an jeder Wand, das Zentrum ein großes Dorf, und die Schlafstädte Ursynów oder Żerań sind furchtbar hässlich!«

Rysiek kokettiert nicht, seine Wut jetzt ist genauso echt wie vorhin sein Stolz. Der Warschauer ist eben eine wandelnde Ambivalenz. Wenn er angegriffen wird, verfällt er in einen Verteidigungsreflex, aber wenn man seine Stadt lobt, wehrt er genauso aggressiv ab. Sagen wir, ich lobe die breiten Bürgersteige, weil man da so wunderbar flanieren kann …

»Welche Straße meinst du denn da konkret?«, fragt Rysiek sofort.

»Na, zum Beispiel die ul. Nowy Świat.«

»Die ul. Nowy Świat wurde nach dem Krieg von den Kommunisten wieder aufgebaut, aber ganz anders, als sie vorher war, eine Riesenfälschung. So breite Bürgersteige gab es doch vor dem Krieg gar nicht.«

»Na und? Trotzdem bequem«, antworte ich. »Genauso gerne flaniere ich die Marszałkowska vom Plac Konstytucji zum Rondo Centrum entlang.«

»Flanieren? Eher wohl Slalomlaufen! Die Warschauer Bürgersteige sind doch ein einziges großes Hundeklo!«

Es ist schwierig!

Und Rysiek ist wahrhaftig nicht der einzige Skeptiker. Einmal fragte ich einen Taxifahrer, der mich vom Bahnhof nach Hause beförderte, wie er sich in seiner Stadt fühle. Er antwortete trocken: »Strasznie – grauenvoll.«

Ich ließ mich schon wieder zu einer Lobeshymne verleiten. »Warum denn? Warschau hat sich doch so positiv entwickelt! Das neue Fußballstadion, die Fahrradwege an der Weichsel, die ul. Francuska in Saska Kępa, wo sich tolle Kneipen und Eisdielen angesiedelt haben ...«

»No i co – na und?«, knurrte der Taxifahrer. »Es gibt hier so eine Hetze. Alle hetzen immer nur.«

Abrakadabra – aus Warschau wird Polen

Doch jetzt wird die Sache noch viel brisanter, wir kommen zu einer weiteren Eigenart der Warschauer, die sie sicherlich mit den meisten anderen Polen gemeinsam haben. Sehr schnell geht das Geschimpfe auf die Heimatstadt über in eine generelle Kritik an Polen und der polnischen Mentalität als solcher. In Nanosekunden wird aus einem defekten Atom ein ganzes Negativuniversum. Der Taxifahrer, der die »ewige Hetze« in Warschau beklagte, äußerte zum Beispiel am Ende der Fahrt die Idee, dass Polen zu einem deutschen Bundesland werden sollte. Was Putin mit der Krim gemacht habe, sei nicht in Ordnung gewesen, aber in Polen würde sich niemand ärgern, wenn Angela Merkel im Bundestag verkünden würde, dass man Polen als 17. Bundesland aufnehmen würde. Ja wirklich, alle würden sich freuen!

Ilona, die Ehefrau meines Freundes Paweł, sagte mir eines Tages: »Warschau wimmelt von ekelhaften Neureichen ...«, um dann gleich ganz Polen in die Pfanne zu hauen: »... denn es ist so: Wenn bei uns in Polen jemand eine Firma gründet, möchte er gleich am nächsten Tag schon mit einem BMW herumfahren und seine Angestellten schikanieren. Was uns fehlt, ist Bescheidenheit und das Bewusstsein dafür, dass man für den Erfolg hart arbeiten muss, viele Jahre lang.«

»Na schön«, antwortete ich, um das Gespräch in überschaubare Dimensionen zurückzulenken, »aber Warschau hat sich doch sehr verschönert. All die neuen Gebäude, etwa das Museum der jüdischen Geschichte oder das Fußballstadion oder die Universitätsbibliothek!«

Hier schaltete sich Paweł ein und schüttelte schwermütig den Kopf: »Ja, richtig, es gibt inzwischen einige schöne Gebäude. Aber wie lange bleiben sie schön? Wir fangen immer mit großem Eifer an, aber wir können die Qualität nicht halten. Innerhalb weniger Jahre vergammeln die schönen Gebäude. Wir haben keinen Sinn dafür, dass man sie auch instand halten muss. Das ist uns zu langweilig. Guck dir doch unsere Ergebnisse im Fußball an. Wir haben ein schönes Stadion – aber wir qualifizieren uns nicht mal mehr für die Weltmeisterschaft.« (Der Satz fiel noch vor dem legendären 2:0 gegen den frischgebackenen deutschen Weltmeister im Herbst 2014.)

Nicht ich bin schuld – Polen ist es gewesen

Hallo, was hat bitte schön die Instandhaltung von Gebäuden mit Fußball zu tun? Doch hier sind wir auf das eingangs geschilderte Hauptproblem gestoßen: Warschau muss ausbaden, was eigentlich Polen verschuldet hat. Das ist nicht nur in den Augen der Ausländer so, die nicht nach Warschau kommen, weil sie negative Assoziationen zu Polen haben – sondern auch in den Augen der Warschauer selbst. Wenn man gerade nicht auf Warschau schimpfen kann – dann eben auf Polen!

In Berlin ist das bekanntermaßen ganz anders. Keinem Deutschen würde einfallen, Berlin mit ganz Deutschland zu identifizieren – im Gegenteil! Berlin ist die große Ausnahme von der Regel, everybody's darling, der wohltuende Kontrast zu München oder Stuttgart, arm, aber sexy, die Stadt der Alternativen und coolen Typen. Berlin entspricht in dieser Hinsicht Krakau. Auch die Krakauer haben ein ganz anderes Lebensgefühl als der Rest der Nation und sind stolz darauf, dass ihre tolle Stadt so einzigartig ist.

Manchmal werde ich gefragt, was ich als den größten Unterschied zwischen Polen und Deutschen ansehe. Meine Antwort: die Einstellung zum eigenen Land. Sie ist diametral verschieden. Wir Deutschen bezeichnen uns zwar nicht so gerne als Patrioten, weil gewisse Reizwörter (Vaterland, Fahne, Hymne) sofort negative Assoziationen auslösen. Abseits dieser Wörter fühlen wir uns aber pudelwohl in unserer Haut. Eine BBC-Umfrage von 2014 in allen EU-Ländern erbrachte für Deutschland eine überwältigende Eigenzustimmung. 68 Prozent der Bundesbürger waren mit sich und ihrem Land zufrieden. Polen hingegen lag auf den hinteren Rängen – obwohl die wirtschaftliche Tendenz positiv ist, die Autos immer dicker und die Urlaubsziele immer exotischer werden.

Wird sich die Einstellung der Polen zu ihrem Land jemals ändern? Ich weiß es nicht. Da können die wirtschaftlichen Fakten eine noch so positive Sprache sprechen – es hilft nichts. Über Polen hängt eine Smogglocke der Unzufriedenheit, eine kollektive Verschwörungstheorie: »Unser Land ist mies!« Sehr viele Leute frönen dem Hobby, jede persönliche Frustration auf ihr Land abzuwälzen. Der Tennisspieler Jerzy Janowicz, immerhin Millionenverdiener und Wimbledon-Viertelfinalist des Jahres 2013, schied bei einem der nächsten Turniere früh und schmählich aus. In der anschließenden Pressekonferenz mit polnischen Reportern platzte ihm der Kragen: »Wir sind generell ein Land, in dem es keinerlei Perspektiven gibt, weder im Sport noch in der Wirtschaft oder im Privatleben – für niemanden. Die Studenten studieren doch bloß dafür, um eines Tages wegfahren zu können. Wir trainieren in irgendwelchen Schuppen, und zwar nicht nur im Tennis. Es gibt keinerlei Hilfe, in keinem Sport oder Beruf. Jeder muss sich selber den Arsch aufreißen, um etwas zu erreichen.«

Janowicz übertrieb natürlich, legte den Finger aber in eine eiternde Wunde: Polen hat seit dem Eintritt in die EU 2004 fast zwei Millionen Einwohner durch Auswanderung verloren. Einige sind zurückgekehrt, doch die meisten bleiben weg, halbwegs integriert in Großbritannien, Irland, Deutschland oder einem der skandinavischen Länder. Was ist der Grund für die Massenflucht? Sicherlich nicht ausschließlich die Suche nach einem höheren Lebensstandard. Länder mit vergleichbarer postkommunistischer Ausgangslage, aber sogar niedrigerem Durchschnittseinkommen, wie Ungarn oder Tschechien, haben nicht annähernd so hohe Auswandererzahlen wie Polen zu verkraften. Einer der Gründe dafür könnte eben sein, dass es in Polen zum guten Ton gehört, die Schuld für persönliches Missgeschick dem Heimatland in die Schuhe zu schieben. Das Land steht quasi ständig am Pranger. Das hat psychologische Folgen. Es führt zu einer latenten Wut auf die eigenen Landsleute und zu starken Komplexen im Umgang mit westlichen Ausländern.

Kalte Maske, heißes Herz

In allen Reiseführern ist zu lesen, dass man in Polen von einer wunderbaren Gastfreundschaft empfangen wird. Ich mache mir dann immer ein bisschen Sorgen, dass die Touristen eine böse Enttäuschung erleben könnten. Die wunderbare Gastfreundschaft existiert zwar wirklich, gilt aber nicht im Kontakt mit Fremden auf der Straße, sondern bezieht sich auf Einladungen bei Privatleuten oder Geschäftspartnern. Wer hingegen im öffentlichen Raum ist und, sagen wir mal, auf dem Chopin-Flughafen nach einer Info fragt oder ratlos vor einem Ticketautomaten in der U-Bahn-Station steht, kann lange warten, ehe ihm jemand hilft. Ich wiederhole deshalb zur Vorsicht noch einmal, was ich schon am Anfang über die Aufzugführerin gesagt habe: Wichtig ist immer, den ersten Schritt zu tun. (Und ruhig Englisch sprechen! Fast jeder hat einen Onkel in Dublin oder einen Schwiegersohn in Birmingham.)

Der in Polen recht bekannte amerikanische Psychologe Philip Zimbardo hat es in einem Interview so formuliert: »Manchmal, wenn ich nach Polen komme, habe ich den Eindruck, in ein psychiatrisches Krankenhaus zu kommen. Niemand lächelt, eher wird man angeblafft, niemand spricht einen an ...Wenn ich auf der Straße mit einer Karte stehe, kommt niemand und fragt mich, ob ich Hilfe brauche – in anderen Ländern habe ich dieses Problem nicht ... Ich war gerade in London, und dort kann man euch gar nicht genug loben – nicht nur, weil ihr gute Bauarbeiter oder Klempner seid, sondern auch, weil ihr in der Wirtschaft oder in der Technologiewelt sehr gut zurechtkommt. Manchmal habe ich den Eindruck, dass sie euch dort mehr mögen als ihr euch selbst.«

Zum Glück übertreibt Zimbardo ein wenig, weil er nicht zwischen dem Verhalten in privater und öffentlicher Sphäre unterscheidet. Wer durch ein Warschauer Einkaufszentrum geht, sieht sehr viele lachende Gesichter, sicherlich mehr als in Deutschland – aber das gilt eben nur für private Gespräche, sagen wir mal: zwischen einer Mutter und ihrer erwachsenen Tochter. Sobald die beiden aber ein Geschäft betreten, verändern sich ihre Mienen schlagartig. Der Dialog mit dem Verkäufer ist meist kurz und sachlich. Zu herzlicheren Gesprächen kommt es mit fremden Leuten in der Öffentlichkeit eher selten.

Zwei Therapieversuche

Kein Wunder, dass es von Therapeuten wimmelt. Nicht nur Philip Zimbardo, sondern vor allem auch die polnischen Medien haben die Therapie »Bitte mehr Stolz auf das Erreichte!« gewählt. Um die Bürger mit ihrem Staat zu versöhnen, vermelden sie zum Beispiel: Polen ist Weltmeister im Export von Himbeeren und Äpfeln, drittgrößter Produzent von Bussen, polnische Roboter haben bei einem Turnier in Wien vier von zehn Goldmedaillen gewonnen, Polen produziert die drittmeisten unbemannten Flugzeuge weltweit, zwanzig Prozent aller europäischen Haushaltsgeräte werden in Polen produziert, polnische Gymnasiasten haben bei der Olympiade für Nachwuchschemiker in Vietnam die meisten Goldmedaillen gewonnen und so weiter. Die Taktik funktioniert allerdings immer nur kurzfristig. Wenn die Qualifikation zur nächsten Fußballweltmeisterschaft verfehlt wird, schmeißen alle wieder ihren Fernseher zum Fenster raus und seufzen: »War ja klar.«

Eine andere Taktik, um den Minderwertigkeitskomplex zu bekämpfen, erfolgreich vor allem bei Polens Intellektuellen, wird von dem Schriftsteller Andrzej Stasiuk angewendet, in Deutschland vor allem bekannt für seinen Roman »Die Welt hinter Dukla«. Stasiuk ist der berühmteste Zivilisationsflüchtling Polens. Geboren wurde er 1960 in Warschau, aber vor seinem 40. Geburtstag zog er in ein kleines Gebirgsdorf im Südosten Polens um. Er pfeift auf Exportrekorde oder Nachwuchsmedaillen und rühmt stattdessen mit grimmiger Liebe das provinzielle Polen. Je ostiger, grauer und postkommunistischer, desto besser. Paris ödet Stasiuk an, die Toskana bringt ihn zum Gähnen. In seinem Buch »Dojczland« rechnet er auch mit allem ab, was zwischen Rhein und Oder liegt. Wirklich gern reist Stasiuk nur gen Osten, in die Ukraine, nach Albanien, Kasachstan oder China – Hauptsache Osten und rostig. Interessanterweise zählt Stasiuk auch den Mittelwesten der USA zu diesem Osten. Endlose Öde, tiefe Provinz – herrlich!

Mein Freund Jakub, Universitätsdozent mit einer glücklichen Kindheit im Sozialismus, hat nicht nur jedes von Stasiuks zahlreichen Büchern gelesen, sondern fährt auch noch zur 30. Dichterlesung des Meisters irgendwo in einer Plattenbausiedlung am Rande Warschaus, wo Stasiuk aufgewachsen ist. »Du weißt doch längst auswendig, was er sagen wird!«, ziehe ich ihn auf. Aber Jakub schüttelt den Kopf, wissend wie ein wahrer Sektierer: Der Meister sei unerschöpflich! Je alternativer das Kulturzentrum, je ranziger die Sessel, desto mehr laufe Stasiuk zu Höchstform auf.

Anschließend berichtet Jakub mir froh, dass sich seine Erwartungen bestätigt hätten: Wieder habe der Meister erbarmungslos melancholisch die Anbiederei an den Westen verurteilt. Er habe den Kopf geschüttelt über die lächerliche Glamour-Sehnsucht der polnischen Mittelschicht. Findet euch endlich damit ab, habe er gesagt, dass Warschau ein Kuhdorf ist und die Polen alle von Bauern abstammen, bis auf eine ganz dünne Oberschicht, die aber im Zweiten Weltkrieg weitgehend von Deutschen und Russen liquidiert wurde. Doch was sei am Bauersein eigentlich so schlecht? Was hätten die großen Metropolen denn schon zu bieten außer bunt beleuchteten Megaboards?

Jakub beherzigt die Botschaft des Meisters und unternimmt am Wochenende abenteuerliche Fahrten in die Umgebung Warschaus, aber nur dorthin, wo sich sonst niemand hin verirrt. Er fotografiert eingebrochene Zäune oder graffitiverschmierte Bushaltestellen, zeigt mir Fotos aus den unscheinbaren Kleinstädten Wołomin oder Pionki, findet verkannte Reize in einer stillgelegten Fleischfabrik oder auf einem Autofriedhof. Zerfall, Schmutz und Armut – das sind ehrliche Dinge. Der Westen hingegen mit seinem Optimismus, seinem Glamour und seiner Geldgier – das ist für Jakub eine einzige »ściema«, zu Deutsch: ein Riesenbetrug.

Geheimtipp: Warschaus beste Milchbar

Ein Geheimtipp für alle Ostalgiker: Die eindeutig beste, authentischste Milchbar Warschaus ist die »Bar Gdański« (Danziger Bar) an der ul. Andersa 33. Sie ist gerade so weit vom Zentrum entfernt, dass sie von Modernisierungen und Touristusströmen verschont blieb. Hier hat sich seit 1989 nur wenig verändert. Die Wände des hohen Raumes sind gelb gestrichen, die Tische schlicht, die Kacheln blau. Hinter der Durchreiche sieht man die Köchinnen agieren, an der Kasse steht Pani Kasia, die Chefin, energisch und geradlinig. Übrigens habe ich noch nie in einer polnischen Milchbar einen männlichen Angestellten gesehen. Milchbars sind dampfgeschwängerte Monumente des polnischen Matriarchats, ebenso wie Schulen, Universitäten oder Behörden. Emanzipation in Polen – ja, sehr wichtig, aber viel ist bereits erreicht. Was die Zahl der Firmengründungen durch Frauen betrifft, liegt Polen sogar an der Weltspitze. Wo immer ich im Laufe der Jahre gearbeitet habe, hatte ich einen weiblichen Chef: zwei Schuldirektorinnen, eine Unidekanin, eine TV-Intendantin und eine TV-Produzentin.

Der Name »Milchbar« ist irreführend, weil er ein Paradies für Vegetarier suggeriert. Doch gibt es hier keineswegs nur Milchspeisen, sondern auch viele Fleischgerichte. Vielleicht

Pani Kasia, Chefin der »Bar Gdański«.
Links von mir Köchin Renia.

ist das Angebot sogar etwas allzu breit gefächert für unsere hochspezialisierte Zeit. Als Kunde kann man leicht in minutenlanges Grübeln geraten: was für eine riesige Speisekarte an der Wand! Es gibt dort mehr Gerichte als in einem Chinarestaurant, allein siebzehn verschiedene Suppen, darunter vier verschiedene Sorten von »Barszcz« (Roterübensuppe), aber auch Bohnensuppe, Hühnerbrühe und neapolitanische Nudelsuppe. Weiterhin gibt es viele Arten von Grütze (»kasza«), die in Polen sehr beliebt ist, und wer das alles nicht will, kann auch einfach Spiegeleier mit Speck bestellen – wenn man der Sprache mächtig ist. Die Speisen sind nämlich nur auf Polnisch angeschrieben, und die Kassiererin hat Besseres zu tun, als Übersetzungshilfe zu leisten. Die Bestellungen müssen ruckzuck und in sauberem Polnisch geäußert werden. Die Zeit drängt, denn die nächsten Kunden warten schon ungeduldig.

Mein Tipp: Einfach auf gut Glück irgendwas bestellen, auch wenn man das polnische Wort nicht versteht. So habe ich es in meiner ersten Zeit gehalten und immer brav aufgegessen, was mir von den Köchinnen gereicht wurde. Manchmal passte die Gurkensuppe nicht recht zum Vanillepudding, aber geschmeckt hat es immer.

Doch niedrige Preise und frische Speisen helfen den Milchbars nicht viel. Sie werden so stark mit dem verhassten Sozialismus assoziiert, dass es in Warschau nur noch sehr wenige von ihnen gibt. Die meisten jungen Leute setzen keinen Fuß hierher. Nicht einmal Jakub, der Ostalgiker, kommt her! Als ich die Chefin der »Bar Gdański« mit dieser Tendenz konfrontiere, widerspricht sie mir heftig: Sie habe viele Stammkunden aus sämtlichen Gesellschaftsschichten, vom Manager bis zum Obdachlosen, und sie könne mir auswendig die Zeiten herunterbeten, zu denen jeder Kunde die Bar betrete. Die würden alle wie am Schnürchen funktionieren!

Und das wage ich auch keine Sekunde lang zu bezweifeln.

Umarme die Komplexbeladenen

Zurück zum Thema Minderwertigkeitskomplex. Wie redet man mit Polen, die wie besessen auf ihr Heimatland schimpfen? Meine eigene Taktik war anfangs sehr naiv. Ich wies auf Krisenstaaten hin, die im Unterschied zu Polen nicht in einen eingebildeten, sondern in einen wirklichen Abgrund taumeln. Ich habe zum Beispiel mal »Argentinien« genannt. Dieser Staat stand gerade kurz vor dem Bankrott, die Bürger misstrauten angeblich allem und jedem, ihrer Währung, ihren Behörden und ihren Politikern; Ersparnisse lösten sich wegen der galoppierenden Inflation über Nacht in nichts auf, die Mittelschicht zerbröselte, die Regierung wechselte ständig die Richtung, und eine Minderheit schwelgte wie seit Kolonialzeiten im Luxus.

Aber mit dieser Taktik bin ich schön auf der Nase gelandet. Vergleiche gehören eigentlich schon in den Bereich der Tabus.

Bitte niemals Polen mit irgendeinem anderen Land der Welt vergleichen! Der positive Effekt ist allenfalls der, dass sich gekränkter Stolz regt. Wie bitte, ein Deutscher vergleicht uns mit Argentinien? Was für eine Frechheit, was für eine Beleidigung! Haben wir es nicht immer gewusst? Für die Deutschen sind wir das Argentinien Europas! Dabei leben wir doch im schönsten Land der Welt, in Polen!

Meine heutige Taktik ist die folgende: Ich umarme den polnischen Minderwertigkeitskomplex und erkläre überall, dass ich ihn liebe und eigentlich nur seinetwegen schon so lange in Polen bin. Und das meine ich absolut ernst. Diese gewaltige Skepsis gegenüber dem eigenen Land – ich mag sie! Sie ist letztlich der Grundmotor des polnischen Humors, dieser einzigartigen, kollektiven Selbstironie. Ein jüngst erlebtes Beispiel:

Als ich aus der Unterführung an der ul. Marszałkowska die Treppe hinaufging, wurde mir von einem Zettelverteiler eine Pizzawerbung in die Hand gedrückt. Ich erkannte den Verteiler, einen lockenköpfigen, nicht mehr ganz jungen Mann, erst auf den zweiten Blick. Ja, natürlich! Das war Hubert, der gelegentlich bei meiner Europashow als bezahlter Klatscher im Fernsehen gearbeitet hatte. Mehr als einmal zeigte die Kamera sein begeistertes Gesicht, wenn ich irgendeinen Witz erzählt hatte. Für dieses Gesicht und sein braves Klatschen hatte er nach einem achtstündigen Drehtag etwa zehn Euro erhalten. Seither waren allerdings einige Jahre vergangen, Hubert war nicht mehr dreißig, sondern vierzig und wurde im Fernsehen nicht mehr engagiert. Auch er erkannte mich und sagte mit seinem charakteristischen Stottern: »Ja ... jak tam? Wie geht's?«

Ich antwortete so, wie es sich gehört: »Stara bieda – das alte Elend!« Hubert hatte eine Idee, zog einen Kuli aus der Tasche und fing an, mir seine Telefonnummer auf einen der Pizzazettel zu kritzeln. »Hier! Vielleicht kannst du mich weiterempfehlen? Ich trete inzwischen mit mehreren Leuten zusammen bei Hochzeiten oder Geburtstagen auf. Wir singen, steppen, tanzen, haben Whitney Houston im Repertoire und auch ›My Słowianie – Wir Slawen‹ (der letzte Eurovisionshit Polens). Könnte ich eventuell auch deine Nummer haben?«

»Mein Lieber, das mache ich nicht so gerne ...«

Hubert nickte eifrig: »Ri... richtig so! Gib...gib sie mir nicht! Einem Polen darf... darf man nicht trauen, ri... richtig so!« Er lachte gequält.

Das gab den Ausschlag – ich zierte mich nicht mehr länger und schrieb ihm meine Nummer auf. Dieser Autosarkasmus haut mich um, er haut mich jedes Mal wieder um.

Stufe zwei meiner Umarmungstaktik besteht dann darin, dass ich meine polnischen Komplexpatienten über die deutschen Verhältnisse informiere. Ich erzähle zum Beispiel, wie ich einmal im Speisewagen von Stuttgart nach München fuhr. Am Nebentisch unterhielten sich ein etwa fünfzigjähriger Deutscher mit chicer Brille und eine etwa siebzigjährige, ziemlich elegante Österreicherin. Beide taten etwas, was ich aus Polen nicht mehr gewohnt war: Sie lobten ihre eigenen Länder. Die Österreicherin beklagte, dass das Essen im deutschen Speisewagen schlechter als im österreichischen sei, ganz zu schweigen von den hohen Ticketpreisen in Deutschland! Der Deutsche wiederum verteidigte die Deutsche Bahn: Das hier sei ja nur ein alter Intercity-Zug, aber wenn sie mal mit einem superschnellen ICE fahren würde, bekäme sie dort im Speisewagen wesentlich besseres Essen serviert. Und solche tollen Hochgeschwindigkeitszüge, die gebe es ja gar nicht in Österreich. Kein Wunder, dass die Ticketpreise in Deutschland höher sein müssten. »In diesem Moment«, beschließe ich meine Geschichte, »hatte ich wirklich starkes Heimweh nach dem polnischen Minderwertigkeitskomplex!«

Solche Geschichten funktionieren hervorragend. Meine polnischen Freunde können kaum glauben, dass es irgendwo so grobe Menschen gibt. Das eigene Land loben? Was für eine Geschmacklosigkeit! Wenn so die Abwesenheit des Minderwertigkeitskomplexes aussieht – nein danke! Und plötzlich ist klar, dass Polen doch die höchstentwickelte Kultur Europas besitzt!

Waschpulver made in Germany

Am Ende dieses Kapitels möchte ich nicht, dass ein falscher Eindruck entsteht. Der polnische Minderwertigkeitskomplex wächst sich natürlich nicht immer und überall sofort zu einer klinischen Psychose aus. Meist bleibt er klein und alltagsverträglich. So wie bei meinem Freund Artur und seiner Frau Monika.

Im Dezember 2013 und noch mal im Frühjahr 2014 hing an einem Laternenpfahl vor meinem Wohnblock ein eng beschriebenes Plakat. Es kündigte für den kommenden Dienstag einen fliegenden Händler an. Er werde Waschpulver verkaufen und mit seinem Wagen genau zwanzig Minuten lang an dieser Ecke stehen, nämlich zwischen 12.00 Uhr und 12.20 Uhr. Er gebe eine Garantie darauf, dass das Waschpulver aus Deutschland stamme und in Deutschland original verpackt worden sei.

Ich traute meinen Augen nicht und machte Fotos dieser Plakate. So etwas hatte es hier noch nie gegeben, nicht einmal in den Neunzigerjahren. Der Waschpulverkomplex ist an sich schon ziemlich alt. Diverse Leute haben mir bereits vor Jahren inbrünstig versichert, dass die Waschkraft deutscher Pulver viel besser als diejenige polnischer Pulver sei, auch wenn sie vom selben Hersteller stammten. Nach Polen werde nämlich grundsätzlich mindere Qualität geliefert!

Ich hatte aber geglaubt, dass das Thema inzwischen erledigt sei. Die Plakate belehrten mich eines Besseren.

Am Dienstag um zwölf Uhr wird deutsches Waschpulver verkauft!

Wenige Tage später – ich war inzwischen wieder in Berlin – bekam ich einen Anruf von Artur, einem etwa vierzigjährigen Bauarbeiter, mit dem ich gerne Tischtennis spiele. »Hallo, wir fahren heute nach Berlin, können wir bei dir übernachten?«, fragte er mich.

»Ja, klar! Was führt euch denn nach Berlin?«

»Wir wollen deutsches Waschpulver kaufen. Monika hat im Internet gefunden, dass es kurz vor Berlin einen Großhandel gibt, wo man das sehr billig kriegt.«

Sie fuhren tatsächlich 600 Kilometer von Warschau nach Berlin, um sich den ganzen Kofferraum mit 5,25-Kilogramm-Trommeln Marke »Persil Color« vollzuladen. Zu einer Übernachtung bei mir kam es dann allerdings doch nicht, weil sie sich auf dem Berliner Ring hoffnungslos verfuhren und in einem Motel nahe der Autobahn übernachten mussten. Arturs Navi-System hatte versagt. Er aß aus Frust die gesamte Minibar leer. Am nächsten Morgen musste er an der Hotelrezeption fünfzig Euro für ein paar lausige Salzbrezeln nachzahlen. Er war wütend auf Deutschland und alle Deutschen.

»Selber schuld«, sagte ich. »Warum machst du auch diesen Blödsinn mit dem Waschpulver mit? Glaubst du allen Ernstes, dass polnische Produkte schlechter sind als deutsche?«

»Nicht alle«, meinte er trocken. »Nur Waschpulver. Unsere Salzbrezeln sind genauso gut wie die deutschen.«

10 SCHWEDEN UND RUSSEN IN WARSCHAU

Viele Nachbarn, viele Kriege

Warschau und seine Invasoren – diese Geschichte ist lang. Die europäische Tiefebene, die vom Atlantik bis zum Ural reicht, bietet ihren holländischen, deutschen, polnischen, weißrussischen und russischen Bewohnern unendliche Weiden und Wälder, aber leider nur schwache natürliche Grenzscheiden. Meist sind es Flüsse, aber Flüsse lassen sich von Armeen schneller überschreiten als Gebirge, Meere oder Wüsten. Kein Wunder, dass die Geschichte der beiden zentralen Länder dieser Tiefebene, Deutschland und Polen, von permanenten Grenzkämpfen, Fremdbesetzungen und eigenen Eroberungszügen geprägt ist. Deutschland (beziehungsweise seine Vorgängerstaaten) wurde im Lauf seiner Geschichte von fast jedem seiner heutigen neun Nachbarländer angegriffen – und hat mindestens genauso oft zuerst angegriffen.

Gleiches lässt sich auch über Polen und seine sieben Nachbarländer sagen. Zwar herrscht aufgrund der letzten 200 Jahre das sympathische Geschichtsbild von Polen als permanentem Opfer fremder Aggressionen vor, doch zu seinen Glanzzeiten war Polen ebenso ein Aggressor wie später Preußen oder Russland. Man unterdrückte Weißrussen, Ukrainer, Kosaken – und eine polnische Söldnerarmee eroberte 1610 sogar Moskau, um einen angeblich echten Zarenanwärter auf den Thron zu setzen. Nach zwei Jahren wurden die Polen wieder vertrieben, und die Erinnerung daran wird in Russland bis heute hochgehalten, neuerdings verstärkt durch den unter Wladimir Putin 2005 wieder eingeführten (schulfreien) Feiertag »Die Vertreibung der Polen 1612«.

Vom Invasor zum Möbelproduzenten

Vom Raubzug nach Russland weiß heute in Polen kein Mensch mehr, doch sehr präsent ist nach wie vor, dass 1655 die Schweden ins Land einfielen. Während man an deutschen Schulen lernt, dass 1648, nach dem Ende des Dreißigjährigen Krieges, eine lange europäische Friedensepoche einsetzte, war es genau genommen so, dass die Schweden ihre Truppen nach kurzer Verschnaufpause einfach nur nach Osten verschoben. Anlass war diesmal kein Religions-, sondern ein Erbfolgekrieg. Schweden und Polen bekriegten sich zwei Mal, von 1655 bis 1660 und von 1700 bis 1709.

Die schwedische Invasion, in deren Verlauf 1655 auch Warschau eingenommen wurde, ist in Polen deswegen so bekannt, weil drei der berühmtesten polnischen Romane einige Episoden daraus behandeln. »Mit Feuer und Schwert«, »Die Sintflut« und »Pan Wołodyjowski«, eine achthundertseitige Trilogie des späteren Literaturnobelpreisträgers Henryk Sienkiewicz, erschienen 1888, setzt sogar noch vor der schwedischen Invasion ein, nämlich im Jahr 1648 mit dem Aufstand der Kosaken gegen die polnische Herrschaft in der Ukraine. Bei der Niederschlagung wurde von polnischer Seite kein Federlesens gemacht – der Feldzug war unerhört brutal. Die drei Romane sind obligatorische Schullektüre, und jeder Fünfzehnjährige kennt die Hauptfiguren daraus, etwa den dicken, lustigen Streiter Zagłoba, den tapferen Pan Wołodyjowski oder die schöne Helena Kurcewiczówna. Noch vor Kurzem habe ich an einer Autobahntankstelle gleich neben der Kasse ein dünnes Heftchen mit saftigen Zitaten aus der »Trilogie« liegen sehen – speziell für LKW-Fahrer! Schade, dass ich es nicht gekauft habe.

Heute ist den Schweden in Polen niemand mehr gram. Stanisław Lem, der 2005 verstorbene Science-Fiction-Autor aus Krakau, hat Schweden sogar einmal als mutmachendes Beispiel dafür bezeichnet, dass eine Nation ihre Mentalität ändern kann – von aggressiven Raufbolden hin zu smarten Steckmöbelbauern. Apropos: In Warschau gibt es heute zwei IKEA-Geschäfte, und es konnte die riesigen Umsätze der Firma in Polen kein bisschen schmälern, als im Hochsommer 2012 bei historischem Niedrigwasser in der Weichsel ein schwedischer Lastkahn freigelegt wurde, der hier im 17. Jahrhundert gesunken war. Die Invasoren wollten damit Raubgut an die Ostsee verschiffen. Und was hatte der Kahn geladen? Schiebeschrank Trysil, Sofa Klippan oder Kommode Brimnes? Nein, das komplette Marmorportal eines königlich-polnischen Lustschlosses.

Waren die Sowjets wirklich schlimmer?

Jetzt wird es ernst. Es geht um die polnisch-russischen Beziehungen, die für Warschau jahrhundertelang schicksalsbestimmend waren. Die unrühmliche Invasion der Jahre 1608–1612 wurde bereits erwähnt. Doch von da an wendete sich das Blatt. Von nun an wurde Polen zum Opfer – bis hin zum Zweiten Weltkrieg und darüber hinaus. Unzählige Male habe ich von älteren Menschen in Polen den begütigenden Satz gehört: »Sie sind Deutscher? Keine Sorge – die Russen waren viel schlimmer.« Bis heute weiß ich nicht recht, wie ich mich dann verhalten soll. Soll ich grinsen und sagen: »Danke, sehr nett«? Oder soll ich den Finger heben und betonen, dass ich keinen Wert auf Beschwichtigungen lege, sondern ein eifriger Vergangenheitsbewältiger bin, der nicht vor unbequemen Wahrheiten zurückschreckt? Dann würde ich folgende Rede halten: ›Rein zahlenmäßig ist Ihr Satz schlicht falsch – die Nazis haben mehrere Millionen Polen umgebracht und hatten für den Fall eines gewonnenen Krieges noch düsterere Pläne. Polen sollte den Rang einer Sklavennation bekommen. Die Sowjets haben lediglich ein paar Tausend Leute ermordet oder deportiert, dann war Ruhe.‹ Doch halten tue ich diese Rede lieber nicht. Soll ich Leute belehren, die persönlich unter deutscher UND sowjetischer Besatzung gelitten haben? Nein, ich ziehe einfach nur ominös die Augenbrauen hoch und freue mich, wenn sich das Gesprächsthema ändert.

Letztlich ist der Satz weniger eine Aussage über historische Fakten als über die bis heute andauernden Animositäten zwischen Polen und Russen. Auch mit den Deutschen gab es immer wieder blutige Zusammenstöße, aber auf die Jahrhunderte verteilt waren es doch nur kurze Konflikte, und seit Willy Brandts Kniefall 1970 und Helmut Kohls Umarmung mit Premierminister Tadeusz Mazowiecki 1989 hat eine völlig neue Phase der Zusammenarbeit begonnen. Zwischen Russland und Polen hingegen ist es umgekehrt: Die Auseinandersetzung begann 1608 und dauert mit kurzen Pausen bis heute an. Vor allem seit der Flugzeugkatastrophe von Smolensk ist die Atmosphäre wieder sehr angespannt. Russland hat das Wrack der polnischen Regierungsmaschine immer noch nicht an Polen zurückgegeben. Wladimir Putins Krim-Annexion und die Infiltrierung der Ostukraine haben in Polen wieder große, teilweise hysterische Angst vor einer russischen Aggression genährt.

Das russische 19. Jahrhundert

Wir waren im Jahr 1795 stehen geblieben. Warschau fiel zunächst an Preußen, nach dem Wiener Kongress 1815 dann an Russland. Bis 1915 waren, mit kurzen Unterbrechungen, zaristische Soldaten in Warschau stationiert. Sie schlugen die Aufstände von 1793, 1830 und 1863 nieder. Nach dem Aufstand von 1830 wurde im Norden Warschaus die riesige »Zitadelle« gebaut, ein kreisrundes Riesengefängnis, eine Art Alcatraz für politische Gefangene. Das gigantische Gebäude im Stadtteil Żoliborz steht bis heute, hat sich aber inzwischen in eine malerische, pflanzenüberwachsene Backsteinruine verwandelt.

In der zweiten Hälfte des 19. Jahrhunderts war Warschau eine kleine russische Provinzstadt. Hier wie im gesamten russischen Besatzungsteil war es verboten, in der Öffentlichkeit Polnisch zu sprechen. Die Unterrichtssprache an Schulen und Universitäten war Russisch. Die täglichen Repressalien führten dazu, dass im Laufe der Jahrzehnte Hunderttausende Polen nach Sibirien deportiert wurden. Bis heute gibt es in Kasachstan und Sibirien eine polnische Minderheit, die auf die Verbannten zurückgeht. Der spätere kommunistische Staatspräsident General Wojciech Jaruzelski, 2014 gestorben, ist dafür ein gutes Beispiel. Er war der Enkel eines polnischen Adeligen, der nach dem Januaraufstand 1863 für acht Jahre nach Sibirien verbannt wurde, dann aber nach Polen zurückkehren durfte. Auch der junge Jaruzelski wurde 1940 zusammen mit Tausenden polnischer Soldaten von den Sowjets ins sibirische Altaigebirge verfrachtet und musste dort als Holzfäller arbeiten. Später schloss er sich der Roten Armee an und konnte auf diese Weise nach Polen zurückkehren.

Die mehr als einhundertjährige russische Besatzung Warschaus endete 1915, als deutsche Truppen einmarschierten und zu Propagandazwecken kurzzeitig eine polnische Republik ausriefen. 1918 verabschiedeten sich die Deutschen dann wieder aus der Stadt, allerdings nur ungern und mit heftigen Schießereien. Am 11. November wurde der wichtigste Anführer der polnischen Unabhängigkeitsbewegung, Józef Piłsudski, Chef der Polnischen Sozialistischen Partei, aus deutscher Haft entlassen und rief vor begeisterten Menschenmassen die neue polnische Republik aus. Aus dem Nichts musste ein Staat geschaffen werden, mitsamt Währung, Ministerien und Behörden. Piłsudski selbst wurde zum militärischen Oberbefehlshaber (Marschall) ernannt.

Das Wunder an der Weichsel

1919 legten die Siegermächte des Ersten Weltkriegs, USA, Frankreich und Großbritannien, im Rahmen des Versailler Friedensvertrages eine umfassende Neuordnung Osteuropas fest. Der Versailles Vertrag gilt im deutschen Geschichtsunterricht (mal wieder) als Auftakt einer fast zwanzigjährigen Friedensperiode, doch in Wahrheit war es eher so wie 1648 nach dem Westfälischen Frieden – nur wenige Hundert Kilometer weiter östlich begann ein neuer Krieg. 1919 wurde sogar zu einem überaus blutigen Jahr. Die historische Stunde war allzu günstig für Eroberungsfeldzüge auf eigene Faust, und zwar für alle kleineren Länder, die bislang unter deutscher, österreichischer oder russischer Knute gestanden hatten. So kämpfte bald Rumänien gegen Ungarn (um Siebenbürgen), Jugoslawien gegen Italien (um Rijeka); auch Ukrainer, Weißrussen, Litauer, Esten und Letten bekämpften sich gegenseitig. Winston Churchill kommentierte deshalb süffisant: »Der Krieg der Giganten ist zu Ende, der Streit der Pygmäen hat begonnen.«

Auch Polen mischte kräftig mit. Marschall Piłsudski hoffte, sich aus dem durch die bolschewistische Revolution von 1917 geschwächten Russland ein schönes Stück Land herausschneiden zu können. Aus Grenzscharmützeln entwickelte sich 1920 der polnisch-sowjetische Krieg, der zunächst für Polen erfolgreich verlief. In einem Präventivschlag wurde Kiew eingenommen, allerdings gegen die bolschewistischen Truppen unter General Tuchatschewski bald wieder verloren. Im Sommer 1920 entwickelten sich die Dinge für Polen plötzlich fatal, die Sowjets standen Anfang August nur noch dreißig Kilometer von Warschau entfernt. In der Stadt brach Panik aus, die meisten ausländischen Botschafter verließen die Stadt. Nun schlug die Stunde von Marschall Piłsudski. Er überzeugte seine Generäle davon, nicht etwa einen Verständigungsfrieden zu suchen, sondern einen kühnen Gegenangriff zu starten. Er selbst arbeitete den Zangenangriff aus, der angeblich heute noch an Militärakademien nachgespielt wird. Die Truppen wurden durch Tausende von freiwilligen Zivilisten aufgefüllt, die aus Warschau teilweise mit dem Taxi zur Schlacht fuhren, viele davon hatten im Ersten Weltkrieg noch auf Seiten Russlands gekämpft. Tatsächlich wurde der russische Vormarsch zum Stehen gebracht. Auch Lenins Hoffnung, dass es in Warschau zu Solidaritätsaufständen des Proletariats und der jüdischen Minderheit zugunsten der bolschewistischen Truppen käme, erfüllte sich nicht. Die Schlacht um Warschau dauerte vom 13. bis zum 25. August 1920. Tuchatschewskis Truppen wurden zurückgeschlagen. Ein halbes Jahr später, im März 1921, wurde in Riga ein Friedensvertrag unterzeichnet.

Die Einzelheiten des polnisch-sowjetischen Krieges sind heute weitgehend vergessen, geblieben ist nur die Wendung vom »Wunder an der Weichsel«. Ironischerweise wurde sie ursprünglich von Piłsudskis innenpolitischen Gegnern geprägt. Sie wollten damit den Sieg als verantwortungsloses Abenteuer brandmarken, das um ein Haar ins Auge gegangen wäre. Doch Piłsudskis Anhänger griffen den Ausdruck begeistert auf und gaben ihm sogar einen religiösen Sinn. War es ein Zufall, dass die glückliche Wendung des Krieges ausgerechnet am 15. August eintrat, also am katholischen Feiertag der Himmelfahrt Mariens – immerhin seit Jahrhunderten schon als Königin Polens verehrt?

Nach dem polnisch-sowjetischen Krieg wurden in Warschau viele russische Gebäude aus dem 19. Jahrhundert abgerissen. Spektakulärer Höhepunkt: Bis 1926 gab es auf dem heutigen Piłsudski-Platz die riesige orthodoxe Alexander-Newski-Kirche. Sie war erst 1912 fertiggestellt worden. Jetzt wurde sie bis auf den letzten Stein abgetragen. Einige ihrer Mosaiken werden heute im Untergewölbe der orthodoxen Maria-Magdalena-Kirche im östlichen Stadtteil Praga aufbewahrt.

Von da an bis zum Zweiten Weltkrieg entwickelte sich Warschau in rasantem Tempo von einer russischen Provinzstadt zu einer europäischen Metropole der Roaring Twenties. Die Wirtschaft blühte auf, Kabarett und Theater waren fast so schillernd wie in Berlin. Am berühmtesten wurde die Kabarettgruppe »Grüne Gans« von Konstanty Ildefons Gałczyński. Warschau galt als das Paris des Ostens. Aus dieser Zeit stammt folgender Gag: Ein Moskauer, der nach Paris will, und ein Pariser, der nach Moskau will, treffen sich in Warschau auf dem Bahnhof, und beide glauben irrtümlich, am Ziel ihrer Reise angelangt zu sein – so östlich erscheint die Stadt dem Pariser, so westlich dem Moskauer.

Das geheime Zusatzprotokoll

Doch auf sowjetischer Seite saß der Stachel der Niederlage tief. Die Stunde der Rache kam 1939. Mit dem Nichtangriffspakt zwischen Hitlers Deutschland und Stalins Sowjetunion schloss sich für die kleineren Staaten Mitteleuropas das Zeitfenster der Freiheit, das knapp zwanzig Jahre lang offen gestanden hatte. Der Pakt enthielt ein geheimes Zusatzprotokoll, in dem die Aufteilung Polens beschlossen wurde. Die Deutschen sollten das Land bis zum Fluss Bug erhalten, die Sowjets beanspruchten die östlichen Teile, die sie 1920 nicht erobern konnten.

Bekanntermaßen begann Deutschland den Krieg dann am 1. September 1939. Weniger bekannt ist, dass Polen kurz darauf, am 17. September, auch im Rücken von Stalins Sowjetunion angegriffen wurde. Die Sowjets rissen sich sogar die größere Hälfte des Staatsgebietes unter den Nagel, mit den

Großstädten Lemberg und Wilna. Diese Gebiete wurden auch nach dem Krieg nicht mehr an Polen zurückgegeben, ihre polnische Bevölkerung wurde nach Westen deportiert. Erst nach 1989 gab die Sowjetunion außerdem zu, dass nicht die Deutschen, sondern Stalin für das Massaker im Wald von Katyn verantwortlich war. 1940 waren hier und an anderen Orten in Westrussland vom Geheimdienst NKWD mehr als 20 000 polnische Soldaten erschossen worden.

Das Vitkac

Trotz aller Animositäten: Polen und Russen sind sich ähnlicher, als sie beide wahrhaben wollen. Das beginnt bei den verwandten Sprachen und setzt sich in der Mentalität fort. Gastfreundschaft, Impulsivität, Nationalstolz – es ließen sich noch viele andere Gemeinsamkeiten anführen. Architektonischer Beweis für das »russische Quäntchen« in der polnischen Seele ist für mich das neue Warschauer Luxuskaufhaus »Vitkac« (gesprochen Witkatz). Einen vergleichbaren Konsumtempel gibt es in Deutschland nicht. Zu Beginn hatte ich sogar den Verdacht, dass er mit dem Gedanken an Moskaus Oligarchen gebaut wurde; doch Russen habe ich hier noch nie gesehen. Zielpublikum sind Polens Superreiche, die viel mehr Ähnlichkeiten mit einem Roman Abramowitsch als mit einem Theo Albrecht haben. Zum Beispiel schmücken sie sich ebenfalls gerne mit einem Fußballverein. Alle sechzehn polnischen Erstligamannschaften gehören einem der Reichen des Landes.

Das »Vitkac« steht seit 2011 an der al. Jerozolimskie (Jerusalem-Allee). Es ist ein riesiger, fensterloser, schwarzer Marmorwürfel, der in eine viel zu kleine Baulücke gestopft wurde. Das polnische Architektenbüro Kuryłowicz hat den Klotz auch viel zu nah an die angrenzenden Wohnblocks gebaut. Der Abstand beträgt nicht, wie es laut Bauvorschrift sein sollte, zwanzig, sondern lediglich acht Meter. Ähnlich übergangen dürften sich die Anwohner der Cheopspyramide gefühlt haben, allerdings musste der Pharao noch keine Schmiergelder zur Aushebelung der Bauordnung zahlen.

Doch nicht nur an den Nachbarn, sondern auch an den restlichen Warschauern ist monumental vorbeigeplant worden. Eine Shoppingvisite im »Vitkac« ist für 99 Prozent der Warschauer völlig unerschwinglich. Das durchschnittliche Monatseinkommen beträgt im Jahr 2015 offiziell rund tausend Euro netto – doch das ist eine rein statistische, in der Realität kaum antreffbare Zahl. Eine Freundin von mir, die einen heiß begehrten Job in einer großen amerikanischen Firma ergattert hat, verdient in ihrem dritten Arbeitsjahr etwa 850 Euro netto monatlich. Davon geht die Hälfte für die Wohnungsmiete drauf. Mit dem restlichen Lohn könnte sie sich im »Vitkac« gerade mal eine Bluse kaufen. Denn hier sind nur die exklusivsten Marken zu finden: Gucci, Dolce & Gabbana, Louis Vuitton, Stella McCartney, Alexander McQueen, Jimmy Choo, Giorgio Armani etc. Einige haben in Deutschland erst gar keine Dependancen – warum auch, wo doch Deutschlands Superreiche am liebsten in Reihenhäusern wohnen und in zerschlissenen C&A-Anzügen herumlaufen. Man kann sich folglich im »Vitkac« zu Recht rühmen, zwischen Moskau und Paris der einzige »Luxury Department Store« zu sein.

Ein Besuch lohnt sich – zumindest für diejenigen, die ihre deutsche Wut auf den Geldadel mal für eine Stunde herunterschlucken können. Der Eintritt ist gratis, es gibt noch nicht einmal einen Wachmann. Wen sollte er auch kontrollieren? Auf den vier Etagen tummeln sich, wenn es hochkommt, fünf Kunden, dazu eine Menge diskreter Verkäuferinnen, die sieben Tage in der Woche unsagbar gelangweilt auf ihren Ledercouches herumsitzen. Besser besucht ist lediglich das Café im vorletzten Stock, mit chicen Designermöbeln und überraschend moderaten Preisen. Eine Kanne Tee kostet hier nur dreieinhalb Euro. Das ist für Warschauer City-Cafés absoluter Durchschnitt. Der Barmann hat nichts dagegen, wenn man stundenlang herumsitzt. Wie er mir verrät, ist das Café an Samstagen und Sonntagvormittagen besser besucht. Mittels einer sehr schönen Wendeltreppe steige ich vom Café ins oberste Stockwerk hinauf. Hier ist ein elegantes großes Restaurant, die Platzanweiserin mustert mich bereits mit einem argwöhnischen Lächeln. »Ich will nur gucken«, sage ich schnell. »Dobrze – gut«, antwortet sie freundlich.

Da sehe ich sie sitzen, die Reichen – heute in Gestalt einer brunchenden Großfamilie. Im Hintergrund gibt es eine Spielfläche, wo der oligarchische Nachwuchs von ukrainischen Kindermädchen bespaßt wird. Etwas abseits sitzt ganz allein eine junge Frau und schlägt ihre braun gebrannten, nackten Beine übereinander, scheinbar ausschließlich mit ihrem Smartphone beschäftigt. Ab und zu linst sie allerdings zur Großfamilie hinüber. Möchte sie sich als Kindermädchen ins Gespräch bringen, oder hat sie andere Absichten?

Man sollte unbedingt die Dachterrasse besichtigen, die um das gesamte Gebäude herumläuft. Von hier aus hat man einen schönen Blick hinunter auf die Jerusalem-Allee, ein Blick, der sich bei den Warschauern offensichtlich noch nicht herumgesprochen hat, denn die Terrasse ist komplett leer. Auf der anderen Seite der Allee sieht man das seit Jahren leer stehende Kinderkaufhaus »Smyk« (Knirps) mit wunderschöner Nachkriegsarchitektur. Neben dem ehemaligen Prudential-Hochhaus ist dies das zweite Architekturdenkmal, das schon seit einigen Jahren leer steht. Ganze Generationen von Warschauer Kindern sind hier mit glänzenden Augen herumgewandelt – und heute will sich leider kein Investor finden. Ich verstehe die Stadtplaner nicht. Hätte das »Vitkac« dort im »Smyk« nicht wunderbar Platz gefunden? Man hätte zwei Fliegen mit einer Klappe geschlagen: das schöne weiße Smyk-

Gebäude gerettet und den schwarzen Vitkac-Klotz eingespart. Aber das ist natürlich ein typisch deutscher Kleckern-statt-Klotzen-Vorschlag.

Der kontroverse neue Sitz des staatlichen Fernsehens TVP an der ul. Woronicza, von manchen als hässlichstes Gebäude Warschaus bezeichnet

11 DER HIMMEL ÜBER DEM PIŁSUDSKI-PLATZ

Das Herz der Stadt

Das Zentrum Warschaus wird eindeutig und voluminös durch den Kulturpalast markiert. Da »Zentrum« aber ein ziemlich trockenes Wort ist, erlaube ich mir, zusätzlich auch noch ein »Herz« Warschaus einzufordern. In einer Stadt, für die sich ein Frédéric Chopin immerhin sein Herz aus dem Leib schneiden ließ, muss so viel Romantik erlaubt sein. Meiner Meinung nach schlägt das Herz Warschaus auf dem vorhin erwähnten Piłsudski-Platz, der seit der Abtragung der orthodoxen Kirche 1924 frei geblieben ist. Wer sich in Warschau aus Versehen oder aus Geiz ein zu kleines Hotelzimmer gebucht hat und unter Beklemmungsgefühlen leidet, sollte zum Piłsudski-Platz gehen und die Leere inmitten der Großstadt genießen. Hier, zwischen Hotel Victoria und einem modernen Bürogebäude des britischen Stararchitekten Sir Norman Foster, kann man wunderbar den Flug der Wolken am masowischen Himmel verfolgen. Abgesehen davon spielt sich eigentlich nichts Wichtiges ab, es gibt kaum Menschen, nur ab und zu einen Fahrradfahrer oder Inline-Skater. An der Kopfseite steht ein Denkmal von Namensgeber Marschall Piłsudski, aber das wurde erst nach 1989 aufgestellt. Zu kommunistischer Zeit war der Marschall eine absolute Persona non grata, und der Platz hieß damals »Plac Zwycięstwa« (Siegesplatz). Noch früher, während der deutschen Besatzungszeit, hieß er übrigens »Adolf-Hitler-Platz«, und davor war er der »Plac Saski«, der Sächsische Platz.

Seit einigen Jahren wird er von einem großen Kreuz beherrscht. Und nun wird auch klar, warum ich hier das Herz von Warschau lokalisieren würde. Das Kreuz wurde bald nach dem Tod von Papst Johannes Paul II. 2005 aufgestellt und erinnert an die legendäre Messe, die Karol Wojtyła 1979 bei seinem ersten Besuch in Warschau nach der Papstwahl hier zelebrierte. Sie gipfelte in den beschwörenden Worten: »Niech zstąpi Duch Twój i odnowi oblicze ziemi – tej ziemi!« Zu Deutsch: »Möge dein Geist niederfahren und das Antlitz der Erde verändern – dieser Erde!« Der Satz wurde damals von Millionen Gläubigen als direkter Angriff auf das kommunistische System verstanden und ist heute das bekannteste Papstzitat überhaupt. Ein Jahr später, im August 1980, entstand in der Danziger Werft die freie Gewerkschaft »Solidarität«. Für viele Polen wirkte dies wie die Erhörung der päpstlichen Bitte.

Das Grabmal des Unbekannten Soldaten

Auf der anderen Seite des Platzes geht es nicht minder emotional zu. Hier steht die weiß gestrichene Ruine eines Säulenganges, nicht mehr als zwanzig Meter breit. Im Innern hängen viele Tafeln, die an wichtige Schlachten der polnischen Geschichte erinnern (ab 976 n. Chr.!), und es brennt eine ewige Flamme. Dies ist das Grab des Unbekannten Soldaten, hier legen ausländische Staatsgäste ihre Kränze nieder. An den Nationalfeiertagen (3. Mai und 11. November) finden militärische Aufmärsche mit Ansprachen von Verteidigungsminister und Staatspräsident statt.

Zwei Soldaten des Ehrenbataillons halten Wache, mit geschulterten Gewehren und diskret rollenden Augen. Sie dürfen sich nicht bewegen und nicht sprechen, aber da wir in Polen sind, gibt es Ausnahmen von der Regel. Einmal wurde ich von einigen spanischen Touristen gefragt, wie oft die Wachablösung stattfinde. Leider wusste ich die Antwort gerade nicht und rief den Soldaten spontan zu: »Die Wachablösung ist alle zwei Stunden, nicht wahr?« Der eine der beiden Soldaten verweigerte brav die Antwort und schaute starr geradeaus, der andere aber spreizte den Zeigefinger der linken Hand ab und schielte grinsend zu mir hin. Nun wusste ich Bescheid und sagte den Spaniern: »Die Wachablösung ist jede Stunde.« Ich sagte ihnen aber auch, dass sie sich die Wachablösung sparen könnten, denn sie sei sehr unspektakulär: Quer über den Platz kommt ein Offizier mit zwei Mann anmarschiert, zieht den Säbel und stößt einige Befehle aus. Dann marschiert er mit den beiden bisherigen Wachposten zurück in die Wachstube, die sich neben dem Präsidentenpalast befindet. Das Ganze dauert keine drei Minuten, man hört ein paar Stiefelabsätze auf den Marmorplatten knallen – und das war's.

Was ich den Spaniern nicht erzählt habe: Der Schriftsteller Janusz Głowacki berichtet in seinen Erinnerungen, dass in den Fünfzigerjahren gelegentlich aus den dunklen Büschen des Sächsischen Gartens interessierte Nachtschwärmer an die stocksteifen Gardemänner heranschlichen und ihnen unzüchtige Angebote machten. »Fünfhundert Złoty!«, flüsterten sie ihnen angeblich ins Ohr, und in jenen mythischen Zeiten sollen sich die Zweimetermänner tatsächlich von ihrem Platz gerührt haben, morgens um drei, wenn kein Mensch auf dem Platz war und nur das Licht der ewigen Flamme über die Büsche züngelte.

Der Sächsische Palast

Als ich das Grabmal des Unbekannten Soldaten zum ersten Mal sah, war ich beeindruckt von seiner Schlichtheit. Ich hatte den Eindruck, dass es auf ideale Weise die leidvolle polnische Geschichte symbolisiert: Eine Ruine im leeren Raum, bescheiden und ohne Pomp. Trotz der ewigen Flamme, der Schlachttafeln und der eingefrorenen Wachsoldaten wirkt das Denkmal in keinster Weise martialisch oder bedrohlich.

Leider erfuhr ich später, dass diese großartige Schlichtheit ursprünglich gar nicht beabsichtigt war. Das Grabmal ist in einem Säulengang untergebracht, der zum heute nicht mehr existierenden Sächsischen Palast gehörte. Dieser Palast, 1661 errichtet, wurde 1713 vom sächsischen Kurfürsten August dem Starken gekauft, der seit 1697 zusätzlich auch noch polnischer König war. Der Sächsische Palast diente ihm und seinem Sohn August III. als Residenz. (Mehr als ein halbes Jahrhundert dauerte diese »sächsische Epoche« Warschaus; ihr Chronist wurde der 1887 gestorbene Schriftsteller Józef Ignacy Kraszewski, der es auf die Weltrekordzahl von 232 Romanen brachte, darunter die berühmte »Gräfin Cosel«.) Im 19. Jahrhundert wurde der Palast im Stil des russischen Neoklassizismus umgebaut und erhielt den erwähnten prunkvollen Säulengang. Nach Bombenschäden 1939 wurde er 1944 von der abziehenden Wehrmacht gesprengt, ebenso wie der benachbarte Brühlsche Palast. Nach dem Krieg baute man nur einen Teil des Säulengangs wieder auf.

Gegenwärtig gibt es Pläne, den gesamten Sächsischen Palast wieder zu errichten und darin ein Institut zur Erinnerung an Papst Johannes Paul II. unterzubringen. Das Projekt ist ähnlich umstritten wie der Wiederaufbau des Berliner Stadtschlosses. Die Befürworter scheinen im Moment die Oberhand zu haben. Auf ihre Initiative hin wurde einige Monate lang eine große Glasvitrine mit einem Modell des geplanten Palastes aufgestellt. Die Diskussion kann sich noch Jahre hinziehen, ähnlich wie die Diskussion über eine Neubebauung des kommunistischen Aufmarschplatzes vor dem Kulturpalast schon Jahrzehnte anhält.

Hinter dem Grabmal des Unbekannten Soldaten erstreckt sich der »Ogród Saski« (Sächsische Garten). Er heißt so, weil er 1722 unter August dem Starken angelegt wurde. An die Barockzeit erinnern im Park die hoch aufspritzende Fontäne sowie zahlreiche allegorische Skulpturen, Darstellungen der Musen und der Tugenden, die bei ungünstigem Wind vom Wasser der Fontäne nass gespritzt werden. Nicht mehr barock, aber dafür sehr romantisch ist das runde, weiße Tempelchen, das auf einer Anhöhe über dem Ententeich steht. Ursprünglich diente es als Wasserturm.

Der Sächsische Garten durfte während der deutschen Besatzung 1939–44 nicht von Polen betreten werden. Heute ist er so etwas wie die grüne Lunge Warschaus, quasi der Central Park der Hauptstadt. Entlang seiner breiten Hauptallee gibt es die vermutlich größte Dichte an Parkbänken weltweit, sie stehen hier wirklich Brett an Brett – und sind an lauen Vollmondabenden auch alle besetzt. So wie es sich gehört für das Herz der Hauptstadt.

Im Reigen der Regime

An den Namen des heutigen Piłsudski-Platzes lässt sich gut die wechselvolle Geschichte Warschaus ablesen. Ab 1814, auch unter russischer und deutscher Besatzung (1915–1918), trug er den Namen »Plac Saski«, also »Sächsischer Platz«. 1928 wurde er zu Ehren des (noch lebenden) Marschalls Piłsudski in »Plac Piłsudskiego« umbenannt. Nach dem Einmarsch der Deutschen 1939 hieß er dann »Adolf-Hitler-Platz«, und während der kommunistischen Ära wurde er zum »Plac Zwycięstwa« (Siegesplatz). Seit 1990 ist er wieder der Plac Józefa Piłsudskiego.

Kabaret Moralnego Niepokoju

Der folgende Sketch nimmt auf die massenhaften Umbenennungen Bezug, die nach 1989 stattfanden, als viele kommunis-

Der heutige Piłsudski-Platz um 1915
mit dem Sächsischen Palast und der 1926
abgerissenen orthodoxen Alexanderkirche.

tische Namen abgeschafft und durch bislang verpönte kirchliche oder nationale Helden ersetzt wurden. Er stammt von Polens bekanntester Kabarettgruppe nach 1989, dem »Kabaret Moralnego Niepokoju« (Kabarett der moralischen Unruhe), Mitte der Neunzigerjahre von einigen Warschauer Studenten gegründet. Autor und Kopf der Gruppe ist Robert Górski.

Penner: Kollege, haste ma 'ne Fluppe?
Tourist: Äh, wie bitte? Ach so, Zigarette. Bitte sehr. Oh, dann können Sie mir ja vielleicht helfen. Ich war zwanzig Jahre lang nicht in Polen und habe keine Ahnung, wie ich zum Hotel Baltic komme. Ich habe hier eine Karte, aber da stimmt ja gar nichts.
Penner: Zeigen Sie ma ... Uh! Nee, das is' ne alte Karte. Wir sind hier. Früher Straße der Volksarmee, heute Straße der Heimatarmee. Sehn Sie das Denkmal da?
Tourist: Ja. Das Lenin-Denkmal.
Penner: Früher Lenin-Denkmal, heute Lennon-Denkmal. Aber sieht genauso aus, nur, dass sie ihm 'ne Brille angeklebt haben. Da am Denkmal biegen Sie nach rechts ab, in die Piłsudski-Straße, früher Engels-Straße, dann über den Piłsudski-Kreisverkehr, früher Kreisverkehr der polnischen Arbeiterpartei,

weiter durch den Piłsudski-Park, früher Marchlewski-Park, bis zum Piłsudski-Platz.

Tourist: Früher NKWD-Platz.

Penner: Nein, früher Chopin-Platz. Und da stehen jetzt drei Piłsudski-Denkmäler.

Tourist: Gleich drei?

Penner: Wenn eins hässlich ausfällt, machen sie gleich das nächste. So lange, bis es gut wird. Eins der drei wurde übrigens aus dem Chopin-Denkmal gemacht, das da vorher stand. Jetzt sitzt Piłsudski am Flügel. Und dann gehen Sie weiter.

Tourist: Die Straße der polnisch-sowjetischen Brüderschaft.

Penner: Heute Pfarrer-Popiełuszko-Straße.

Tourist: Dann die Karl-Marx-Straße ...

Penner: Heute Pfarrer-Bolecki-Straße ...

Tourist: Dann die Bischof-Ignacy-Krasicki-Straße.

Penner: Heute immer noch Bischof-Ignacy-Krasicki-Straße. Dann kommen Sie am Denkmal »Für die im Kampf mit dem Hitler- und dem Sowjetischen Okkupanten an der Ostgrenze der polnischen Republik gefallenen polnischen Klempner« vorbei. Das ist so ein großes Rohr, das von einem Bajonett durchbohrt wird. Und dann kommen Sie an den Fluss.

Tourist: An die Weichsel.

Penner: Früher Weichsel, heute General-Anders-Fluss. Und da entlang geht's zum Hotel, das, soweit ich weiß, vorerst noch Baltic heißt.

Tourist: Mein Gott, hier hat sich ja alles verändert!

Penner: Sind Sie geschäftlich unterwegs?

Tourist: Ja, meine Firma hat hier in Warschau eine Filiale gegründet. Ich soll mich mit dem Geschäftsführer treffen, Herrn Smolar.

Penner: Früher Genosse Smolar.

Tourist: ... und mit Herrn Woźniak von der Wachfirma Securitas.

Penner: Früher Oberst der Miliz.

Tourist: Ich glaube, ich fahre lieber Taxi. Stehen noch Taxis vor dem Bahnhof?
Penner: Stehen noch da.
Tourist: Früher Mafia, nicht wahr?
Penner: Heute auch noch.
Tourist: Kann ich Sie irgendwo absetzen?
Penner: Warum nicht? Bitte beim Sienna Exclusive Trade Mark Center.
Tourist: Wie hieß das früher?
Penner: Lebensmittelgeschäft.

Robert Górski und Mikołaj Cieślak von der Gruppe »Kabaret Moralnego Niepokoju«

12 DIE DEUTSCHEN IN WARSCHAU (FRIEDLICH)

Die alte deutsche Minderheit

Was kaum jemand weiß: Der Zweite Weltkrieg war das Ende einer jahrhundertelangen Ansiedlung von Deutschen in Warschau. Lange bevor polnische Auswanderer Ende des 19. Jahrhunderts ins Ruhrgebiet kamen, waren deutsche Siedler gen Osten gezogen. Eine deutsche Minderheit in Warschau lässt sich bis ins frühe 15. Jahrhundert zurückverfolgen. In der ältesten Kirche der Stadt, der bereits erwähnten »Mariä Heimsuchung« von 1409, wurde die Messe jahrhundertelang auch auf Deutsch gelesen. In der goldenen Zeit der polnischen Toleranz im 16. Jahrhundert wanderten nicht nur jüdische, sondern auch viele deutsche, schweizerische und österreichische Familien nach Polen ein. Ein Beispiel dafür ist die Familie Fugger, eine Nebenlinie der berühmten Augsburger Bankiersfamilie. Der aus Nürnberg stammende Georg Fugger ließ sich 1515 als *Georgius Focker de Nerberg* in das Warschauer Bürgerregister eintragen und nannte sich von nun an nicht mehr Georg, sondern »Jerzy«. Familiensitz war das wunderschöne Fuggerhaus am Altmarkt, in dem der letzte Nachkomme Henryk Maria Fukier (1886–1959) bis zum Zweiten Weltkrieg eine Weinstube betrieb. Das Haus wurde 1944 (von Deutschen) total zerstört und anschließend (von Polen) wieder aufgebaut, allerdings erhielt Fukier sein Haus nicht mehr zurück. Heute befindet sich wieder ein Restaurant darin, das immer noch »U Fukiera« (Bei Fugger) heißt, aber der TV-Restauranttesterin Magda Gessler gehört. Immerhin: In erster Ehe war sie mit einem Deutschen verheiratet, einem ehemaligen Spiegel-Korrespondenten in Madrid.

Eine wichtige Rolle in der polnischen Literatur des 19. Jahrhunderts spielte der Verlag »Gebethner und Wolff«, der auf Gustaw Adolf Gebethner (1831–1901) und August Robert Wolff (1833–1910) zurückging, Immigranten aus Deutschland. Die gleichnamige Buchhandlung galt um 1900 als beste in Warschau. Ein Nachkomme gründete das Unternehmen 1990 neu, sodass auch ich noch die legendäre Buchhandlung Gebethner erleben konnte, ehe sie 1997 endgültig liquidiert wurde.

Bereits ausführlich erwähnt habe ich die Konditorei »Blikle« an der Nowy Świat, bekannt für ihre Torten und Krapfen. Die Firma wurde 1869 von Antoni Kazimierz Blikle gegründet (1844–1912), Sohn eines nach Polen eingewanderten Schweizer Bildhauers.

Eine regelrechte Dynastie wurde auch von dem Mecklenburger Karl Ernst Heinrich Wedel begründet (1813–1902). Wedel wanderte 1845 nach Warschau aus und machte eine Schokoladenfabrik auf, die dann unter seinem Sohn Emil Wedel für ihre Confiserie-Produkte berühmt wurde. Heute gehört die Firma einer japanisch-koreanischen Gruppe, aber der Name »E. Wedel« ist in Polen immer noch ein Synonym für Qualitätsschokolade. Bis heute gehört es zu den absoluten Pflichten eines Warschau-Touristen, das Schokoladenhaus Wedel in der ul. Szpitalna 8 zu besuchen. Es überstand den Krieg und beeindruckt mit prächtiger Gründerzeitarchitektur. Im Erdgeschoss befindet sich ein Café, wo man auf eleganten Möbeln sitzt und die berühmte heiße Trinkschokolade schlürfen kann.

Fugger, Gebethner, Wolff, Blikle und Wedel – interessanterweise waren es vor allem Protestanten, die aus Deutschland, der Schweiz und Österreich ins katholische Polen einwanderten. Begraben sind diese Familien deswegen auch überwiegend auf dem protestantischen Friedhof an der ul. Młynarska. Er liegt unweit des jüdischen Friedhofs an der ul. Okopowa. Wer sich beide Friedhöfe hintereinander anschaut, wird (mit einer gewissen Melancholie) bemerken, welchen Grad an Multikulti Warschau im 19. Jahrhundert bereits erreicht hatte.

Und dann kamen die Nazis. Dazu später mehr.

Nach 1945

Sarkastisch berichtet Marcel Reich-Ranicki in »Mein Leben« von den ersten Deutschen, die sich nach dem Krieg wieder nach Warschau trauten: »So interviewte ich immer wieder Schriftsteller und Journalisten, Musiker, Theaterleute und Verleger. Sie kamen in der Regel aus der DDR. Meist beteuerten sie, dass sie Warschau bewunderten und die Polen selbstverständlich liebten.«

In der Bundesrepublik, in die Reich-Ranicki 1957 floh, hielt er sich generell mit Aussagen über Polen sehr zurück. Eine Ausnahme davon ist ein Band polnischer Erzähler, den er 1962 herausgab. Vermutlich glaubte er auch hier nicht an ein wahres Interesse. Was hätten seine Berichte auch nutzen können? Es durfte ja doch niemand über die Grenze. Bis zur Aufnahme diplomatischer Beziehungen 1972 war es für BRD-Bürger äußerst schwierig, nach Polen zu kommen.

Die Botschaft der Bundesrepublik befand sich zunächst auf der östlichen Weichselseite, im Stadtteil Saska Kępa. Im Herbst 1989 fiel die Weltgeschichte in die beschauliche Straße ein. Von August bis November wurde die Botschaft von DDR-Flüchtlingen bestürmt. In allen Seitenstraßen waren Trabis geparkt, einige Antragsteller kampierten sogar auf dem Botschaftsgelände. Als die Zahl der Menschen lawinenartig auf bis zu tausend anwuchs, leisteten das Polnische Rote Kreuz, die Gewerkschaft »Solidarität« und die katholische Kirche Hilfe. Man sorgte für die Unterbringung der Massen in Kurhäusern und Studentenwohnheimen, bis schließlich alle Flüchtlinge in die Bundesrepublik ausreisen durften, die meisten per Flugzeug, viele auch per Fähre via Schweden. 2014 wurde eine Erinnerungstafel enthüllt. In seiner Ansprache hob der deutsche Botschafter die damalige Hilfsbereitschaft der Polen hervor. Es habe Taxifahrer gegeben, die die Flüchtlinge umsonst zum Botschaftsgelände chauffierten, Straßenbahnkontrolleure, die ein Auge zudrückten, wenn ein Deutscher kein Ticket hatte, sowie Anwohner, die Decken und heißen Tee brachten.

Nach der Öffnung der Grenzen 1990 kamen Deutsche dann etwas häufiger nach Warschau, aber immer noch zaghaft und in kleiner Zahl. Sehr viel geändert hat sich daran bis heute nicht. Man schätzt, dass etwa 2000 Deutsche in der Hauptstadt wohnen. Die meisten davon arbeiten für deutsche Firmen, hinzu kommen die üblichen Verdächtigen aus Botschaft und Goetheinstitut. Nur ein Bruchteil davon integriert sich langfristig in die polnische Gesellschaft, die meisten sind Expats, die bald wieder verschwinden. Die allerwenigsten haben einen Arbeitsplatz in einer polnischen Firma. Ein Deutscher in Warschau ist tendenziell Anwalt, Prokurist oder Abteilungsleiter und hat einen deutschen oder amerikanischen Chef. Er würde es als Prestigeverlust ansehen, wenn er einen polnischen Chef hätte. Dabei geraten zahlreiche Expats, besonders männliche, trotz kurzer Verweildauer doch in langjährige Abhängigkeit von der Republik Polen: Sie finden eine polnische Partnerin und kehren auch nach der Rückkehr in die deutsche Heimat oft zurück, zumeist an Weihnachten.

Schwerpunkte der deutschen Community sind naturgemäß Botschaft und deutsche Schule. Die Willy-Brandt-Schule Warschau hat etwa 230 Schüler, von denen etwa einhundertsechzig deutsche Muttersprachler sind. Seit Kurzem gibt es auch eine Klasse mit Polnisch als Hauptsprache. Interessanterweise richten sich »Lernziele und Unterrichtsorganisation« nach den Richtlinien und Stoffplänen des Landes Baden-Württemberg. Offensichtlich lassen sich im Ausland mit den laschen NRW-Lehrplänen keine ehrgeizigen Eltern anlocken.

Erwähnenswert sind noch die Kirchen als Sammelpunkte. Die deutschsprachigen Katholiken Warschaus treffen sich jeden Sonntag in einer Kapelle an der ul. Żytnia 11, die Protestanten jeden zweiten Sonntag im Monat im Gebäude der Lutherischen (in Polen: Augsburgischen) Kirche an der ul. Miodowa 21.

Einige Jahre lang traf sich im Hotel Hilton einmal pro Monat ein deutsch-polnischer Wirtschaftsstammtisch. Es wurden mehrere Jahresbälle veranstaltet, bei denen 600 elegante Gäste tanzten und ich die Ehre hatte, als Moderator zu fungieren. Einmal war Lukas Podolski Ehrengast und stellte seine verdienstvolle Stiftung für Warschauer Straßenkinder vor. Leider wurden die Bälle aber inzwischen wieder eingestellt, weil der Initiator Warschau verließ.

Brief an eine polnische Putzfrau

Die Koexistenz von Polen und Deutschen findet heute häufiger in Köln oder Berlin als in Warschau statt. Koexistenz – das sind unzählige Ehen und Partnerschaften, aber auch manch kuriose Culture Clashs. Hier der Originalbrief einer besorgten deutschen Hausfrau an ihre polnische Putzfrau, der wild im Internet kursiert.

Liebe Anka,
wie wir feststellen mussten, haben Sie sich nicht daran gehalten, so wie wir es Ihnen nahegelegt hatten, vegane Putzmaterialien zu verwenden. Es mag in Ihrem Heimatland üblich sein, sich nicht um ökologische Belange zu scheren, aber hier bei uns verfolgt man einen ökologischen, nachhaltigen Ansatz zum Schutz unserer Umwelt.

Das gilt auch und gerade für die Hauswirtschaft. Sie kennen vielleicht den Slogan »Think globally, act locally«. Das ist Englisch und bedeutet so viel wie: »Denke global, aber handele regional.« Ihr Hinweis, Sie könnten sich keine ökologisch abbaubaren Reinigungsmittel leisten, ohne den jetzigen Stundenlohn zu erhöhen, hatte Ihnen mein Ehemann ja neulich eindeutig widerlegt, in seiner Aufstellung.

Hätten Sie bei Ihrer Tätigkeit, hier in Berlin, von Anfang an einen nachhaltigen Ansatz verfolgt, wären Ihnen keine Unkosten entstanden. Ferner hatten wir Ihnen in unserem letzten Schreiben eine Liste beigefügt, wo Sie günstig die von uns erwünschten Produkte hätten erwerben können. Wie wir leider feststellen mussten, benutzen Sie immer noch umweltschädliche Allzweckreiniger und Reinigungstücher. Dasselbe gilt für die von Ihnen verwendete Schmierseife, Scheuermilch sowie für die Laminat- und Korkpflege als auch für die Parkettpflege. Unsere Katze Rosa wirkt jedes Mal verstört, nachdem Sie in unserer Wohnung waren. Wir haben uns deshalb dazu entschlossen, das Arbeitsverhältnis mit dem heutigen Tage zu beenden.

Hinterlegen Sie die Wohnungsschlüssel bitte auf dem Küchentisch.

Vielleicht sollten Sie auch in Erwägung ziehen, sich in Polen eine Stelle zu suchen, um unsere Umwelt zu schonen und diese nicht durch Ihr permanentes Pendeln per PKW zu strapazieren. MfG

Franzosen sind schlauer

Es gäbe vermutlich mehr Deutsche in Polen, wenn deutsche Firmen eine ähnlich chauvinistische Politik wie viele französische Konzerne machen würden. Das hat mir unter dem Siegel der Verschwiegenheit ein junger französischer Journalist anvertraut. Ihm zufolge vergeben Carrefour oder Auchan, die in Polen riesige Hypermarchés mit Tausenden von Mitarbeitern betreiben, ihre Chefposten in der Regel nur an Franzosen. Auch innerhalb der Firma wird ausschließlich Französisch gesprochen. Tja, und damit die polnischen Mitarbeiter ihre französischen Sprachkenntnisse stetig verbessern können, kommen Legionen französischer Sprachlehrer nach Warschau, die teure Kurse auf Firmenkosten abhalten. Abends trifft sich die französische Equipe dann im berühmten Saska Kępa, und zwar in den neuen Kneipen entlang der ul. Francuska.

Und was tun die deutschen Konzerne? Sie machen Englisch zur Firmensprache. Kein Wunder, dass Deutsch seinen Nimbus einbüßt. Vor einigen Jahren gab es in vielen großen Konzernen noch kostenlose Deutschkurse für die Mitarbeiter, ich weiß es genau, denn ich habe selbst in solchen Firmen unterrichtet. Ein halbes Jahr lang saß ich zum Beispiel bei einer polnischen Bankchefin im sechsten Stock eines Hochhauses und paukte mit ihr die deutschen Artikel »der, die, das«. Leider wurde sie bald entlassen, unter anderem wegen mangelnder Deutschkenntnisse. Das war auch für mich ein bitterer Tag.

Trotz des nachlassenden Interesses an Deutsch gebe ich auch weiterhin allen deutschsprachigen Uni-Absolventen den Rat, nach Polen zu kommen, um hier als Deutschlehrer zu arbeiten. Noch immer ist Polen das Land mit den meisten Deutschlernern weltweit. In keinem anderen Land lernen fast zwanzig Prozent aller Schüler Deutsch, mehrere Tausend pro Jahr wählen Deutsch sogar als Abiturfach. Ich weiß es schon wieder genau, weil ich im Auftrag des polnischen Bildungsministeriums die Hörverstehenstexte aufnehmen darf, die den Abiturienten bei der schriftlichen Prüfung vorgespielt werden. Nur in Russland gibt es ein ähnlich starkes Interesse an Deutsch.

Wer keine Lust hat, Deutschlehrer zu werden, interessiert sich vielleicht für den Job, den der dreißigjährige Dieter aus dem Ruhrgebiet in Warschau gefunden hat. Wir haben uns in einem Supermarkt kennengelernt. Er arbeitet seit sieben Jahren bei einer US-amerikanischen Firma, die Computerspiele in alle Weltsprachen übersetzt. Dieter spielt acht Stunden pro Tag die neuesten Spiele und muss dabei deutsche Übersetzungsfehler notieren. Er hat mir erzählt, dass die jungen Expats sich vor allem in den Pavillons hinter der ul. Nowy Świat treffen. Ich war selbst da, um mir die Sache mal anzuschauen. Man darf sich diese »Pavillons« nicht allzu elegant vorstellen, es sind niedrige kleine Kaschemmen, wo der halbe Liter Bier weniger als zwei Euro kostet. Allabendlich hocken hier Deutsche, Amerikaner, Russen, Araber und Afrikaner einträchtig beisammen. Es ist genau wie zu meiner Anfangszeit – die Verzweiflung über die polnische Grammatik macht alle Menschen zu Schicksalsgefährten.

13 DIE DEUTSCHEN IN WARSCHAU – DER ZWEITE WELTKRIEG

Kein deutsches Trauma

Man kann genüsslich über den Königstrakt flanieren, ohne auch nur das Geringste von der einzigartigen Geschichte der Adelsrepublik oder vom Einfall der Schweden 1655 zu wissen. Man kann die Aufstände des 19. Jahrhunderts gegen die russischen Besatzer für unwichtige Scharmützel oder das Wunder an der Weichsel für eine legendäre Kirschzüchtung halten. Aber die Spuren des Zweiten Weltkriegs sind nicht mehr zu ignorieren, sie sind omnipräsent, die Erinnerungstafeln hängen buchstäblich an jeder Straßenecke, ganz Warschau ist ja eine »Spur« des Krieges. Trotzdem ist es falsch, Warschau nur auf den Zweiten Weltkrieg zu reduzieren, man unterschlägt die vorangegangenen tausend Jahre. Um dieser Einseitigkeit entgegenzuwirken, wollte ich bis hierhin wenigstens einige Aspekte daraus illustrieren.

Nun aber zu den Kriegsereignissen, die für die Warschauer so präsent sind, als wären sie gestern geschehen. Wer beim ersten Stadtrundgang drei, vier, fünf Gedenktafeln studiert, ahnt allmählich, dass sich Unheil zusammenbraut. Während man bislang glaubte, die Tragödie zumindest in groben Umrissen zu kennen, zeigt sich bald, dass in Warschau Dinge geschehen sind, die bis heute in Deutschland kaum jemand kennt. An meinem Wuppertaler Gymnasium ließ eine Geschichtslehrerin die Besprechung der Kriegsereignisse 1939 bis 1945 grundsätzlich aus, weil sie gelangweilt voraussetzte, dass die Schüler durch Filme und Zeitungsartikel ohnehin schon die entscheidenden Fakten kannten. Das war vielleicht auch so – allerdings wussten wir nur von Blitzkrieg, Stalingrad, Auschwitz und Führerbunker. Warschau gehört ganz sicher nicht zu den traumatischen Orten, die ein deutscher Schüler quasi automatisch kennenlernt.

Kein Wunder, dass polnische Gastgeber sich insgeheim an den Kopf greifen, wenn sie die Unwissenheit ihrer deutschen Gäste bemerken. Für sie ist es unfassbar, dass da jemand den Ghettoaufstand von 1943 nicht vom Warschauer Aufstand 1944 unterscheiden kann. Oder dass jemand keine Ahnung hat, was mit der »Aktion am Arsenal« gemeint ist. Ein etwas kleinerer Fauxpas ist es, wenn ein deutscher Tourist am Krasiński-Park fragt, warum hier eigentlich ein so eindrucksvolles Denkmal mit der Inschrift »Monte Cassino« steht. Liegt Monte Cassino nicht in Italien?

Wer sich gegen Wissenslücken wappnet, indem er seinen Gastgebern gleich nach der Ankunft vorjammert, dass er – sorry! – echt keinen Bock mehr auf Zweiten Weltkrieg hat, weil ihm das Thema bereits zu den Ohren herauskommt, tut sich keinen Gefallen. Er bestätigt nur den polnischen Verdacht, dass die Deutschen das ganze Kapitel generell am liebsten unter den Teppich kehren würden. Schlimmer ist eigentlich nur das Fettnäpfchen, das sich auch US-Präsident Barack Obama schon leistete. Es besteht darin, von den »polnischen Konzentrationslagern« zu sprechen.

Ich gebe im Folgenden einen sehr groben Leitfaden durch die sechs Kriegsjahre in Warschau und werde nur dort etwas ausführlicher, wo es um Ereignisse geht, die in Deutschland kaum jemand kennt, während sie in Polen zum Allgemeinwissen gehören.

Herbst 1939

Warschau war 1945 eine der am stärksten zerstörten Städte Europas. Die Stadt war zu mehr als siebzig Prozent zerstört, die Innenstadt auf der westlichen Weichselseite sogar zu neunzig Prozent. Die Zerstörung lässt sich in drei Phasen einteilen.

Die erste Phase war die Bombardierung Warschaus aus der Luft. Sie begann gleich am ersten Kriegstag, am 1. September 1939. Die vier Wochen dauernden Angriffe zerstörten etwa zehn Prozent der Warschauer Bausubstanz und kosteten etwa 6000 Soldaten und 10 000 Zivilisten das Leben. Das frühbarocke Königsschloss sank in Schutt und Asche. Die Trümmer durften auf persönlichen Befehl Hitlers nicht beseitigt werden, sondern sollten als Symbol der polnischen Niederlage liegen bleiben. Anschließend transportierten die Deutschen die polnischen Kunstschätze aus Museen, Kirchen und privaten Sammlungen ab.

Am 17. September wurde Polen auch noch, wie erwähnt, von den Sowjets angegriffen. Infolge des Molotow-Ribbentrop-Paktes marschierte die Rote Armee in Städte wie Lemberg und Wilna ein, um sich Ostpolen einzuverleiben. Als die Einkreisung offensichtlich wurde, floh die polnische Regierung zunächst nach Rumänien und dann weiter nach London.

Die westlichen Teile Polens wurden dem Deutschen Reich eingegliedert, Warschau wurde sein Hauptstadtstatus genommen. Es gehörte von nun an zum »Generalgouvernement«, das von Krakau aus regiert wurde. Zum »Generalgouverneur« wurde Hitlers Rechtsanwalt Hans Frank ernannt, inoffiziell auch als »König von Polen« bezeichnet, residierte er doch im Wawel-Schloss, dem Sitz der polnischen Könige bis 1596.

Für Warschaus Umgestaltung nach dem Krieg gab es radikale Pläne. Bereits Anfang Oktober 1939 wurde ein gewisser Friedrich Pabst zum neuen Oberarchitekten Warschaus ernannt. Er konzipierte die »neue deutsche Stadt Warschau«. Der Plan sah vor, die Stadtfläche links der Weichsel um das Zehnfache und die Einwohnerzahl auf 100 000 Einwohner zu reduzieren. Die Schulbildung der Polen sollte sich auf das Erlernen von Lesen und Schreiben beschränken, um sie lediglich in die Lage zu versetzen, die deutschen Befehle zu verstehen.

Gleichzeitig wurden großzügige Siedlungen für deutsche Beamte geplant, die nach dem gewonnenen Krieg die eroberten Gebiete in ganz Osteuropa verwalten sollten. An der Stelle des Königsschlosses sollte eine große Aufmarschhalle errichtet werden. Verwirklicht wurde von Pabsts Plänen nichts, sie verschwanden in der Schublade und wurden erst viele Jahre nach dem Krieg wiedergefunden.

Gleich im Herbst 1939 setzte auch schon der Besatzungsterror ein. Die erste Maßnahme war die Liquidierung der polnischen Elite: Professoren, Studenten, Politiker, Militärs. Man schätzt, dass allein 1939 etwa 40 000 Polen erschossen wurden. Der neunzehnjährige Student Władysław Bartoszewski, später Außenminister, wurde im September 1940 zusammen mit Hunderten anderer Studenten ins KZ Auschwitz gebracht, das zu diesem Zeitpunkt noch kein Vernichtungslager war. Bartoszewski hatte unglaubliches Glück, wurde nach einigen Monaten wieder entlassen und konnte sich in Warschau der neu gebildeten Untergrundarmee anschließen, die dem Befehl der Exilregierung in London unterstand. Sie trug den Namen »Armia Krajowa« (Heimatarmee) und war die größte Untergrundorganisation in allen besetzten Ländern des Zweiten Weltkriegs. Einige Zeit später gründeten auch die zahlenmäßig schwachen polnischen Kommunisten eine Untergrundarmee, die sich »Armia Ludowa« (Volksarmee) nannte und Moskauer Anweisungen unterstand.

Die zweite deutsche Maßnahme zur Unterdrückung Polens war die Verschleppung Hunderttausender zur Zwangsarbeit. Es gab massenhafte Verhaftungen und anschließende Deportationen ins Reichsgebiet, die sich 1943 verstärkten, als in

Deutschland Arbeitskräfte rar wurden. Nun wurden in Warschau regelrechte Menschenjagden veranstaltet, bei denen willkürlich Passanten von der Straße weg verhaftet wurden. Bis 1945 wurden mindestens drei Millionen Polen zu Sklavenarbeit verschleppt. Sie mussten in Deutschland ein aufgenähtes Abzeichen mit dem Buchstaben »P« (Pole) tragen.

Die dritte Maßnahme waren Razzien, um die polnische Untergrundbewegung zu schwächen und bei der Bevölkerung Angst zu säen. Während der gesamten fünf Besatzungsjahre gab es eine Polizeistunde. Wer sich nach acht Uhr abends noch auf der Straße befand, musste eine Sondergenehmigung vorweisen oder wurde verhaftet. Ein ständiges Thema waren Geiselnahmen, vor allem nach Anschlägen des polnischen Untergrunds. Es galt die Regel: Für einen ermordeten Deutschen werden zehn polnische Geiseln erschossen.

Zentren des Terrors waren die Gestapozentrale in der Aleja Szucha und das Pawiak-Gefängnis in der ul. Dzielna. In der ehemaligen Gestapozentrale befindet sich heute das polnische Bildungsministerium. Vom Pawiak-Gefängnis sind nur noch die Grundmauern erhalten, es ist vielleicht der düsterste Gedenkort in ganz Warschau, mit nackten Steinen, unzähligen Kreuzen und verwelkten Kränzen. Von den etwa 100 000 Häftlingen wurde ein Drittel umgebracht, der Rest kam von hier aus in deutsche Konzentrationslager.

Das jüdische Ghetto

Die zweite Phase der deutschen Zerstörung Warschaus betraf die jüdische Bevölkerung. Deren Anteil betrug zu Beginn des Krieges etwa 350 000 Menschen, also ein gutes Viertel. Es begann mit Alltagsschikanen. Juden durften nicht mehr mit der Straßenbahn fahren (Polen immerhin noch in besonders gekennzeichneten Abteilen), ab dem 1. 12. 39 mussten sie eine

Im Hinterhof der ul. Złota 62 blieb ein kleines Stück der Ghettomauer erhalten.

weiß-blaue Armbinde mit dem Davidstern tragen. Wehrmachtssoldaten schnitten orthodoxen Juden die Bärte ab oder zwangen sie johlend, sie sich einander selbst abzuschneiden; Frauen mussten mit ihrer Unterwäsche Bürgersteige, Büroräume, Wohnungen und Toiletten wischen; Juden wurden auf offener Straße ausgeraubt, ihre Geschäfte und Wohnungen geplündert.

Eine perfide Maßnahme war die Einrichtung des sogenannten »Judenrats«. Auf diese Weise sollten die Verfolgten ihre Diskriminierung selbst organisieren. Zum Vorsitzenden des Warschauer Judenrats mit zunächst 24 Mitarbeitern wurde der Ingenieur Adam Czerniaków ernannt (1880–1943). Um die täglich neuen Erlasse der Deutschen zu übersetzen, stellte er den knapp 20-jährigen Marceli Reich als Übersetzer an, der in Berlin aufgewachsen und 1938 aus Deutschland ausgewiesen worden war.

Im Herbst 1940 beschlossen die Deutschen endgültig, ein geschlossenes Ghetto zu errichten, und zwar in einer Gegend im nördlichen Zentrum, die schon seit dem 19. Jahrhundert überwiegend von Juden bewohnt wurde. Das Stadtviertel hieß »Muranów«, weil hier im frühen 18. Jahrhundert ein in Warschau tätiger italienischer Architekt seinen privaten Palast hatte erbauen lassen, den er zum Gedenken an seine Heimatstadt »Murano« nannte (polnisch »Muranów«). Murano ist eine Insel nordöstlich von Venedig und gehört heute zum Stadtgebiet. Ausgerechnet Venedig war aber der Ort, an dem im 16. Jahrhundert erstmals das Wort »Ghetto« aufkam – abgeleitet von den Kanonengießern, die in diesem Viertel arbeiteten; eine seltsame Ironie.

Jüdische Zwangsarbeiter mussten rings um das Viertel eine hohe Mauer errichten. Ab Oktober 1941 drohte jedem Juden, der außerhalb der Mauer angetroffen wurde, die Todesstrafe. Genauso drohte sie Polen, die einen Juden versteckten. In keinem anderen Land, das von Deutschen besetzt war, stand auf die Hilfe für Juden die Todesstrafe.

Abgesehen vom jüdischen Friedhof besaß das Ghetto keine Grünfläche, keinerlei Park. Hungersnot und Typhus brachen aus, etwa 100 000 Menschen starben bis zum eigentlichen Beginn der Deportation im Juli 1942, vor allem Kinder. Die Deutschen gingen auch im Umland Warschaus auf Menschenjagd und sandten diejenigen Juden, die nicht sofort erschossen wurden, ins bereits hoffnungslos überfüllte Ghetto. 1942 lebten bereits etwa 450 000 Menschen in einem Wohngebiet, das kaum 100 000 Menschen fassen konnte. In jeder Wohnung mussten sich durchschnittlich sieben bis acht Personen ein Zimmer teilen.

Die Große Aktion

Ein halbes Jahr nach der Berliner Wannseekonferenz, bei der die Vernichtung der europäischen Juden beschlossen wurde, begann die sogenannte »Große Aktion«. Am 20.7.42 notierte der Vorsitzende des Judenrats, Adam Czerniaków, in seinem Tagebuch: »Morgens 7.30 Uhr bei der Gestapo. Ich fragte Mende, wie viel Wahrheit an den Gerüchten (über eine baldige Liquidierung des Ghettos) sei. Er entgegnete, dass er nichts davon gehört habe. Danach wandte ich mich an Brandt, er antwortete, dass ihm nichts darüber bekannt sei. Auf die Frage, ob derlei dennoch passieren könne, erwiderte er, dass er nichts wisse. Unsicher ging ich von ihm weg. Ich wandte mich an seinen Chef, Kommissar Böhm. Der erwiderte, dass das nicht seine Sache sei und dass Hohmann eventuell etwas zu den Gerüchten mitteilen könne. Ich bemerkte, dass den umlaufenden Gerüchten zufolge heute um 19.30 Uhr die Aussiedlung beginnen solle. Darauf antwortete er, dass er sicher etwas wüsste, wenn das heute noch geschehen sollte. Da ich keinen Ausweg hatte, begab ich mich zum Stellvertreter des Leiters der Abteilung III, Scherer. Er gab seiner Verwunderung über die Gerüchte Ausdruck und erklärte, dass kein Grund zur Befürchtung bestehe. Ich solle den Leuten sagen, dass alles, was erzählt würde, Quatsch und Unsinn sei.«

Doch alle ohne Ausnahme haben Czerniaków angelogen. Noch am Abend begann die »Große Aktion«.

Zwei Monate lang wurden jeden Tag 6000 bis 10 000 Menschen auf den Umschlagplatz am Rand des Ghettos getrieben. (An dieser Stelle steht heute das »Umschlagplatz«-Denkmal.) Ihnen wurde vorgegaukelt, zu Zwangsarbeit »im Osten« eingesetzt zu werden. In Wirklichkeit fuhren die Züge mit bis zu fünfzig Güterwaggons (in jeden Waggon wurden bis zu 200 Menschen gepfercht) nur bis nach Treblinka, einem etwa achtzig Kilometer östlich von Warschau gelegenen Dorf. Dort hatte die SS im Wald drei Gaskammern errichtet, in denen die Menschen mit Abgasen aus einem Dieselmotor getötet wurden (Zyklon B wurde erst später in Auschwitz verwendet).

Nach der »Großen Aktion« verblieben im Ghetto offiziell noch etwa 35 000 Menschen, zu denen etwa 20 000 Menschen hinzugezählt werden müssen, die sich irgendwo versteckten. Die »Legalen« bekamen »Lebenskarten«, die sie permanent an einer Schnur um den Hals tragen mussten. Sie waren Mitglieder des Judenrats oder Arbeitssklaven einiger deutscher Firmen, die außerhalb des Ghettos produzierten.

Der Ghettoaufstand

Wenige Monate später, im Januar 1943, sollten auch die letzten Juden abtransportiert werden, doch war inzwischen, nach zähen Geheimverhandlungen rivalisierender Gruppierungen, eine gemeinsame jüdische Abwehrorganisation gegründet worden, die »Żydowska Organizacja Bojowa«, kurz ŻOB (Jüdische Kampforganisation). Mit selbstgebastelten Molotowcocktails und wenigen Gewehren, die von der polnischen Heimatarmee sowie der konkurrierenden sozialistischen Volksarmee ins Ghetto geschmuggelt wurden, empfingen die Aufständischen die einrückenden Deutschen und ihre ukrainischen, lettischen und litauischen Hilfstruppen. Daraufhin zogen sich die Deutschen zurück und gönnten dem Ghetto einige Wochen scheinbarer Ruhe. In dieser Zeit liquidierten sie andere Ghettos, so in Łódź (damals »Litzmannstadt«), Krakau, Wilna und Białystok. Die Tötung der Menschen dort erfolgte meist durch Massenerschießungen, aber auch in KZs wie Bełżec oder Sobibor.

Erbost durch den jüdischen Widerstand im Warschauer Ghetto entsandte SS-Reichsführer Heinrich Himmler im April 1943 einen Sonderbeauftragten, den SS-General Jürgen

Denkmal für den Ghettoaufstand. Israelische Jugendliche lauschen einem Holocaust-Überlebenden.

Stroop (1895–1952). Eigentlich hieß er Josef Stroop, ließ aber zu Beginn des Krieges den »jüdisch klingenden« Namen Josef in den »germanischen« Jürgen abändern. Stroop ging mit fanatischem Eifer ans Werk, ließ jedes Haus im Ghetto anzünden und führte allabendlich genaue Listen mit den Zahlen der getöteten Juden. Eine besondere Obsession hatte er bezüglich rothaariger Juden. Er vermutete, dass sie besonders vital seien, und ließ sie nicht in die Züge nach Treblinka bringen, sondern gleich an Ort und Stelle erschießen. Deutsche Flugzeuge bombardierten jüdische Kämpfer auf den Hausdächern, Hundestaffeln spürten versteckte Bunker auf; in die unterirdische Kanalisation, über die viele Juden entkommen wollten, wurde Gas eingeleitet. Nach zwei Wochen gelang es den Deutschen, bis zum Bunker des ŻOB-Kommandanten Mordechaj Anielewicz vorzudringen. Als er und seine eingeschlossenen Mitkämpfer merkten, dass sie verloren waren, begingen sie kollektiven Selbstmord. Von den Unterkommandanten des Aufstands überlebte auch Marek Edelman, der nach dem Krieg in Łódź als Arzt arbeitete und 2009 starb. Von ihm gibt es auf Deutsch den eindrucksvollen Bericht »Das Ghetto kämpft«. Marek Edelman ist heute in Polen sicherlich der berühmteste Name unter den Ghettokämpfern.

Letzter Akt der Ghettozerstörung war die Sprengung der großen Synagoge. An dieser Stelle wurde in den Achtzigerjahren ein gläsernes Hochhaus errichtet, der sogenannte »błękitny wieżowiec« (Himmelblaues Hochhaus). Manche Juden betreten das Gebäude bis heute nicht.

Am 24. Mai 1943 schickte Stroop einen sauber in Leder gebundenen Bericht an SS-Führer Heinrich Himmler: »Es gibt keinen jüdischen Wohnbezirk in Warschau mehr.« Stroop vermerkte, dass 55 675 »jüdische Banditen« getötet worden seien. Auf deutscher Seite seien 43 Mann Verluste zu beklagen. (Diese letztere Zahl ist nirgendwo verifizierbar. Von den Ghettoverteidigern wurden die deutschen Verluste später mit mehreren Hundert bis zu eintausend Gefallenen angegeben.) Der Bericht wurde in den Fünfzigerjahren als Buch herausgegeben, ist aber in voller Länge seltsamerweise nie recht bekannt geworden und heute nur noch antiquarisch bestellbar. Warum wird er nicht an deutschen Schulen besprochen?

Ein sicherlich ebenso erschütterndes Originaldokument ist der komplett unbekannte Bericht eines Mitarbeiters von Stroop, Franz Konrad, der 1952 in Polen zusammen mit seinem Vorgesetzten hingerichtet wurde. Konrads Bericht wurde erstmals vollständig in dem 2009 von Joachim Jahns verfassten Buch »Der Warschauer Ghettokönig« publiziert. Konrad, der auch die meisten der bekannten Fotos von der Ghettoliquidierung gemacht hat, schrieb den Bericht in amerikanischer Haft. Hier ein Auszug in Originalschreibweise:

»Auf dem Terrain der Firma SCHLEGEL brannte ein ganzer Straßenzug. In diesem stand ein Haus, das nach allen 4 Seiten frei stand. Als nun der Obergruppenführer KRÜGER mit seiner Begleitung sowie STROOP mit seinem Stab die brennende Straße entlang schritten, kam ein Melder, der sagte, dass aus einem in der Nähe liegenden Gebäude im rückwärts liegenden Teil aus dem Dachgiebelfenster Menschen vor dem Feuer sich auf das Dach zu retten versuchten ... Die ganze Clique kam in dem Toreingang zur Aufstellung und beobachtete nun in den Abendstunden die durch den Feuerschein grell beleuchteten Menschen in ihrer Verzweiflungstat. Einige hatten sich schon auf das Dach in Sicherheit gebracht. Weitere versuchten von dem Dachfenster aus über das schmale Sims sich auch auf das Dach zu retten. Ich weiß nicht mehr, wer den Befehl zum Erschießen gab, aber es wurde, nachdem die Lage überblickt war, entweder von KRÜGER oder STROOP der Befehl gegeben mit MP oder Karabiner auf diese Menschen, wenn sie auf dem Sims standen, zu schießen. Wer sich nicht gleich aus dem Fenster in die Tiefe stürzte, wurde von den Kugeln der viehisch vertierten Menschen abgeschossen. Das Schrecklichste dabei war der Anblick, dass auch einige Kinder im Alter von 3 Jahren aufwärts darunter waren. Diese Kinder brachten den Mut auf, sich in schwindelnder Höhe des 3–4 Stock hohen Hauses auf das Dach über das Sims retten zu wollen und wurden ebenfalls abgeschossen. Einige Menschen, die am Mauersims verwundet wurden und dann abstürzten, wurden beim Fall in die Tiefe von einem offen gebliebenen Fensterflügel der unteren Stockwerke aufgefangen. Man muss sich vorstellen: verwundet, unter sich die gähnende Tiefe und vom prasselnden Flammentod bedroht. Um ihre Qual zu verlängern, durften diese am Fensterflügel hängenden Menschen nicht den Gnadenschuss bekommen, sondern wurden ihrem entsetzlichen Schicksal überlassen. Auf die zum Dach sich geretteten Menschen wurde nun eine richtige Jagd veranstaltet. Sie hätten sich ohnehin nur mehr durch einen kühnen Sprung in die Tiefe zu retten geglaubt, der allerdings ein Todessturz gewesen wäre. Durch die Panik und die unmittelbar drohenden Flammen hinter sich drängten die Menschen im Dachgiebel zum Fenster heraus. Es wurde einfach auf das Fenster und die sich darin zeigenden Menschen geschossen. Wer nicht durch die Kugeln getötet wurde, fiel unbarmherzig dem Flammentod zum Opfer. Die verzweifelten Menschen warfen die durch Kugeln getöteten Juden aus dem Fenster, um sich oben Raum zu schaffen. Es dürften nach meiner Schätzung insgesamt ca. 50 Personen dort den grauenhaften Tod durch Erschießen, Flammen und Absturz gefunden haben. Ein Major der Polizei, der sich ebenfalls unter dem Stab des Gruppenführer KRÜGER befand, konnte den Anblick nicht ertragen und mochte seinem Herzen Luft gemacht haben und sagte leise: ›Diese armen Menschen‹. KRÜGER; der diesen geflüsterten Ausspruch hörte, stellte ihn zur Rede, wie er denn mit Juden Mitleid haben könnte und überhaupt ein Empfinden für diese Menschen aufbringen konnte. Er hatte sich nächsten Tag zum Rapport zu melden. Ich habe diesen Major nie mehr gesehen. Später habe ich erfahren, dass durch KRÜGER eine Freiheitsstrafe über ihn verhängt wurde.«

Der Name Jürgen Stroop sagt heute selbst guten Geschichtskennern in Deutschland kaum etwas. Ganz anders liegen die Dinge in Polen. Stroop ist hier durch ein Buch allbekannt, das zur Schullektüre gehört: »Rozmowy z katem – Gespräche mit dem Henker«. Es wurde von Kazimierz Moczarski verfasst, einem Soldaten der polnischen Heimatarmee, die nach 1945 von den kommunistischen Machthabern verboten wurde, aber einige Jahre lang im Untergrund weiterkämpfte. Moczarski wurde, wie Tausende andere, verhaftet und saß mehrere Jahre lang in einer Warschauer Gefängniszelle. Es war eine bewusste Schikane seiner stalinistischen Wächter, dass sie ihn mit Jürgen Stroop zusammensperrten, der hier, nachdem er von den Amerikanern an Polen ausgeliefert worden war, auf seine Hinrichtung wartete. Nach einer Phase des Misstrauens erzählte Stroop allmählich immer mehr aus seinem Leben, aus seiner Kindheit, von seinem Aufstieg im Dritten Reich sowie vor allem von Einzelheiten der Ghettovernichtung. Das Buch liegt auch auf Deutsch vor.

Schätzungen zufolge haben von den 350 000 Warschauer Juden nicht mehr als 20 000 den Krieg überlebt.

Der jüdische Friedhof

Wer hauptsächlich aus Interesse für das Ghetto nach Warschau kommt, muss sich darauf einstellen, dass kaum etwas übrig geblieben ist. Die allermeisten Häuser wurden bis auf die Grundmauern niedergebrannt. Auch von der langen Ghettomauer ist (bis auf einige Fragmente, zum Beispiel an der ul. Stawki 8 und in einem Hinterhof der ul. Złota 62) nichts mehr zu sehen. Seit einigen Jahren kann man den Mauerverlauf allerdings durch eingelassene Steine auf den Bürgersteigen genau verfolgen, ähnlich wie den einstigen Verlauf der Berliner Mauer am Brandenburger Tor.

Übrig geblieben ist jedoch der jüdische Friedhof an der ul. Okopowa, der ebenfalls zum Ghetto gehörte. An seinen riesenhaften Dimensionen kann man sich das Ausmaß jüdischen Lebens (und Sterbens) in Warschau klarmachen.

Statt »Friedhof« wäre »Nekropole« wohl der treffendere Ausdruck, denn dieser Friedhof mit seinen 33 Hektar und 200 000 Grabstätten ist eine düstere Stadt der Toten, nach dem Neuen Friedhof in Łódź der zweitgrößte jüdische Friedhof Polens, einer der größten weltweit. Am ehesten könnte man ihn als Totenwald bezeichnen. Das gesamte Gelände ist von hohen Bäumen überwachsen, die meisten Grabstätten stammen allerdings aus dem 19. Jahrhundert, mit polnischen, hebräischen und jiddischen Inschriften, dann und wann auch deutschsprachigen. Während der Ghettozeit wurde ein Massengrab für die Hungertoten und Erschossenen ausgehoben, dessen Ränder noch zu erkennen sind. Viele Opfer des Holocaust haben hier nachträglich einen symbolischen Grabstein bekommen. Daneben gibt es auch einen Bereich für die nach 1945 gestorbenen Juden Warschaus, bis hinein in die Gegenwart. Auch viele nach Amerika emigrierte polnische Juden haben ihre Überreste hierher überführen lassen. Doch die meisten Bereiche sind mehr als hundert Jahre alt, mit weggesackten, verwitterten oder vermoosten Grabsteinen. Es gibt nur wenige Hauptwege, von denen immer wieder Trampelpfade abführen, die sich bisweilen in undurchdringlichem Gebüsch verlieren.

Man kann hier stundenlang umherwandern und vergessen, dass hinter der hohen Ziegelsteinmauer das 21. Jahrhundert vorbeirauscht. Auch in der größten Sommerhitze herrscht düsteres Halbdunkel. Vor Besuchen im Spätherbst sei ausdrücklich gewarnt, es gibt dann auf der ganzen Welt keinen melancholischeren Ort.

Der alte Teil des Friedhofs ist unterteilt in Sektionen, die die Schichtungen des Warschauer Judentums im späten 19. Jahrhunderts widerspiegeln. Es gibt einen Abschnitt für Orthodoxe, für Fortschrittliche (die stärker an den polnischen Staat assimiliert waren), für Kinder, für Militärs und für Sonstige. Der orthodoxe Sektor ist wiederum unterteilt in einen Abschnitt für Männer, einen für Frauen sowie einen zur Bestattung heiliger Bücher.

Außer an Samstagen (Sabbat) ist der Friedhof jeden Tag bis 15 Uhr geöffnet. Vorsicht: Das Eingangstürchen in der enorm hohen Mauer, die den Friedhof von der Okopowa-Straße abgrenzt, ist so klein, dass man es leicht übersehen kann. Männer bekommen beim Pförtner eine Kopfbedeckung.

Esperanto

Das international wohl prominenteste Grab des Friedhofs hat nichts mit dem Krieg zu tun, sondern befindet sich gleich am Beginn der Hauptallee, neben pompösen Grabsteinen aus schwarzen Marmorsteinen. Hier liegt, erkennbar an einem großen Sternenmosaik, Ludwik Zamenhof, der Erfinder des Esperanto. Zamenhof war ein Pionier, der hundert Jahre zu

Wandporträt von Ludwik Zamenhof (rechts) in einem Hausdurchgang zwischen ul. Nowolipki und ul. Dzielna

früh geboren wurde. Schon mancher hat dies für sich in Anspruch genommen, aber auf Zamenhof trifft es wirklich zu. Wann, wenn nicht in der Ära der Internet-Globalisierung wäre es technisch machbar, per UNO-Beschluss eine universale Weltsprache einzuführen, die aufräumt mit Chauvinismus und Abgrenzung, die sich aus den schollengebundenen Sprachen ergeben? Geboren ist Zamenhof 1859 im nordostpolnischen Białystok, damals einem Vielvölkergemisch, als Eliezer Zamenhof, Sohn einer Jiddisch sprechenden Mutter und eines atheistischen jüdischen Vaters, der am liebsten Russisch sprach. Er wuchs mit Jiddisch, Russisch, Polnisch, Hebräisch und Deutsch auf, lernte aber später noch diverse andere Sprachen. Ab seinem 16. Lebensjahr gab er sich den »christlichen« Vornamen Ludwik. Von Beruf war er Augenarzt, gewohnt hat er bis zu seinem Tod 1917 in Warschau. Sein Konzept einer künstlichen Sprache gab er 1887 unter dem Pseudonym »Dr. Esperanto« (der Hoffende) heraus. Es setzte sich allmählich gegen andere Kunstsprachen wie etwa Volapük durch. Esperanto basiert hauptsächlich auf Latein, den romanischen Sprachen und zu einem kleineren Teil auch auf germanischen Versatzstücken. Ziel war es, die Grammatik streng logisch und den Lernaufwand klein zu halten.

Weltweit wurden Hunderte von Straßen nach Zamenhof oder seiner Sprache benannt, in der Wiener Nationalbibliothek gibt es ein eigenes Esperanto-Museum. Auch Warschau besitzt, keine hundert Meter von Zamenhofs Grab entfernt, eine »Ulica Esperanto«, und wenn man die ul. Anielewicza (benannt nach dem Anführer des Ghettoaufstands) bis fast zur ul. Andersa hinuntergeht, stößt man auf die ul. Zamenhofa, in der er als Augenarzt jahrzehntelang gewirkt hat. An dem Haus, das nach dem Krieg an der Stelle seines Wohnhauses neu gebaut wurde, hängt eine Gedenktafel.

Nicht weit davon, in einem Torbogen, ist in jüngster Zeit ein imposantes Wandgraffito auf gelbem Hintergrund angebracht worden, mit comicartigen Porträts von Ludwik Zamenhof. Das Ganze wurde angestoßen von der Neighbourhood-Initiative »Stacja Muranów«, die sich sehr aktiv um Geschichte und Entwicklung des Stadtteils Muranów kümmert. Man findet hier Zamenhofs Lebenslauf auf Polnisch und Esperanto, dazu einige Lebensweisheiten, die einen guten Eindruck von Esperanto vermitteln. Hier einige Beispiele:

Plimalmulte signifas plimulte. – Weniger ist mehr.
Nur neamatoj malamas. – Nur die Nichtgeliebten hassen.
Ami signifas fari bonon. – Lieben bedeutet Gutes tun.
Ne provu, faru au ne faru. Provoj ne taugas. – Probier nicht, tu es oder tu es nicht. Probieren taugt nicht.

Das Museum für die Geschichte der Juden in Polen

Die größte touristische Gruppe Warschaus bilden Juden aus der ganzen Welt. Das ganze Jahr hindurch, aber besonders im April, wenn sich der Jahrestag des Ghettoaufstandes jährt, kommen Gruppen junger Israelis und lagern sich rings um das Denkmal. Der Aufstand gilt als Meilenstein der jüdischen Geschichte. Erstmals seit dem Bar-Kochba-Aufstand 135 n. Chr. nahmen Juden wieder Waffen in die Hand, um sich gegen ihre Unterdrücker zu wehren. Seit den späten Achtzigerjahren hat sich in Israel eingebürgert, dass möglichst viele Jugendliche nach Polen reisen sollen, um die Spuren des Holocausts persönlich kennenzulernen. Das Ghettodenkmal von Warschau spielt dabei eine Hauptrolle – eben weil es ausnahmsweise nicht an eine Mordaktion, sondern an einen heldenhaften Kampf erinnert. Dieses kurz nach dem Krieg entworfene, rein kunstgeschichtlich sicherlich nicht bemerkenswerte Denkmal hat wegen seiner symbolischen Aussage eine solche Bedeutung erlangt, dass es im Jerusalemer Yad-Vashem-Museum in voller Größe nachgebildet wurde. Einmal war ich Zeuge, wie eine Gruppe von israelischen Jugendlichen vor dem Denkmal eine Feierstunde durchführte, mit Musik und Gebeten. Dann trat ein kleiner alter Mann mit Hut auf, der einige Sätze zu der Gruppe sprach, zunächst auf Hebräisch, danach auf Englisch. Er machte sogar einige Witze, über die die Gruppe verhalten lachte. Wie sich herausstellte, war er einer der wenigen Über-

Eingangsbereich des Museums für die Geschichte der Juden in Polen

lebenden des Aufstands im KZ Sobibor 1943, inzwischen mehr als neunzig Jahre alt.

Nach mehrjähriger Bauzeit war es 2013 so weit: Gleich neben dem Ghettodenkmal wurde das »Museum für die Geschichte der Juden in Polen« eingeweiht, zum kleineren Teil aus Spenden finanziert, zum größeren Teil aus Mitteln des polnischen Staates. Das Gebäude beeindruckt durch imposante, rätselhafte Architektur. Auf den ersten Blick ist es nur ein viereckiger Klotz mit einer merkwürdig aufgerauten Glasummantelung. Erst von der Seite bemerkt man, dass mitten durch das Gebäude, vom Boden bis zur Decke, ein Spalt geht. Wer das Museum betritt, schreitet mitten in diesen Spalt hinein. Er soll an den biblischen Durchzug des Volkes Israel durch das Rote Meer erinnern. Der Entwurf stammt von dem finnischen Architektenteam Rainer Mahlamäki und Ilmari Lahdelma. Das Museum will keineswegs ein reines Holocaust-Museum sein, sondern einen Überblick über die gesamte tausendjährige Geschichte der Juden in Polen bieten, angefangen im Jahr 960. Die tausend Jahre sind in acht Sektionen aufgeteilt. Eine Sektion widmet sich zum Beispiel der goldenen Zeit der Toleranz (1506–1648), als Polen in Europa als das »Paradisus Iudaeorum« galt (Paradies der Juden). Die Holocaust-Zeit 1939–45 ist die siebte Sektion, danach folgt noch die Gegenwartssektion. Zusätzlich zur (kostenfreien) ständigen Ausstellung gibt es (kostenpflichtige) Sonderausstellungen, die alle paar Monate wechseln. Im großen Saal des Museums finden regelmäßige Kulturveranstaltungen statt, darunter Klezmer-Konzerte und wissenschaftliche Konferenzen. Empfehlenswert ist die große Cafeteria, in der man ein gutes Mittagessen bekommt. Seit einiger Zeit wird das Museum übrigens halboffiziell und in Kurzform »Polin« genannt, das jiddische Wort für »Polen«.

Jan Karski

Vor dem »Museum für die Geschichte der Juden in Polen«, fünfzig Meter entfernt vom Ghettodenkmal, an dem Willy Brandt 1970 niederkniete, befindet sich eine Bronzeskulptur. Auf einem Bronzesofa sitzt ein Mann und betrachtet nachdenklich das neue Museum. Sein Name: Jan Karski, eigentlich hieß er Jan Kozielewski (1914–2000).

Karski ist in Polen eine Legende und in Deutschland – mal wieder – so gut wie unbekannt. Allenfalls Filmkenner haben 1985 durch Claude Lanzmanns Film »Shoa« von ihm erfahren. Er wird hier als positive Ausnahme von den ansonsten durch Lanzmann sehr antisemitisch dargestellten Polen interviewt.

Bei Kriegsausbruch 1939 war Karski Soldat. Nach dem Einmarsch der Sowjets geriet er in sowjetische Gefangenschaft. Zusammen mit anderen Kriegsgefangenen wurde er den Deutschen übergeben, konnte aber fliehen und kehrte nach Warschau zurück, wo er zum Kurier zwischen Warschau und der polnischen Untergrundregierung in London wurde. Das bedeutete, dass er mit Depeschen zwischen dem besetzten Polen und dem Ausland pendeln musste, eine lebensgefährliche Mission. Im Januar 1940 begab er sich erstmals von Polen nach Frankreich. Bei einer weiteren Geheimmission in die von den Deutschen besetzte Slowakei geriet er in Gefangenschaft. Diesmal wurde er gefoltert, konnte aber erneut entfliehen, und zwar mithilfe polnischer Partisanen, die ihn aus einem Gefangenentransport herausholten. Die Mission, für die er schließlich berühmt wurde, bestand darin, für die Exilregierung nähere Informationen über die Vernichtung der Juden zu beschaffen. Zu diesem Zweck begab er sich 1942 zwei Mal ins Warschauer Ghetto. Seine Beschreibung ist eindrücklich: »Wer hinter die Mauern des Ghettos trat, fand sich in einer anderen Welt wieder, die an nichts erinnerte, was man sich vorstellen kann. Es hatte den Anschein, als ob die gesam-

Skulptur von Jan Karski vor dem Polin-Museum

te Ghettobevölkerung auf der Straße lebte. Man sah dort kaum einen freien Quadratmeter. Überall herrschte Hunger, überall spürte man das Unglück, in der Luft hing der grauenvolle Gestank verwesender Leichen, man hörte klagende Seufzer sterbender Menschen, verzweifelte Schreie und das Gestöhn all der Menschen, die trotz allem am Leben hingen.«

Karski verstand plötzlich, wie unterschiedlich die Deutschen Juden und Polen behandelten. Im Fall der Polen richtete sich der deutsche Terror vor allem gegen die Elite und sollte den Widerstandsgeist des restlichen Volkes lähmen. Im Fall der Juden war es egal, welche Haltung sie gegenüber den Deutschen einnahmen. Sie waren alle zum Tode verurteilt.

Als Nächstes begab er sich heimlich in das Durchgangslager Izbica bei Lublin. Tausende Juden mussten hier mehrere Tage lang unter freiem Himmel kampieren. Wer aufstand, wurde erschossen. Dann wurden die Juden in Güterwaggons getrieben. Karski beschrieb es später in seinem Buch »Mein Bericht an die Welt«: »Die Böden der Waggons waren von einer dicken Schicht weißen Pulvers bedeckt. Das war Ätzkalk. Ätzkalk ist ungelöschter Kalk beziehungsweise dehydriertes Kalziumoxid... Feuchtes Fleisch, das mit dem Kalk in Berührung kommt, verliert rasch sein Wasser und verbrennt. Die Menschen in den Waggons wurden binnen Kurzem buchstäblich verbrannt, das Fleisch wurde ihnen vom Knochen gefressen.«

Nach einer gefahrvollen Reise gelangte Karski nach London, wo er dem polnischen Oberbefehlshaber General Sikorski Bericht erstattete. Auch mit englischen Politikern traf er zusammen und berichtete ihnen, was in Polen geschah. Man schickte ihn nach Amerika, wo er im Juli 1943 eine etwa einstündige Audienz bei Präsident Roosevelt bekam. Karski erzählte später: »Er wusste erstaunlich viel über Polen und wollte noch mehr erfahren. Seine Fragen waren detailliert und betrafen die wichtigsten Dinge. Er befragte mich über die Organisation der Untergrundbewegung und nach den Verlusten, die die polnische Nation bisher erlitten hatte. Er wollte wissen, wie es sich erklären lasse, dass Polen das einzige besetzte Land ohne Quisling sei (also ohne Kollaborateur, Anm. d. Verf.). Er bat mich auch, die Richtigkeit gewisser Gerüchte betreffs des deutschen Verfahrens mit den Juden zu bestätigen. Wichtig war ihm, die Techniken der Sabotage, Verschleierung und von Partisanenaktivitäten zu erfahren.«

Doch Karskis Besuch bei Roosevelt erbrachte nichts Konkretes. Die Alliierten ergriffen keine wirksamen Maßnahmen gegen die Nazi-Tötungsmaschinerie. Karski wurde nach dem Krieg Dozent an der Universität Georgetown bei Washington, litt aber sein ganzes Leben unter dem Eindruck, zu wenig für die Rettung der Juden getan zu haben. 1982 durfte er im Jerusalemer Yad-Vashem-Museum einen »Baum der Gerechten« pflanzen und wurde israelischer Ehrenbürger. Übrigens bilden polnische Retter von Juden in Yad Vashem die bei Weitem größte Gruppe unter den »Gerechten der Welt«.

Die Aktion am Arsenal

Eine besondere Abteilung des polnischen Widerstands gegen die deutschen Besatzer bildeten Pfadfindergruppen. Auf dem Warschauer Militärfriedhof »Powązki Wojskowe« gibt es eine Abteilung für diese Jugendlichen, die während der deutschen Besatzung und des Warschauer Aufstandes zu Tausenden ums Leben kamen. Drei Schicksale davon kennt jedes polnische Kind. Es handelt sich um Pfadfinder, die unter ihren Tarnnamen Rudy, Alek und Zośka legendär wurden. Ihre Geschichte wird in einem Buch beschrieben, das zur schulischen Pflichtlektüre gehört: »Steine auf die Schanze« von Aleksander Kamiński. Man kann die drei mit den studentischen Mitgliedern der »Weißen Rose« in München vergleichen.

Mit einer zufällig getroffenen Pfadfindergruppe
auf dem Schlossplatz neben der Sigismundssäule

Alle entstammten dem berühmten Jahrgang 1921, der als der Heldenjahrgang Polens im 20. Jahrhundert gilt. Und alle drei waren Schüler des Warschauer Gymnasiums »Stefan Batory«, eines Elitegymnasiums, das bis heute zu den begehrtesten Schulen der Stadt zählt.

Nach Beginn der deutschen Besatzung ihrer Heimatstadt beschlossen sie, sich irgendwie nützlich zu machen. Zunächst arbeiteten sie als Glaser, da die Nachfrage in der zu zehn Prozent zerstörten Stadt nach Glas naturgemäß groß war. Bald wurden sie in die Heimatarmee aufgenommen. Zunächst unternahmen sie kleine Sabotageaktionen. Sie klebten etwa auf deutsche Bekanntmachungen kleine Zusatzzettel: »Marschall

Piłsudski würde sagen: Ihr geht uns am Arsch vorbei!« Oder sie zertrümmerten das Glas von Ausstellungsvitrinen, in denen Fotos deutscher Soldaten hingen. Allmählich nahmen sie an immer wagemutigeren Aktionen teil. So wurde zum Beispiel ein Wehrmachtszug zum Entgleisen gebracht, der Munition aus Deutschland an die russische Front bringen sollte. Doch eines Tages findet die Gestapo bei einem verhafteten Untergrundkämpfer namens Henryk Ostrowski die Adresse von Jan Bytnar – der bürgerliche Name von Rudy. In der gleichen Nacht wird Rudy, zusammen mit seinem Vater, von sechs Gestapomännern verhaftet und zunächst in der Gestapozentrale in der ul. Szucha verhört, dann ins berüchtigte Gefängnis Pawiak gebracht, das auf dem Gebiet des jüdischen Ghettos liegt. Zwei SS-Männer verhören ihn mit Foltermethoden, doch Rudy gibt nur Namen von bereits gestorbenen Untergrundkämpfern preis. Als die Freunde von seiner Verhaftung erfahren, beschließen sie sofort, ihn zu befreien. Dafür müssen sie aber erst einmal – was die straffe Organisation der Heimatarmee zeigt – die Genehmigung ihres Vorgesetzten einholen. Eine erste Befreiungsaktion scheitert denn auch daran, dass diese Genehmigung nicht rechtzeitig eintrifft. Dann, am 26. März 1943, kommt sie endlich, eine halbe Stunde vor Beginn der zweiten Aktion. Rudy soll am frühen Nachmittag, gemeinsam mit vielen anderen Häftlingen, vom Pawiak-Gefängnis zum Gestapogefängnis transportiert werden. Mehr als zwanzig Soldaten der Heimatarmee legen sich in den Hinterhalt, und zwar in der Nähe des barocken Arsenalgebäudes. Ein konspirativer Mitarbeiter der Heimatarmee, der im Gefängnisgebäude frei aus- und eingehen kann, weil er den deutschen Wärtern Süßigkeiten verkauft, beobachtet, dass Rudy, schwer gezeichnet, auf einer Tragbahre in den Transporter verladen wird. Er ruft in einem Restaurant an und gibt das Stichwort durch: »Ich sende die Ware, sie muss unverzüglich abgeholt werden.« Wenige Minuten später fährt der Transporter, der von vier Polizisten bewacht wird, am Arsenal vorbei. Hier macht die Straße eine starke Biegung, sodass der Wagen sein Tempo drosseln muss. Da ertönt eine Trillerpfeife, eine Benzinflasche wird auf die Windschutzscheibe des Transporters geworfen. Zwei Deutsche springen brennend heraus, zwei andere Polizisten, die hinten sitzen, nehmen die Angreifer der Heimatarmee unter Feuer. Jan Bytnars bester Freund Zośka riskiert einen Sturmangriff, alle vier Wächter werden erschossen, allerdings stirbt auch eine Gefangene, zufälligerweise die Tante von Zośka. 21 Gefangene werden befreit. Sie stolpern zunächst ratlos herum, einige begeben sich in das Arsenalgebäude und werden von Mitarbeitern des dort befindlichen Stadtarchivs instruiert, wohin sie flüchten sollen. Ein gellender Pfiff ertönt – die Aktion ist beendet. Der schwer verwundete Rudy wird auf der Tragbahre zunächst in eine Wohnung gebracht, wo er notdürftig verbunden und im Schutz der Dunkelheit dann in eine andere Privatwohnung getragen wird. In einem geheimen Krankenhaus der Heimatarmee erliegt er drei Tage später seinen Verletzungen. Auch den übrigen Teilnehmern der Aktion ergeht es schlecht. Aleks Gruppe, die in einem Privatauto flüchtet, wird von einem deutschen Wachtposten angeschossen, später von einem gepanzerten deutschen Transporter angehalten. Alek, der bereits einen Bauchschuss hat, wirft eine Granate vor den Transporter, sodass sein Auto fliehen kann. Alek stirbt am selben Tag wie Rudy.

Auch der dritte Freund, Zośka, überlebt nur wenige Monate. Er macht noch mehrere Partisanenoperationen mit, darunter die Sprengung einer Eisenbahnbrücke, wird aber bei einem Attentat auf einen Deutschen getötet. Die drei Freunde sind heute nebeneinander begraben.

Von den 21 befreiten Häftlingen begeben sich einige noch am Abend freiwillig zurück zum Pawiak-Gefängnis, aus Angst, dass man sonst Rache an ihrer Familie nehmen wird. Der bei der Aktion ebenfalls befreite Häftling Henryk Ostrowski flieht in die Wälder, gerät aber ein Jahr später bei Lublin in einen Hinterhalt, wird in verschiedene KZs gebracht und gelangt bis nach Auschwitz, wo er am Ende mehrere Todesmärsche mitmacht und halb tot von den Engländern befreit wird. Nach dem Krieg erfährt er, dass er in dem mittlerweile erschienenen Bestseller »Steine auf die Schanze« als der Auslöser der tragischen »Aktion am Arsenal« bezeichnet wird, weil bei ihm Rudys Adresse gefunden worden war. Er verlässt Europa und emigriert nach Australien, leistet dort in polnischen Emigrantenkreisen noch jahrzehntelange Arbeit für die Pfadfinderbewegung.

Als Vergeltung für die »Aktion am Arsenal« werden am nächsten Tag im Hof des Pawiak-Gefängnisses 146 Geiseln erschossen, Polen und Juden. Außerdem kommt es zu einer weiteren Verhaftungswelle, um die Verantwortlichen für die Aktion zu finden. Die Heimatarmee ihrerseits liquidiert in den nächsten Monaten die beiden Gestapobeamten, die Jan Bytnar gefoltert haben. Von den insgesamt 28 Männern, die an der Aktion am Arsenal teilgenommen haben, überleben nur sechs den Krieg.

Die Aktion ist heute in Polen zu einer der bekanntesten Kriegslegenden geworden und wurde mehrfach verfilmt, zuletzt im Jahr 2014. Wochenlang hing ein Megaboard mit den Konterfeis der drei jugendlichen Helden im Warschauer Bahnhof, der Slogan lautete »Freundschaft, Jugend, Freiheit«. Die Besucherzahlen waren gut, was auch einem Miniskandal zu verdanken war, der zu erhöhtem Medieninteresse führte. Die Protagonisten wurden angeblich realistischer als in den bisherigen Filmen gezeigt, nämlich als junge Männer, die »sogar« Sex hatten. Welchen Sex? Ich bin in dem Film gewesen. Eine halbe weibliche Brust ist zu sehen, dazu ein Junge in weißer Unterhose. Doch allein schon das Gerücht genügte, vor allem vielen Pfadfindern, um den Film zu verteufeln, weil er angeblich sensationslüstern das Andenken der Idole in den Schmutz zog. Von Bekannten erfuhr ich, dass die Filmproduzenten es wegen einiger Morddrohungen sogar vorzogen, Polen nach der Premiere für mehrere Wochen zu verlassen. Man sieht daran: Auch siebzig Jahre nach ihrem Tod genießen Rudy, Alek und Zośka noch heiligenähnliche Verehrung.

General Anders

Eine weitere der in Polen sehr bekannten und in Deutschland weitgehend unbekannten Geschichten des ZweitenWeltkriegs ist die von General Władysław Anders und seiner Exilarmee. Nach 1989 wurden überall in Polen Straßen nach Anders benannt. Er trug einen deutschen Namen, weil er 1892 in eine baltendeutsche, protestantische Familie geboren wurde. 1913 trat er als Berufssoldat in zaristische Dienste ein, kämpfte im Ersten Weltkrieg auf russischer Seite mit und machte nach 1918, als Polen von Marschall Józef Piłsudski wiedergegründet wurde, Karriere in der neuen polnischen Armee. Bei Ausbruch des Zweiten Weltkriegs war er Kommandeur einer Division, die im Herbst 1939 in sowjetische Gefangenschaft geriet. Fast zwei Jahre lang saß er im berüchtigten Lubjanka-Gefängnis in Moskau ein und legte dort den Schwur ab, zum Katholizismus überzutreten, falls er je noch einmal in Freiheit gelangen sollte.

Das geschah auf überraschende Weise, nämlich im Sommer 1941, als Hitler die Sowjetunion angriff, seinen bisherigen Bündnispartner. Stalin ließ daraufhin auf Druck der westlichen Alliierten die polnischen Kriegsgefangenen frei, aus denen sich nach vielen Irrfahrten eine eigene polnische Armee formierte. Etwa 67 000 Soldaten und noch einmal so viele Familienangehörige durften die UdSSR verlassen, zunächst in den Iran. Von dort ging es mit Lastwagen in den Irak, wo die »Anders-Armee« die Ölfelder bei Mossul vor deutschen Übergriffen schützen sollte. Im Jahr 1943 wälzte sich der Tross weiter nach Palästina und Nordägypten, von wo aus die Armee nach Italien verschifft wurde. Unter amerikanischem Befehl wurde die polnische Armee 1944 zur Erstürmung des Klosters Monte Cassino eingesetzt. Das uralte Benediktinerkloster südlich von Rom war von deutschen Fallschirmjägern besetzt worden und stand dem weiteren alliierten Vormarsch auf Rom im Weg. Alliierte Bomben machten das Kloster dem Erdboden gleich. In den vier Monate dauernden Kämpfen fielen etwa 20 000 deutsche und 55 000 alliierte Soldaten, darunter etwa tausend Polen. Nach Kriegsende kehrte General Anders nicht mehr nach Polen zurück, sondern wurde zu einem der Köpfe des polnischen Exils in Großbritannien. Die kommunistische Volksrepublik Polen entzog ihm 1946 die Staatsbürgerschaft und den Generalstitel. Er starb 1970 und ließ sich auf dem Friedhof von Monte Cassino beerdigen. Am Rande der General-Anders-Straße wurde 1999, zum fünfundfünfzigsten Jahrestag der Schlacht um Monte Cassino, ein meterhohes Denkmal eingeweiht, das der Statue der griechischen Siegesgöttin Nike nachgebildet wurde, die im Pariser Louvre ausgestellt ist. Diese Statue trägt, so wie das antike Fundstück, keinen Kopf, was sie zu einem bewegenden Symbol des verlustreichen Sieges macht.

Der brave Soldat Wojtek

Eine kuriose Fußnote zu General Anders ist die authentische Geschichte vom Soldaten Wojtek. Es handelt sich um einen syrischen Braunbären, der in den iranischen Hamadan-Bergen auf die Welt kam und von polnischen Soldaten gefunden wurde, die zur Anders-Armee gehörten. Sie päppelten das kleine Bärenjunge auf, und ein Korporal taufte den neuen Schützling der Armee auf den Namen Wojtek. Der Braunbär wurde offiziell in die Besoldungsliste der 22. Artillerie-Versorgungskompanie eingetragen. Seinen Sold erhielt er in Form einer verdoppelten Lebensmittelration. Mit seiner Einheit machte er den ganzen Kriegsmarsch vom Iran durch den Irak, Syrien, Palästina und Ägypten bis nach Italien mit. Er wurde schnell zum Liebling der Soldaten. Wojtek soll es besonders geliebt haben, mit dem Lastwagen zu fahren, zuerst in der Fahrerkabine, später auf dem Heck. Voll ausgewachsen war er beinahe zwei Meter groß und wog 250 Kilogramm. Wojtek erlebte seine Feuertaufe bei der Schlacht um Monte Cassino. Der polnische Sturmangriff auf das Kloster wurde von intensivem Artilleriefeuer eingeleitet. Die Soldaten der 22. Kompanie mussten die schweren Granatkisten zu den Geschützstellungen schaffen. Wojtek beobachtete seine Kameraden und fing plötzlich an, ihnen zu helfen. Er tappte zu einem Lastwagen, stellte sich auf die Hinterbeine und streckte die Vorderpfoten zu dem Soldaten hin, der die Kisten anreichte. Der rieb sich die Augen vor Verwunderung, gab aber Wojtek eine Kiste. Der Bär trug die Granaten ohne die geringste Anstrengung zu den Stellungen und kehrte zum Lastwagen zurück. Während der ganzen Beschießung des Klosters schleppte er Kisten. Von dem Vorgang hat sich eine Zeichnung erhalten, die einer der Soldaten anfertigte. Dieses Bild wurde schnell zum Logo der 22. Kompanie und wurde auf Wimpeln, Lastwagen und sogar auf Uniformärmeln angebracht.

Nach dem Krieg wurde die 22. Kompanie zusammen mit Bär Wojtek ins schottische Glasgow transportiert und aufgelöst. Radio BBC machte Reportagen über ihn, und die Polnisch-Schottische Gesellschaft ernannte ihn zu ihrem Ehrenmitglied. Wojtek beschloss seine Tage im Zoo von Edinburgh, wo er 1963 im Alter von 22 Jahren starb. Immer wieder kam es vor, dass polnische Soldaten in Zivil über den Zaun seines Geheges kletterten und ihn zum Erschrecken der Zoogäste umarmten. Wer die Geschichte nicht glaubt, möge auf YouTube »Wojtek the bear« eingeben und sich einen einstündigen Film ansehen, mit vielen Fotos und Erinnerungen britischer und polnischer Kriegsveteranen.

Der Warschauer Aufstand

Habe ich je behauptet, dass Warschau in Polen unbeliebt ist? Ich nehme alles zurück, zumindest zeitweise, denn jetzt geht es um ein ganz anderes Warschau. Es geht um Warschau als Mythos, als Hauptstadt der Freiheit, als Märtyrerin Polens und des gesamten 20. Jahrhunderts, vergleichbar den anderen Symbolstädten Guernica, Coventry, Dresden oder Stalingrad. Es gibt in Polen sozusagen zwei Warschaus: ein mythisches, das man bewundert, und ein reales, das man beschimpft. Gleiches gilt übrigens für das Verhältnis der Polen zu ihrem Land. Polen als Idee, Polska!, wird bis zum letzten Blutstropfen verteidigt, aber Polen als realer Staat wird scharf kritisiert, man droht mit Emigration und Steuerboykott. Erst wenn es gelingt, diese Schizophrenie zwischen dem realen und dem mythischen Warschau, dem realen und dem mythischen Polen zu überwinden, wird Polen ein normales Land sein (aber wer will das schon ...).

Jetzt geht es also um das heroische Warschau, um den verzweifelten Aufstand, der von August bis Anfang Oktober 1944 tobte. Er bildete die dritte Phase der deutschen Zerstörung Warschaus.

Im Sommer 1944 wurde die Lage der Wehrmacht immer verzweifelter. Durch die Landung der Alliierten in der Normandie mussten viele Einheiten nach Westen verlegt werden. Gegen die geschwächte Ostfront rückte die Rote Armee überraschend schnell bis an die Weichsel heran, einzelne Aufklärungsspitzen gelangten sogar bis in den östlichen Warschauer Stadtteil Praga.

In dieser Situation beschloss das Oberkommando der polnischen Heimatarmee in London, einen Aufstand gegen die deutschen Besatzer durchzuführen. Ziel war es, die Stadt aus eigenen Kräften zu befreien, um bei der Neuaufteilung Europas eine stärkere Verhandlungsposition gegenüber Stalin zu haben. Der Beschluss ist bis heute in Polen enorm umstritten. Nach dem Krieg meldeten sich diverse Gegner zu Wort, wie etwa Jan Nowak-Jeziorański, ein anderer berühmter Kurier, der in den letzten Julitagen 1944 nach Polen gereist war und fieberhaft versucht hatte, die Warschauer Kommandoebene von der Aussichtslosigkeit des Planes zu überzeugen. Man könne auf keine Hilfe rechnen, weder von den Sowjets noch von den Alliierten. Doch die Untergrundführung setzte sich über seine Bedenken hinweg. Am 31. Juli wurde endgültig der Beschluss zum Aufstand gefasst und über Meldegänger an Tausende Kämpfer weitergeleitet.

Am 1. August 1944 um 17 Uhr ging es los. Einige wichtige Gebäude konnten im ersten Anlauf erobert werden, so zum Beispiel das höchste Haus der Stadt, das Prudential-Versicherungsgebäude (heute leider eine Ruine). In den befreiten Stadtteilen herrschte zunächst enorme Euphorie, Überlebende erzählten später, dass diese ersten Tage des Aufstands die schönsten ihres Lebens gewesen seien. Sofort erschienen mehrere Zeitungen, die Stadtverwaltung richtete vierzig Briefkästen ein; täglich 4000 Briefe wurden von Pfadfindern befördert. An den Kästen war der Hinweis angebracht, dass man pro Brief eine Zahl von 25 Wörtern nicht überschreiten sollte.

Doch nach anfänglichen Erfolgen blieben die Angriffe schnell stecken. Es gelang nicht, strategisch wichtige Punkte zu erobern, etwa die Weichselbrücken, den Bahnhof oder das Radiogebäude. Den anfangs 20 000 Soldaten, die im Laufe der Kämpfe auf über 50 000 Männer und Frauen anwuchsen, fehlte es an Waffen und Munition. Die Hoffnung der Heimatarmee, dass die Deutschen sich Hals über Kopf aus der Stadt zurückziehen würden, erfüllte sich nicht, ganz im Gegenteil: Die 15 000 Soldaten der Warschauer Garnison wurden auf 50 000 Mann verstärkt. Grund dafür war ein Wutanfall Hitlers und seine Entscheidung, Warschau nicht zu räumen, sondern bis auf den letzten Stein zu zerstören. Darin wurde er von SS-Führer Heinrich Himmler bestärkt, der ihm empfahl, die Situation zu nutzen und die polnischen Störenfriede, die »seit siebenhundert Jahren« der deutschen Ostexpansion im Wege stünden, ein für alle Mal zu vernichten. Hitler gab den Befehl, sämtliche Einwohner Warschaus unterschiedslos zu töten. Einige Tage lang befolgte die Wehrmacht den Befehl getreu. Sonderkommandos der SS, darunter insbesondere die Brigade Dirlewanger, die sich aus ehemaligen Strafgefangenen zusammensetzte, gingen mit unerhörter Brutalität gegen die Zivilbevölkerung vor. Allein im Stadtteil Wola wurden innerhalb von drei Tagen etwa 50 000 Menschen erschossen. Die Deutschen und ihre Hilfstruppen aus Letten, Ukrainern und Weißrussen stürmten sogar in Krankenhäuser und erschossen sämtliche polnischen Patienten samt Ärzten und Krankenschwestern. Auch wenn verwundete Wehrmachtssoldaten um Schonung ihrer polnischen Lebensretter baten, wurde kein Pardon gegeben. Erst Munitionsmangel brachte den Oberkommandierenden Erich von dem Bach-Zelewski davon ab, mit dem Massaker fortzufahren. Im Stadtteil Wola wurden von den Straßen etwa zwölf Tonnen Asche eingesammelt – die Überreste der ermordeten und verbrannten Toten.

Besonders in der Altstadt kam es zu heftigen Kämpfen. Die Wehrmacht führte gigantische Eisenbahngeschütze heran, die aus einer Entfernung von vierzig Kilometern 60-cm-Mörsergranaten gegen die Stellungen der Aufständischen abfeuerten. Englische und amerikanische Flugzeuge warfen zwar Nahrungsmittel und Waffen ab, doch das meiste davon fiel den Deutschen in die Hände. Nach acht Wochen unterzeichnete der polnische Oberkommandierende Tadeusz Bór-Komorowski die Kapitulation. Etwa 20 000 polnische Soldaten und etwa 200 000 Zivilisten waren tot. Aus den Ruinen krochen mehr als 550 000 Menschen hervor. Sie mussten die Stadt verlassen und in den Nachbarort Pruszków marschieren, wo sie tagelang in einem Durchgangslager unter freiem Himmel vegetierten. 350 000 von ihnen wurden dann ins Innere des Generalgouvernements umgesiedelt, 150 000 wurden zu Zwangsarbeit nach Deutschland verschickt, 60 000 kamen in Konzentrationslager. Der amerikanische Autor Luis Begley hat diese apokalyptischen Wochen in seinem modernen Klassiker »Lügen in Zeiten des Krieges« eindrucksvoll beschrieben.

Die Rolle der Sowjets

Dem britischen Historiker Richard Overy zufolge ist es ein hartnäckiger, aber falscher Mythos, dass die Rote Armee dem Warschauer Aufstand tatenlos zugesehen habe, um auf die totale Niederlage der Polen zu warten. Fest steht natürlich, dass Stalin niemals den Plan hatte, nach Kriegsende ein freies Polen zuzulassen. Deswegen verbot er die Landung von amerikanischen und englischen Flugzeugen auf dem von der Roten Armee besetzten Gebiet östlich der Weichsel. Was aber das taktische Abwarten betrifft, stellt Overy fest, dass es der Roten Armee im August 1944 militärisch noch gar nicht möglich war, Warschau vor der Massakrierung zu retten. Zwar seien Panzerspitzen tatsächlich in Warschau-Praga angelangt. Doch hätten sie dort lediglich eine Vorhut gebildet, die schweren deutschen Angriffen ausgesetzt war. Für einen Übergang über die Weichsel hätten die nötigen Truppen gefehlt, da sich nördlich von Warschau heftige Kämpfe um die Flussübergänge an Bug und Narew abspielten. Andere Historiker weisen allerdings darauf hin, dass Stalin nur einen Tag nach Ausbruch des Aufstands den Befehl gab, die weitere Offensive gegen die Deutschen erst einmal einzustellen. Overy wiederum betont, dass Stalin seinen Sinn bald änderte. Nach einem Monat Wartezeit, Anfang September 1944, schickte er seinen Stellvertreter General Schukow an die Warschauer Front, um die Lage aufzuklären. Der kam zu dem Schluss, dass die Weichsel noch nicht gewaltsam überquert werden könne. Berichtete er dies an Stalin nur, weil er wusste, dass Stalin es hören wollte, um sich vor den Westalliierten für sein Zögern zu rechtfertigen?

Auch bleibt es eine Spekulation, ob es der Roten Armee möglicherweise früher geglückt wäre, über die Weichsel zu setzen, wenn der Aufstand nicht losgebrochen wäre. Nur so wurden ja die Deutschen dazu veranlasst, kurzfristig starke Truppen nach Warschau zu verlegen. Die im Rahmen der Roten Armee kämpfende Erste polnische Armee führte aus verzweifelter Solidarität mit ihren Landsleuten auf eigene Faust eine Weichselüberquerung durch, musste sich aber am 23. September nach heftigen Verlusten wieder zurückziehen. Stalin erlaubte schließlich auch (als alles längst zu spät war), für die verbliebenen polnischen Kämpfer Hilfsgüter aus der Luft abzuwerfen. Allerdings fielen sie ebenfalls zumeist in deutsche Hände.

Eine Delegation aus Sylt

Unter kommunistischer Herrschaft durfte des Aufstands nicht offiziell gedacht werden. In den unmittelbaren Nachkriegsjahren versammelten sich die Warschauer trotzdem jedes Jahr am ersten August auf dem Powązki-Friedhof bei den Massengräbern. Erst nach 1989 bürgerte sich eine Sitte ein, die dem englischen Gedenktag für die Toten des Ersten Weltkriegs nachempfunden ist: Am ersten August um siebzehn Uhr heulen alle Warschauer Sirenen. Für die Dauer einer Minute erstirbt jede Bewegung, Passanten bleiben auf den Bürgersteigen stehen, Autos halten vor Ampeln an, viele Fahrer steigen aus und warten, bis die Sirenen wieder abklingen.

Man könnte glauben, nach siebzig Jahren sei der Mythos inzwischen verblasst, aber eher das Gegenteil ist der Fall. Die Feierlichkeiten des Jahres 2014 und der mediale Wirbel im Vorfeld stellten alles in den Schatten, was Warschau in den vorangegangenen Jahren erlebt hatte. Der junge Star-Regisseur Jan Komasa stellte im Nationalstadion seinen beeindruckenden Spielfilm »Miasto 44« (Stadt 44) vor, der auf einer Riesenleinwand vor Zehntausenden Zuschauern vorgeführt wurde, grausamer, anrührender Realismus im Hollywoodstil.

Große Beachtung fand eine Veranstaltung für die Opfer des Massakers im Stadtteil Wola. Zur Überraschung vieler Teilnehmer erschien eine kleine Delegation aus dem Sylter Kurort Westerland. Hier war nach dem Krieg einer der beiden Hauptverantwortlichen des Massakers, Polizeigeneral Heinz Reinefarth, zwölf Jahre lang Bürgermeister gewesen, ehe er anschließend völlig unbehelligt Abgeordneter des Schleswig-Holsteinischen Landtages werden konnte. Für seine Taten wurde er niemals zur Rechenschaft gezogen, ein Prozess gegen ihn verlief im Sand. 1979 starb er als geachteter Bürger Sylts. Jahrzehntelang war das Thema von deutscher Seite ignoriert worden, nun kam es in Warschau zu einer denkwürdigen Ansprache von Bürgermeisterin Petra Reiber, in der sie die mehrere Hundert Anwesenden, darunter einige Überlebende, um Vergebung bat. Der Journalist Bartosz T. Wieliński, Deutschlandexperte der wichtigsten polnischen Tageszeitung »Gazeta Wyborcza«, schrieb anderntags: »Die Deutschen aus Sylt hätten weiterhin dabei bleiben können, dass ihr ehemaliger Bürgermeister niemals als Verbrecher verurteilt wurde und folglich unschuldig ist. Sie hätten sagen können, dass es keinen

Sinn hat, alte Wunden aufzureißen, oder dass eben Krieg geherrscht habe und Befehle ausgeführt werden mussten, oder dass auch deutsche Zivilisten bei Bombardierungen umgekommen seien oder aus ihren Häusern vertrieben wurden. Sie haben aber den Weg der Buße für die Taten ihrer Vorfahren gewählt. Das ist eine schmerzliche Auseinandersetzung. Wir haben sehr lange darauf gewartet, aber den Bewohnern Westerlands gilt für diese Geste unsere Anerkennung.«

Das Museum für den Warschauer Aufstand

Das Museum wurde 2004 eröffnet und befindet sich auf dem Gelände einer alten Fabrik im Stadtteil Wola. Es gilt als größte Amtstat des 2010 verunglückten Lech Kaczyński, der bis zum Antritt des Präsidentenamtes im Jahr 2005 Stadtpräsident (Oberbürgermeister) von Warschau gewesen war. Im Mittelpunkt des Museums steht eine zwölf Meter hohe Säule, aus der dumpfer Herzschlag ertönt. In den Ausstellungsräumen kann man originale Uniformen und Waffen besichtigen oder auf Knopfdruck einen Fliegeralarm simulieren. Es gibt die Kopie eines britischen Liberator-Bombers, von dem aus Gewehre für die Aufständischen abgeworfen wurden; man kann in einen engen unterirdischen Kanal absteigen, so wie es die Verteidiger der Warschauer Altstadt tun mussten, als sie den Rückzug antraten. Prunkstück des Museums ist der selbst gebastelte Panzer »Kubuś« – das berühmteste Fahrzeug der Aufständischen. »Kubuś« wurde von Soldaten der Gruppe Krybar gebaut. Im Panzer hatten zwölf Soldaten Platz. Allerdings wurde er bereits bei seinem ersten Einsatz von den Deutschen außer Gefecht gesetzt.

Im Museum wird ein bewegender Dokumentarfilm gezeigt, den das Museum 2014 produzieren ließ. Man hat hier kurze Schwarz-Weiß-Filme zusammenmontiert, die 1944 von Kameraleuten der Aufständischen gedreht wurden. Zunächst sind Alltagsszenen hinter der Kampflinie und die anfängliche Euphorie zu sehen, die sich angesichts der Totenberge bald in blanken Horror verwandelt. Für heutige Zuschauer ist überraschend, dass in manchen Stadtteilen quasi normales Leben stattfindet, die Post arbeitet, Kino und Theater in Betrieb sind, während nur wenige Straßen weiter Massenexekutionen stattfinden. Manche Szenen wurden von den damaligen Kameraleuten nachgestellt, etwa wenn die Aufständischen eine Kirche stürmen und sich von Bank zu Bank vorkämpfen. Doch wenn dann die Kamera, hinter einem Schuttberg versteckt, langsam vorbeirollende deutsche Panzer zeigt, wird schlagartig klar, dass dies nicht Hollywood, sondern blanke Realität ist. Das Besondere des Filmes: In mühseliger Kleinarbeit wurden die stummen Schwarz-Weiß-Filme nachkoloriert und mit einer Tonspur unterlegt. Experten für Lippenlesen notierten die Worte, die die (häufig lachenden) Menschen in die Kamera sprachen, danach wurden diese Worte von Schauspielern synchronisiert. Eindrücklich wird so die historische Distanz von siebzig Jahren verwischt; man hat den Eindruck, einen heutigen Film zu sehen.

Władysław Szpilman

An einem großen Wohnhaus in der al. Niepodległości 221 (Unabhängigkeitsallee) hängt eine Gedenktafel. Sie weist darauf hin, dass sich in diesem Haus Władysław Szpilman, Held des oscar-gekrönten Films »Der Pianist« von Roman Polański, mehrere Wochen lang versteckte. Szpilmans Geschichte gehört heute zu den weltweit bekanntesten Schicksalen der Kriegszeit.

Etwa zwei Monate nach Niederschlagung des Aufstandes 1944 räumte die Wehrmacht Warschau. Bis zum letzten Augenblick zogen Flammenwerfertrupps durch die Ruinen, um unversehrt gebliebene Häuser niederzubrennen. Auf diese Weise wurden dreißig Prozent der Häusersubstanz zerstört, mehr als während des gesamten Aufstands. Es war bei Todesstrafe verboten, sich in Warschau aufzuhalten. Die Stadt war menschenleer, bis auf etwa tausend Verzweifelte, die sich in den Trümmern versteckten und als »Robinsons« bezeichnet werden. Einer davon war der jüdische Pianist Władysław Szpilman (1920–2000). Er hatte am 23. 9. 39 noch mitgewirkt beim letzten Konzert, das vom Polnischen Radio übertragen wurde. Während der Ghettozeit hielt er sich durch Konzerte in Kaffeehäusern über Wasser. Durch seine Flucht in den »arischen Teil« der Stadt überlebte er die Liquidierung des Ghettos und versteckte sich fast zwei Jahre lang in leeren Wohnungen, auch während des Warschauer Aufstands, bei dem er fast verhungert wäre. Eines Abends wurde er in seiner Hausruine von dem deutschen Offizier Wilm Hosenfeld entdeckt, der ihn zu seiner Überraschung nicht verriet, sondern von nun an mit Lebensmitteln versorgte. Szpilman betont in seinen Erinnerungen, dass dies der erste Deutsche überhaupt gewesen sei, der ihm gegenüber eine menschliche Haltung gezeigt habe. Nach dem Krieg versuchte Szpilman, sich bei Hosenfeld zu bedanken, der aber inzwischen in ein sowjetisches Gefangenenlager verschleppt worden war, wo er Anfang der Fünfzigerjahre an den Folgen von Zwangsarbeit und Folterungen starb. Fünfzig Jahre später kam es 2002 in Berlin zu einem denkwürdigen Foto: Anlässlich der deutschen Erstaufführung des Films »Der Pianist« posierte Regisseur Roman Polański mit den fünf Kindern von Wilm Hosenfeld – späte Würdigung eines deutschen »Gerechten unter den Völkern«.

Ein vergessener Galgen

In all den Jahren bin ich nur ein einziges Mal direkt auf die Kriegszeit angesprochen worden. Es war 2014 in der aufgeladenen Atmosphäre rings um den siebzigsten Gedenktag des Warschauer Aufstands. An einer Straßenbahnhaltestelle hielt mich eine kleine, alte, hellwache Frau an, die mich aus dem Fernsehen kannte. Ohne jede Einleitung begann sie in abgerissenen Worten, mit einem verbindlichen Lächeln: »Sie sind der einzige Deutsche, den ich mag! Ihr wolltet mich erschießen … Männer, Frauen und Kinder, getrennt aufgestellt, in letzter Minute kam ein Offizier, der uns gerettet hat!«

Erschütternd ist auch der Bericht meiner Freundin Ola. Ihre Familie wohnt seit Generationen im Stadtteil Wola. Am 5. August 1944, dem fünften Tag des Aufstands, klopften deutsche Soldaten nachmittags mit Gewehrkolben gegen die Wohnungstür ihrer Urgroßeltern. Alle Bewohner mussten sofort mitkommen und wurden noch im Hof des Hauses erschossen. Ihre Leichen wurden von Nachbarn, die dazu von den Deutschen gezwungen wurden, in ein Massengrab auf dem nahe gelegenen Friedhof gekarrt. Einige der Opfer hatten sich aber bloß tot gestellt, sprangen von den Tragbahren und schlossen sich unauffällig den Totengräbern an. So gelang auch einem dreizehnjährigen Nachbarsjungen die Flucht. Er tauchte bei Verwandten unter, kehrte aber nach dem Krieg nicht mehr nach Wola zurück. Olas Mutter, die erst nach dem Krieg geboren wurde, aber die Geschichte des Jungen durch ihre Eltern kannte, lernte ihn siebzig Jahre später kennen, und zwar auf dem Friedhof. Wie in Polen allgemein üblich ging sie am 1. November, an Allerheiligen, zu den Gräbern ihrer Familie, zusammen mit ihrer Tochter Ola und deren frischgebackenem Ehemann. Als die Mutter dem Schwiegersohn gerade die Geschichte von der wunderbaren Flucht des Nachbarsjungen erzählte, klopfte ihr ein achtzigjähriger Mann auf die Schul-

Ein vergessener Galgen aus den Kriegsjahren
im Brachland neben dem Westbahnhof

ter: »Der Junge, von dem Sie sprechen, bin ich. Ich habe noch Ihre Urgroßeltern gekannt.« Alle fielen sich weinend in die Arme.

Ola zeigte mir etwas, was nicht einmal sehr gute Warschaukenner wissen. Ich konnte es zunächst gar nicht glauben, habe mich aber selbst davon überzeugt. Es gibt im Stadtteil Wola bis heute einen vergessenen, aus der Besatzungszeit stammenden Galgen. Er befindet sich in dem öden Brachland hinter dem Westbahnhof, das Ola als Kind oft durchstreift hat, eine dubiose Gegend mit riesigen Parkplätzen, auf denen man sein Wohnmobil abends besser nicht abstellen sollte. Irgendwo neben einem Abstellgleis, zwischen Büschen und wilden Apfelbäumen, ist hier der Galgen zu finden – ein langer Querbalken auf zwei Holzsäulen, kaum verwittert. Ganz vergessen ist er doch nicht, denn daneben steht einer dieser Gedenksteine aus den Fünfzigerjahren, von denen es in Warschau über 200 gibt. Sie fangen meist mit dem pathetischen Satz an: »Miejsce uświęcone krwią Polaków poległych za wolność ojczyzny – ein Ort, der durch das Blut von Polen geheiligt ist, die für die Freiheit des Vaterlandes fielen«. Der Stein berichtet, dass hier am 16. Oktober 1942 zehn polnische Patrioten als Geiseln gehängt wurden, und zwar als Vergeltungsmaßnahme der Deutschen für die Sprengung von Bahngleisen. Die Tatsache, dass da siebzig Jahre später immer noch ein echter Galgen völlig unbekannt in der Landschaft herumsteht, zeigt ein weiteres Mal, dass der Zweite Weltkrieg in Warschau noch immer nicht in museale Distanz entschwunden ist.

Der Grzybowski-Platz

Aufmerksamen Warschaubesuchern kann auffallen, dass die allgegenwärtigen Gedenktafeln des Zweiten Weltkriegs im ehemaligen Ghetto plötzlich fehlen. Wer dahinter Antisemitismus vermutet, liegt nicht ganz falsch, ein bisschen aber doch. Die meisten Gedenktafeln wurden in den Fünfziger- und Sechzigerjahren angebracht, zu einer Zeit, als man Juden und Polen noch ganz offiziell als zwei verschiedene »Nationen« ansah – erst aus heutiger Sicht ein Unding. Für das

Der neugestaltete Plac Grzybowski,
im Hintergrund die Allerheiligen-Kirche

Andenken der jüdischen Opfer war nach diesem Verständnis der neu geschaffene Staat Israel zuständig. Das Ghettodenkmal war sozusagen das höchste der Gefühle, zu dem sich der polnische Staat bereitfand. Die Geschichte der Juden in Polen nach 1945 ist schmerzlich. 1946 gab es in Kielce ein Pogrom, bei dem vierzig Juden umgebracht wurden; eine massenhafte Emigration von Holocaust-Überlebenden war die Folge. 1968 stempelte die Regierung die übrig gebliebenen Juden zu Sündenböcken für die angespannte wirtschaftliche Situation im Land, sodass noch einmal fast 20 000 Juden ausreisen mussten.

Nach 1989 kam es dann zu einem totalen Kurswechsel, im Zuge dessen der latente Antisemitismus immer weiter zurückgedrängt wurde. Das zeigt sich zum Beispiel daran, dass die Stadt Warschau den von den Deutschen und später den Kommunisten enteigneten jüdischen Hausbesitzern und ihren Erben schrittweise ihre Grundstücke und Häuser zurückerstattet hat – ein höchst komplizierter Prozess, der bis heute anhält. Auch der Bau des »Museums für die Geschichte der Juden in Polen« beweist, dass Antisemitismus in Polen heute nicht mehr salonfähig ist und im großen Stil aufgearbeitet wird.

Das jahrhundertelange Nebeneinander von Juden und Polen ist in eine neue, positive Phase eingetreten. Als offizielle Formel hat sich inzwischen eingebürgert, polnische Juden als »Polacy wyznania mojżeszowego«– Polen mosaischen Bekenntnisses zu bezeichnen.

Während jüdische Polen sich noch bis vor Kurzem über ihre Abstammung ausschwiegen, gibt es jetzt besonders unter Künstlern und Studenten eine regelrechte philosemitische Mode. Man sucht im Stammbaum so lange, bis man eine jüdische Urgroßmutter gefunden hat. An den Universitäten erleben Hebräischkurse eine ungeahnte Blüte.

Auch der polnische Film hat sich des Themas vehement angenommen. Beeindruckend war der für den Oscar nominierte Film »In der Finsternis« von Agnieszka Holland. Gezeigt wurde eine jüdische Familie in Lemberg, die dank der Hilfe eines katholischen Polen im unterirdischen Kanalsystem der Stadt den Krieg überlebte. Der Film »Ida«, in dem es um die jüdische Herkunft einer jungen katholischen Nonne geht, errang 2014 den Europäischen Filmpreis.

Hervorragendes Spiegelbild für das Verhältnis von Polen und Juden in Warschau ist der Plac Grzybowski. Er zeigt den gewandelten Umgang der Warschauer mit ihrem jüdischen Erbe. Bis vor einigen Jahren war der triangelförmige Platz, der zwischen der Allerheiligen-Kirche und dem Jüdischen Theater liegt, noch ein trister Parkplatz. Hier schlug vor dem Krieg das Herz des jüdischen Stadtviertels, doch nach dem Krieg erstarb alles Leben. In einem Hinterhof versteckt wurde zwar eine sehr unscheinbare Synagoge erbaut, auch wurde ein jüdisches Theater errichtet, immerhin das weltweit einzige Repertoiretheater, das regelmäßig Theaterstücke in jiddischer Sprache zeigt. (Für Touristen ist hier der Klassiker »Fiddler on the roof« sehenswert, manchmal in Jiddisch, manchmal auf Polnisch. Es gibt Kopfhörer mit Übersetzung, schon weil viele amerikanische und israelische Touristen im Publikum sitzen.)

Doch alle diese Aktivitäten des kommunistischen Polens hatten etwas Alibihaftes. Nicht zufällig wirkte das 1967 errichtete Gebäude des Jüdischen Theaters wie eine bedrückende Gruft.

Vor einigen Jahren kam dann die Wende: Das Jüdische Theater soll abgerissen und neu gebaut werden. Bereits jetzt wurde der Grzybowski-Platz komplett modernisiert. Heute ist er eine grüne Oase. In der Mitte wurde er um einige Meter vertieft. In dieser Kuhle gibt es einen Wasserteich, über den Holzbohlen gelegt sind. Hier spielen im Sommer kleine Kinder, und ringsherum sitzen Eltern und Touristen.

Seit 2004 findet auf dem Grzybowski-Platz immer im August das Singer-Festival statt, ein Ableger des noch viel größeren jüdischen Festivals in Krakau. Benannt ist das Warschauer Festival nach dem Jiddisch schreibenden Nobelpreisträger Isaac Bashevis Singer (1902–1991), der bis zu seiner Emigration in die USA in Warschau lebte. Mehrere seiner Romane, darunter der berühmte »Zauberer von Lublin«, spielen in Warschau.

Während des Singer-Festivals gibt es eine Woche lang Kulturevents im Stundentakt, hauptsächlich im Jüdischen Theater, aber auch in Cafés und auf Freiluftbühnen rings um den Grzybowski-Platz. Es treten jüdische Kantoren und Tanzgruppen auf, man kann Klezmermusik hören, jüdische Küche kosten, an Workshops für Jiddisch teilnehmen oder Filmvorführungen und Lesungen besuchen.

Direkt an den Plac Grzybowski schließt die kleine, ebenfalls neu gestaltete ul. Próżna an. Jahrzehntelang standen hier einige der letzten Häuserruinen aus der Ghettozeit. Die schwierigen Verhandlungen mit den rechtmäßigen jüdischen Vorbesitzern, die nach 1989 ihr Eigentum zurückforderten, zogen sich endlos in die Länge. Endlich wurde eine Einigung erzielt, und mehr als siebzig Jahre nach der Vernichtung des Ghettos ist jetzt die gesamte Straße historisch getreu renoviert und mit stimmungsvollen Cafés erfüllt worden. Auch das Österreichische Kulturforum ist in eines der neu-alten Häuser eingezogen.

Jiddisch

Wer sich noch nie für Jiddisch interessiert hat – in Warschau könnte sich das ändern. Nicht nur der Zweite Weltkrieg scheint hier näher, greifbarer als in Deutschland zu sein, sondern auch alles Jüdische. Die Erinnerung an die jüdischen Bewohner der Stadt, die vor dem Holocaust ein Viertel ihrer Einwohnerschaft ausmachten, konzentriert sich zunehmend auch auf die jiddische Sprache. Während die jüdische Oberschicht aus assimilierten Juden bestand, die Polnisch oder Russisch bevorzugten, sprach das breite Volk, das aus den ostpolnischen Provinzen hereinströmte, überwiegend Jiddisch. Viele Grabsteine auf dem jüdischen Friedhof sind in Jiddisch abgefasst.

Auch heutige Deutsche, die nach Polen kommen, um Polnisch zu lernen, stolpern fast automatisch über das Jiddische. Beim Lernen polnischer Vokabeln bemerkt man erstaunt, dass viele polnische Wörter, wie etwa »frajda« (Freude), »rajzefiber« (Reisefieber) oder »firanka« (Vorhang) wie archaisches Deutsch klingen. Kein Wunder: Sie sind über das Jiddische ins Polnische eingewandert. Oft wird behauptet, die deutsch-polnische Oder-Neiße-Grenze sei eine der schroffsten Sprachgrenzen Europas, ohne vermittelnde Dialekte dazwischen – so wie etwa das Letzeburgische (Luxemburgische) ein Mittelding zwischen Deutsch und Französisch ist. Jahrhundertelang war Jiddisch genau dieses Bindeglied zwischen den germanischen und slawischen Sprachen, ein multilinguales Amalgam.

Jiddisch ist die dem Deutschen nächstverwandte westgermanische Sprache. Sie steht dem Deutschen näher als Englisch und selbst Niederländisch. Besonders groß ist die Übereinstimmung mit dem Ostmitteldeutschen, zu dem das Berlinische und das Sächsische gehören. Auch im Jiddischen sagt man »ferd« statt »Pferd« und »Kopp« statt »Kopf«. Wann entstand Jiddisch, und wie kam es ausgerechnet nach Polen? Bereits in den ersten nachchristlichen Jahrhunderten siedelten viele Juden in der römischen Provinz Germania Inferior, im heutigen Rheinland. Sie sprachen Lateinisch, behielten aber das Hebräische als Zweitsprache bei, vor allem zu religiösen Zwecken. Um 1000 herum begann sich als neue Sprache das Deutsche zu entwickeln, das im Jiddischen »Dütsch« heißt. Die Juden nannten das mittelalterliche deutsche Kaiserreich »Aschkenas«, sich selbst als Bewohner dieses Staates bezeichneten sie als die »Aschkenasim«.

Ab dem 13. Jahrhundert setzten in Westeuropa immer stärkere Judenverfolgungen ein. Hunderttausende Aschkenasim wanderten in das Königreich Polen aus, weil es bekannt war für seine religiöse Toleranz, nicht nur gegenüber Juden. Ihre beiden Sprachen, »Dütsch« und Hebräisch, nahmen sie natürlich mit. Im Laufe der nächsten Jahrhunderte kam es zu einer Vermischung von Dütsch, Hebräisch und Polnisch. Ein polnisches Wort, das aus dem Jiddischen kommt, ist »kieszeń« (Hosentasche), abgeleitet vom hebräischen »keschene«. Auch die Juden übernahmen natürlich von ihren neuen Nachbarn viele polnische, russische und litauische Wörter. Trotzdem bleibt Jiddisch bis heute eine überwiegend vom Deutschen geprägte Sprache, nur eben vom mittelalterlichen »Dütsch«. Übrigens gibt es auch viele Einflüsse des Jiddischen/Hebräischen auf das Deutsche. »Hals- und Beinbruch« ist eine Verballhornung des hebräischen »hazlacha u wracha«, Erfolg und Segen. Wer »geschlaucht« ist, weiß nicht, dass er gerade das hebräische Verb »schlacha = zu Boden gehen« benutzt, und wer gerne »schmust«, der wendet einfach nur das jiddische Wort *schmuo* an, das eigentlich »Gerücht, Erzählung, Geschwätz« bedeutet und sich später zu »schmeicheln« verändert hat.

Stunde null

Mitte Januar 1945 setzte die Rote Armee über die Weichsel in die komplett zerstörte und menschenleere Stadt über. Der Ausdruck »Stunde null« hat vielleicht in keiner anderen europäischen Stadt eine solche Berechtigung wie in Warschau. Das betrifft zunächst fast die gesamte Bausubstanz. Es gibt auf YouTube einen beeindruckenden Film, zwanzig Minuten lang, der das unzerstörte Warschau von 1935 in Luftaufnahmen zeigt. Heutige Warschauer sitzen im Kino und rätseln herum, welche Straßenzüge gerade gezeigt werden, denn man scheint eine komplett andere Stadt vor sich zu haben. Der Film endet mit Luftaufnahmen von 1945, auf denen das linke Weichselufer wie ein einziger großer Schrottplatz aussieht, mit nackten Brückenpfeilern, die aus der Weichsel ragen. In keiner anderen Millionenstadt wurde ein so hoher Prozentsatz der Bewohner getötet oder vertrieben. Von den 1,3 Millionen Bewohnern der Vorkriegszeit kamen etwa 700 000 ums Leben. Die neue kommunistische Regierung erwog kurzzeitig, Warschau aufzugeben und das relativ unzerstörte Łódź zur Hauptstadt zu machen. Da aber innerhalb weniger Wochen fast 600 000 Menschen in die Trümmer zurückkehrten, beschloss man, Warschau wieder aufzubauen, Hitler zum Trotz.

Noch im Frühjahr 1945 übernahmen polnische Kommunisten die Macht, die mit der zahlenmäßig kleinen »Armia Ludowa« (Volksarmee) verbunden waren. Parteichef wurde für die nächsten zwölf Jahre Bolesław Bierut (1892–1956), ursprünglich Lehrer von Beruf. Er ließ die Soldaten der antikommunistischen Heimatarmee einsperren und zum Teil sogar hinrichten. Polen wurde noch mehrere Jahre lang von einem Partisanenkrieg erschüttert, in dem etwa 50 000 Menschen umkamen. Exemplarisch verdeutlicht dies erneut die Biografie des späteren Außenministers Władysław Bartoszewski, Jahrgang 1922, eben noch Häftling der Deutschen in Auschwitz. Nachdem er im Warschauer Aufstand mitgekämpft hatte, wurde er 1949 für sechs Jahre inhaftiert, diesmal von seinen eigenen Landsleuten, und kam erst 1955 wieder frei. Der letzte aktive Soldat der Heimatarmee wurde 1963 bei einer Razzia getötet.

Die Nonnen aus Darmstadt

Ans Ende dieses Kriegskapitels möchte ich eine Geschichte stellen, die in Polen großes Echo gefunden hat, aber in keiner deutschen Zeitung erwähnt wurde. Am ersten September 2014 erschien in der Tageszeitung »Gazeta Wyborcza«

eine große Anzeige, die von der evangelischen Marienschwesternschaft Darmstadt geschaltet worden war. Neben einem Foto von dreizehn lächelnden, weiß gekleideten Frauen mit Schwesternhäubchen und weißen Schürzen war auf Polnisch zu lesen:

»Vor 75 Jahren hat Deutschland Polen überfallen. Der Zweite Weltkrieg begann, sechs Jahre einer unvorstellbaren Tragödie. Millionen Menschen starben, Tausende von Städten und Dörfern wurden zerstört. Es kam zu massenhafter Enteignung, Deportation und Zwangsarbeit. Es begann der Völkermord des jüdischen Volkes. Auf polnischem Boden errichteten die Deutschen die Nazi-Todeslager. Diese Fakten sind für uns sehr schmerzhaft, und wir wollen Sie aus ganzem Herzen um Vergebung bitten. Niemand kann die tiefen Wunden ermessen, die durch diesen Krieg jeder polnischen Familie zugefügt wurden. Menschliche Tröstung genügt hier nicht, aber der Psalmist in Psalm 56,9 hat gesagt: ›Zähle die Tage meiner Flucht, sammle meine Tränen in deinen Krug; sind sie nicht in deinem Buch verzeichnet?‹«

Der Darmstädter Orden bekam daraufhin Hunderte von Briefen aus Polen. Unter anderem lud eine inzwischen fast neunzigjährige Veteranin des Aufstands, Wanda Traczyk-Stawska, die Schwestern nach Warschau ein. Später sagte sie der Presse: »Ich wollte, dass die Deutschen die Menschen, die auf dem Friedhof Wola liegen, um Vergebung bitten und für sie beten.« Drei Darmstädter Schwestern folgten der Einladung und wurden am Flughafen von Wanda Traczyk-Stawska mit Blumen empfangen. Sie besuchten gemeinsam das Museum für den Warschauer Aufstand, wurden im polnischen Außenministerium und in der Deutschen Botschaft empfangen. Die Diplomaten lobten, dass endlich einmal nicht nur Politiker, sondern auch normale Bürger sich um die deutsch-polnische Versöhnung kümmerten. Die Schwestern beteten danach noch am früheren Sitz der Gestapo in der al. Szucha. Auf dem Friedhof für die Gefallenen des Warschauer Aufstands legten sie einen Strauß weiß-roter Rosen nieder. Eine von ihnen, Schwester Joela, hielt eine bewegende Rede: »Polen, vergebt uns«, sagte sie mit Tränen in den Augen. »Als wir erfahren haben, was die Deutschen in Warschau angerichtet haben, wären wir am liebsten im Boden versunken. Aber niemand hier hat mit Fingern auf uns gezeigt und gesagt, dass wir Deutsche sind.« Anschließend fiel sie Wanda Traczyk-Stawska um den Hals. »Diese Geste hat mehr bedeutet als die Umarmung von Tadeusz Mazowiecki und Helmut Kohl während der Versöhnungsmesse in Kreisau 1989«, sagte Frau Traczyk-Stawska später. »Wir müssen mit den Deutschen reden. Wir sind doch eine Familie.«

Die Geschichte hat mich umgehauen. Sie zeigt auf verblüffende Weise, wie einfach es ist, aktive Völkerverständigung zu betreiben. Warum ist bisher noch niemand auf die simple Idee einer Anzeige gekommen? Wäre es nicht auch für manche deutsche Schulklasse oder Firma eine leicht zu realisierende Idee, in Polen eine Zeitungsannonce zu schalten? Einige der Opfer leben noch – sie könnten es kaum glauben.

14 WIEDERAUFBAU

Die Altstadt

Die Nachkriegsjahre in Warschau waren natürlich vom Wiederaufbau geprägt. Das kommunistische Regime erklärte vor allem die Altstadt zum Prestigeobjekt. Sie war bereits 1939 von deutschen Stukabombern heftig getroffen worden, 1944 während des Aufstands wurde sie dann vollständig zerstört. Die überlebenden Verteidiger entkamen in letzter Minute, indem sie durch die Kanalisation flohen. Hunderte von Soldaten stellten sich in endloser Reihe vor einem einzigen Gully an, um einzeln in die Unterwelt abzusteigen. Der Einstieg war an der Ecke von ul. Miodowa und ul. Długa. Dort hängt heute an einem Haus eine unscheinbare Gedenktafel, vor der häufig frische Blumen liegen. Auch in den Kanälen kamen noch einmal Unzählige ums Leben, weil die Deutschen Granaten hineinwarfen oder Gas einleiteten.

Die kommunistische Führung wollte demgegenüber demonstrieren, dass Moskau keine neue Versklavung im Sinn hatte, sondern die polnische Identität wiederherstellen wollte. Um die riesigen Mengen an benötigtem Baumaterial zu beschaffen, wurden viele Steine aus anderen zerstörten Städten herangeschafft. Manche, wie etwa Elbląg (Elbing), haben unter diesen Plünderungen stark gelitten. Auch dies ist übrigens ein Grund dafür, dass Warschau bis heute im ganzen Land so unbeliebt ist. Die Hauptstadt war die Zentralkrake, für die sich der Rest des Landes entblößen musste.

Die aufwendige Altstadtrenovierung wurde 1980 mit dem Titel »Unesco-Welterbe« gekrönt. Max Frisch hat diese in der

Geschichte der Architektur glorreiche, aber auch von ideologischer Blindheit gekennzeichnete Aufbruchsstimmung in seinem »Tagebuch 1946–49« eindrücklich beschrieben.

Gelegentlich besuchen mich Freunde, die nicht die geringste Ahnung von der Warschauer Geschichte haben. Wenn ich sie in die Altstadt führe, frage ich mich heimlich, ob ich ihnen überhaupt von der totalen Rekonstruktion erzählen soll. Manchmal tue ich es erst anschließend. Es ist verlockend, die Gäste zumindest eine Stunde lang in der Illusion einer mittelalterlichen Stadt zu belassen. Wirken die sanften, erdgelben Pastelltöne der Bürgerhäuser am Altmarkt nicht absolut authentisch, sind sie nicht stellenweise so verwittert, als wären sie mindestens 200 Jahre alt? Kein Wunder, dass polnische Restaurateure seither als die besten auf der Welt gelten.

Für die Leser dieses Textes ist es jetzt aber schon zu spät, die Unschuld ist dahin. Deshalb nun die ganze Wahrheit: Die Warschauer Altstadt ist ein nahezu hundertprozentiges Fake. Von 260 Gebäuden waren 1945 gerade mal sechs unzerstört geblieben. Die restlichen 98 Prozent existierten nur noch als verkohlte Grundmauern und mussten komplett neu gebaut werden – nach alten Fotos, Kupferstichen und Gemälden. Parteichef Bierut wünschte, dass die kaum zerstörte Stadtmauer abgerissen werden sollte, aber Chefplaner Jan Zachwatowicz brachte ihn davon wieder ab. Sein schlaues Argument: Ohne Stadtmauer würde das Panorama der Altstadt von Kirchengebäuden dominiert werden.

Bemerkenswert ist trotzdem, dass die polnischen Stadtplaner weniger ideologische Rücksichten nehmen mussten als ihre Kollegen im sozialistischen Bruderland DDR. Sie durften auch Kirchen, Klöster und Adelspaläste wiedererrichten, am Ende sogar das Schloss, also das Hauptsymbol des »Feudalismus«. Während Ulbricht die ziemlich gut erhaltenen Reste des Berliner Stadtschlosses 1950 sprengen ließ, wurde das Königsschloss in Warschau ab 1971 zehn Jahre lang quasi von null wieder aufgebaut. Seit 1980 steht es in seinem warmen Karmesinrot wieder annähernd so schön da, wie es 400 Jahre zuvor erbaut worden war. Im Ostflügel erkennt man einige Backsteinwände, die sich von der sonst glatt verputzten Fassade deutlich abheben. Das ist der kleine authentische Mauerrest, der 1945 vom originalen Schloss stehen geblieben war.

Bernardo Bellotto

Bei der Rekonstruktion des Schlosses und der Adelspaläste auf dem Königstrakt war ein Maler beteiligt, der schon fast 200 Jahre tot war. Bernardo Bellotto wurde um 1720 in Venedig geboren und spezialisierte sich auf Städteansichten seiner Heimatstadt. Er schulte sich an der Technik seines Onkels, des später in London zu Weltruhm gelangten Malers Giovanni Antonio Canal, genannt Canaletto (1697–1768). Weil der Neffe mit ihm im selben Atelier arbeitete und seine Bilder ebenfalls mit »Canaletto« signierte, kam es zu tausend Missverständnissen. Im Folgenden nenne ich den Warschauer Canaletto der Einfachheit halber durchgehend »Bernardo Bellotto«. Die Stadtansichten von Venedig waren einige Jahre lang äußerst gefragt, weil sie von durchreisenden Adeligen aus Nordeuropa gekauft wurden, die sich auf der sogenannten Kavalierstour durch Italien befanden. Solche Stadtansichten (Veduten) waren die Vorläufer der heutigen Postkarte.

Als Bellottos drei Kinder alle im Säuglingsalter starben und auch seine Geschäfte nicht mehr so gut liefen, verließ er Venedig, gemeinsam mit seiner Frau. In den folgenden Jahren malte er seine Veduten für die Höfe von Wien und München, stets sehr akribisch und perspektivisch genau mithilfe einer Camera obscura und eines Systems von Planquadraten.

Als Nächstes ging er nach Dresden, wo er bald am Hof Augusts III., Sohn von August dem Starken, hochgeschätzt wurde. August III. war zwar König von Polen, aber gleichzeitig immer noch sächsischer Kurfürst und hielt sich mehr in Dresden als in Warschau auf. Für seine Bilder erhielt Bellotto gute Honorare und konnte ein eigenes Haus erwerben. Das Pech wollte jedoch, dass 1760 der preußische König Friedrich der Große Sachsen angreifen und Dresden beschießen ließ. Dabei wurde nicht nur die Kreuzkirche total zerstört – Bellottos beeindruckendes Bild von dem übrig gebliebenen Steinhaufen hängt heute in der Dresdner Gemäldegalerie –; auch das Haus des Malers selbst wurde dem Erdboden gleichgemacht. Als dann auch noch sein Gönner August III. starb, packte Bellotto wieder die Koffer. Eigentlich wollte er sich nun an den russischen Hof nach St. Petersburg begeben, doch gefiel es ihm auf der Durchreise in Warschau am Hof des neuen polnischen Königs Stanisław August Poniatowski (reg. 1764–1795) so gut, dass er für immer dablieb. Anfangs liefen seine Geschäfte wieder recht gut, aber die Mode der fotografisch getreuen Stadtansichten, die in Venedig schon längst vorbei war, neigte sich auch hier in Osteuropa ihrem Ende zu. 1780, mit nicht ganz sechzig Jahren, starb Bellotto an einem Gehirnschlag.

Seine posthume Stunde kam 1945. Die Altstadt, die Adelspaläste, Klöster und das Schloss – all das sollte nicht einfach nach Vorkriegsfotografien stumpf nachgebaut werden. Es wurden stattdessen Überlegungen angestellt, wie man unschöne An- und Umbauten des 19. Jahrhunderts weglassen konnte, um das jeweilige Gebäude in seinem ursprünglichen Stil wiederherzustellen. Im Fall der wichtigsten Warschauer Kirche zum Beispiel, der Johanneskathedrale, wurde angestrebt, wieder die gotische Fassade aus dem 15. Jahrhundert erstehen zu lassen, ohne spätklassizistische Schnörkel. Dabei griff man auf eine der insgesamt zehn Warschauer Veduten zurück, die Bellotto gemalt hat. Sie hängen heute teilweise im Nationalmuseum, überwiegend aber im Schloss. Wer sich also darüber wundert, dass der Schlossplatz bis heute genauso aussieht wie auf Bellottos Bild von 1778, verwechselt die Chronologie. Zuerst war Bellottos Bild da, und danach wurde der Platz gestaltet. Er hatte bis 1939 ein völlig anderes Aussehen angenommen, wurde aber nach 1945 genau so aufgebaut, wie Canaletto-Bellotto ihn gepinselt hatte.

Stadtkern oder Freilichtmuseum?

Nach ihrem Wiederaufbau war die Altstadt einige Jahre lang das lebendige Zentrum der Stadt. Im restlichen Stadtgebiet lagen überall noch Schuttberge herum, also trafen sich die Warschauer abends in den Restaurants am Altmarkt, etwa in der bereits erwähnten Weinstube »U Fukiera«. Doch etwa ab 1950 wurde mit dem Bau der stalinistischen Prachtstraße Marszałkowska begonnen (dem polnischen Pendant zur Ostberliner Karl-Marx-Allee). Dadurch nahm die Bedeutung der Altstadt stark ab. Heute verirrt sich kaum noch ein Einheimischer hierher; die Altstadt mit ihren Fiakern und Straßenkünstlern gilt nur noch als Freilichtmuseum und Touristenfalle. Eine Frage, die ich mir oft gestellt habe: Wäre hier mehr Leben, wenn die Häuser authentisch wären? Gibt es eine Art Instinkt, aus dem heraus die Leute einen Widerwillen gegen Duplikate haben? Extrem gefragt: War es aus heutiger Sicht verschenkte Liebesmüh, die Altstadt wieder aufzubauen?

Diese leicht provokante Frage würde man sicherlich nicht an Weihnachts- und Osterfeiertagen stellen. Da kommen Tausende Warschauer in die Altstadt gepilgert, besonders am Ostersamstag. In fast jeder Kirche gibt es den Brauch der Grabschmückung, man geht von Kirche zu Kirche, steht in langen Schlangen an, um zu besichtigen, wie die traditionelle Aufgabe gelöst wurde, den Leichnam Jesu im Grab zu präsentieren. Das am schönsten geschmückte Grab wird nach Meinung vieler meiner Bekannten in der Jesuitenkirche gestaltet, gleich neben der Johanneskathedrale.

Mein persönlicher Lieblingsort der Altstadt liegt in der Neustadt. Damit ist das Gebiet jenseits des Barbakan-Wehrturms gemeint, das ebenfalls zur Altstadt gezählt, offiziell aber »Neustadt« genannt wird. Diese Häuser stammen nicht aus dem Mittelalter, sondern aus dem 17. und 18. Jahrhundert, als die Stadt erweitert wurde. Auch hier gibt es einen Marktplatz, den idyllischen Neumarkt. Er ist nicht von Biergärten zugestellt, sondern läuft als freier, leicht abschüssiger Platz auf die wunderschöne weiße St.-Kasimir-Kirche mit dem grünen Dach zu. Architekt dieses barocken Kleinods war der Holländer Tilman van Gameren (1632–1706), der gegen Ende des 17. Jahrhunderts in Warschau wirkte. Übrigens: An jedem vierten Sonntag im Monat findet in dieser Kirche eine Messe für Familien mit autistischen Kindern statt.

Gleich neben der Kirche, hinter den größten Tujabäumen, die ich je gesehen habe, versteckt sich das Frauenkloster der Benediktinerinnen »von der ewigen Anbetung«. Manchmal sieht man eine der Schwestern über den Platz huschen.

Geheimtipp Lichtshow

Sogar Barack Obama wollte sie sehen: Die Lasershow gleich unterhalb des Neumarkts. Hier gibt es eine große Springbrunnenanlage mit meterhohen Fontänen. Von Anfang Mai bis Ende September wird jeden Freitag- und Samstagabend eine halbstündige Lasershow veranstaltet, die in das hoch aufsprühende Wasser geradezu unglaubliche 3-D-Effekte zaubert, mit Bild und Schrift, in vielen Farben funkelnd, imposant unterlegt mit Musik. Die Show hat sich zum absoluten Publikumsmagneten mit Tausenden von Zuschauern entwickelt. Beginn im Mai um 21 Uhr, ab Juni erst um 21.30 Uhr.

Die gemütlichsten Teestuben

Polen ist ein Tee-Land. Um das zu überprüfen, eignen sich die Teestuben der Altstadt auf ideale Weise. Man wird charmante Stövchen bewundern und guten Kuchen testen können – zu sehr erschwinglichen Preisen.

Auch beim Tee haben sich in Polen gewaltige Veränderungen vollzogen. Als ich in den Neunzigerjahren ankam, dominierte eine einzige Sorte – schwarzer Tee. Er war dermaßen obligatorisch, dass man ihn auch als »zwykła herbata« bezeichnete, als »normalen Tee«. Ansonsten gab es eigentlich nur Obst- und Kräutertees. Es war ja auch die Zeit, als die kleinen Mädchen noch obligatorisch Anna, Małgorzata, Agnieszka oder Magdalena hießen, die Jungen Michał, Marcin oder Tomasz oder Adam. (Aber war es in Wuppertal anders? Meine Klassenkameraden hießen ebenfalls Michael, Stefan, Thomas oder Martin. Heute würden wir uns am liebsten alle umbenennen, aber weil das zu teuer ist, polieren wir unsere Individualität lieber durch einen möglichst ausgefallenen Tee auf.)

Um mich hier nicht vor einer konkreten Empfehlung zu drücken, lege ich mich im Meer der Möglichkeiten auf zwei Orte fest. Zum einen auf das Café »Czytadło« in der ul. Freta 20/24. Der Name bedeutet »Lesestück« und deutet schon an, dass im Inneren eine riesige Bücherwand steht, gefüllt mit antiquarischen Büchern, die man meines Wissens auch kaufen kann. Das zweite empfehlenswerte Altstadtlokal ist die Teestube »Same fusy« (ul. Nowomiejska 10). Der Name bedeutet neckisch »nur Teesatz«. Auf mehreren Etagen stehen Holztische mit stimmungsvollen Kerzen. Als ich das letzte Mal da war, fragte mich die Kellnerin mit gedämpfter Stimme, was ich zu trinken wünsche. Ich sagte mit meinem viel zu lauten Organ: »Haben Sie auch einen ganz normalen Tee da?« Sie flüsterte lächelnd. »Meinen Sie vielleicht einen leichten Lapacho oder eher einen reifen Oolong?« Ich nahm einen Oolong.

15 DER KOLOSS VON WARSCHAU

Eltern in Moskau, Großeltern in New York

Angeblich durften sich Stalins neue Vasallen gegen Ende der Vierzigerjahre zwischen zwei Moskauer Geschenkideen entscheiden: entweder ein Wolkenkratzer oder eine U-Bahn. Die Parteispitze um Staatschef Bolesław Bierut entschied sich für den Wolkenkratzer, und die U-Bahn wurde auf später verschoben. Als Zeitgenosse hätte ich mich wohl geärgert, im Nachhinein finde ich die Entscheidung aber nachvollziehbar. Eine U-Bahn wäre früher oder später sowieso gekommen. (Es wurde dann wirklich sehr spät. Warschaus erste Linie wurde erst 1997 eingeweiht, über zwanzig Jahre später soll die zweite Linie fertiggestellt sein.) Aber einen sozialistischen Wolkenkratzer? Für diese architektonische Kuriosität gab es historisch nur ein ganz kleines Zeitfenster.

Der Turm wurde von einem sowjetisch-polnischen Team unter Leitung des russischen Architekten Lew Rudnew geplant. Er musste strikte stilistische Vorgaben aus Moskau umsetzen, bemühte sich aber gleichzeitig darum, traditionelle polnische Elemente in das Gebäude zu integrieren. Die Inspiration dafür fand er bei einer Reise in mehrere südpolnische Städte, vor allem in Sandomierz und Zamość. Dort kam er auf die Idee, die Söller des Kulturpalastes mit Obeliskchen und Zinnen zu verzieren. Am Ende kam eine genuin polnische Variante des stalinistischen Zuckerbäckerstils heraus.

Das eigentliche Geheimnis des Kulturpalastes sind aber seine idealen Größenproportionen. Sie wurde auf kuriose Weise festgelegt.

Den Architekten war vorgegeben, dass der neue Wolkenkratzer das höchste Gebäude der Stadt werden sollte. Das war in der Planungsphase Anfang der Fünfzigerjahre eigentlich nicht schwer zu realisieren – Warschau lag ja noch weitgehend in Trümmern, einziger Konkurrent war mit 66 Metern das Hotel Warszawa (früher Prudential-Hochhaus, heute Bauruine). Doch Rudnew und sein Team wollten für alle Zukunft sichergehen. Moskau gab Geld und Bauarbeiter, Widerstand in Form von Bürgerinitiativen stand nicht zu befürchten, der Himmel hing voller Hammer und Sicheln – also frisch ans Werk! Eines Tages, so um 1950 herum, begab sich das Architektenteam aus Russen und Polen auf die östliche Weichselseite. Nun ließ man ein kleines Flugzeug über die Stadtmitte fliegen, das einen Ballon hinter sich herzog. Der Pilot stand mit den Architekten in Funkkontakt. Sie ließen ihn bei hundert Meter Höhe losfliegen und dann in zehn-Meter-Schritten aufsteigen. Die Russen mit Lew Rudnew an der Spitze befanden, dass 120 Meter vollkommen ausreichten, um für alle Zeiten den höchsten Punkt der Stadt zu markieren. Die Polen aber riefen mehrmals »höher!«. Am Ende wurde festgelegt, dass der Hauptturm 120 Meter und das Türmchen auf ihm vierzig Meter hoch sein sollten. Mit dem dritten Türmchen und der goldenen Spitze zusammen kam man dann auf 243 Meter Gesamthöhe. Das ist in Warschau bis heute das Maß aller Dinge. Das zweithöchste Gebäude, vierzig Jahre später erbaut, ist der Warsaw Spire im westlichen Stadtteil Wola, etwa 220 Meter hoch.

Traditionelle polnische Ornamente und geschickte Proportionen: Diese Stilelemente machen den Kulturpalast leicht und schlank, und wer sich seine älteren Brüder in Moskau ansieht, bemerkt sofort den Unterschied. Die sieben Kolosse, die genau gleichzeitig mit dem Warschauer Palast entstanden, unter anderem die Lomonossow-Universität und das Außenministerium, wirken deutlich plumper und klotziger.

Wenn man genau ist, muss man den Kulturpalast sogar als eine polnisch-russisch-amerikanische Mischung sehen. Die Wurzeln der Moskauer Zuckerbäckerarchitektur liegen nämlich im Amerika der Zwanzigerjahre. Dort ließen sich die sowjetischen Architekten von der New Yorker Art-déco-Architektur inspirieren.

Vom Hassobjekt zur Pop-Ikone

Die Warschauer waren nicht gerade begeistert von Stalins Geschenk. Während der Palast zwischen 1952 und 1955 in nur drei Jahren gebaut wurde, schmachteten Tausende Polen in kommunistischen Gefängnissen, und zwar ausgerechnet diejenigen, die kurz zuvor noch am tapfersten gegen Hitler gekämpft hatten. Der Standardwitz lautete bald: Was ist der schönste Ort in Warschau? Die Aussichtsterrasse des Kulturpalastes – weil das der einzige Ort der Stadt ist, von dem aus man Stalins Palast nicht sieht.

Nach der Wende 1989 schien sein Ende gekommen zu sein. Überall im Land wurden Leninbüsten geschleift und Straßen umbenannt. Schon 1926 hatte man ja ein russisches Gebäude abgetragen, die orthodoxe Kirche auf dem heutigen Piłsudski-Platz – warum nicht noch einmal? Der Kommunistenhasser und spätere Außenminister Radek Sikorski, der in Afghanistan als Zeitungskorrespondent über sowjetische Gräueltaten berichtet hatte, beschloss in den Neunzigerjahren einige seiner Parlamentsauftritte mit dem Satz: »Im Übrigen bin ich der Meinung, dass der Kulturpalast abgerissen werden muss.«

Dafür fand sich zum Glück keine Mehrheit, doch kam man auf die städteplanerische Idee, ihn mit modernen Wolkenkratzern zu verdecken. Und so entstanden mehr als zehn moderne Skyscraper, unter anderem das Warsaw Financial Center, zuletzt das immer noch nicht restlos vermietete Werk von Daniel

Libeskind mit seiner charakteristischen Gipfelkralle. Letztlich haben alle diese Pläne nicht viel genützt – der Kulturpalast beherrscht Warschaus Innenstadt auch weiterhin, allein schon durch die riesige Fläche, die rings um ihn offen geblieben ist, eingehegt von zwei Obelisken. Und diese Dominanz ist auch gut so. Eine meiner Besucherinnen hat es mal so pointiert: Warschaus Skyline wäre ohne den alten Koloss nichts weiter als eine beliebige Downtown, die auch in Australien oder Kanada stehen könnte. Erst der Kulturpalast gibt der Skyline ihren spezifischen Charakter.

Das sieht inzwischen auch die jüngere Generation von Warschauern so. Um seine fernere Zukunft muss man sich keine Sorgen mehr machen. Er ist vom verhassten Stalinmonument zur geliebten Pop-Ikone geworden.

Fast von jedem Punkt der City aus ist der Koloss zu sehen – aber man sieht ihn nicht mehr. Meist schleicht man doch mit gesenktem Kopf durch die Straßen und späht nach der nächsten öffentlichen Toilette. Ich beneide die frisch angekommenen Touristen, denen noch poetische Offenbarungen zuteil werden. Einer sagte überwältigt: »Du kommst nichtsahnend aus dem Bahnhof raus und siehst plötzlich eine startbereite Mondrakete mit seitlich angeklebten Treibstofftanks vor dir!« Das fand ich passend.

Der Łazienki-Park

Die Aussichtsplattform der Mondrakete ist, wie schon erwähnt, eine gefährliche Sache. Ich kann deshalb gar nicht oft genug vor einem Besuch da oben warnen. Weil aber doch niemand auf mich hört, möchte ich hier dringend auf den Łazienki-Park verweisen. Er bildet das Gegengift zum ästhetischen Schock der Aussichtsplattform. Wer sich von der Steinwüste da unten grauenvoll abgestoßen fühlt, sollte sich bitte umgehend in den schönsten Park der Welt begeben. »Schönster Park der Welt« – das klingt nach einem billigen Reiseführerrekord, doch schon so mancher Gast hat mir recht gegeben. Wenn der Kulturpalast für die Gigantomanie des 20. Jahrhunderts steht, ist der Łazienki-Park eine weiche Reminiszenz an längst vergangene, vielleicht bessere Rokoko-Zeiten, als der König und seine Damen sich hier in den Bädern vergnügten (denn »Łazienki« bedeutet nichts anderes als »Bäder«).

Der Park ist jeden Tag bis zehn Uhr abends geöffnet. Man erhält kostenlosen Zutritt in eine grüne Märchenwelt, die sich oben von der Klippe bis hinunter in das Weichseltal zieht. Auf den großen Wiesen ist in echt königlicher Manier jedwedes Grillen, Nacktsonnen, Federball und Picknicken verboten. Von den alten Bäumen hüpfen zahme Eichhörnchen herunter und lassen sich von den Passanten füttern. Gelegentlich stolziert ein arroganter Pfau hervor und plustert sein Rad auf. Man kann hier wirklich die Welt vergessen. Auf einer Insel im künstlichen See glänzt ein weißes Barockschlösschen, davor sitzen friedlich zwei alte Damen und erzählen sich groteske Details von einer grauenvoll gescheiterten Ehe. Ich kenne nichts Entspannenderes als solche Geschichten und setze mich still daneben.

16 FRÉDÉRIC CHOPIN

Die Sonntagskonzerte

Wir verweilen immer noch im zauberhaften Łazienki-Park. Hier steht auch das (zumindest in Polen) berühmte Chopin-Denkmal. Unter den vielen brav-realistischen Denkmälern Warschaus ist es so etwas wie der aufmüpfige Revoluzzer. Für den Beobachter kann es durchaus einige Sekunden dauern, ehe er in der überdimensionalen, wild flatternden Skulptur das Gesicht des Meisters entdeckt. Offiziell wird das Werk dem »Jugendstil« zugerechnet, aber eigentlich wäre der Begriff »Expressionismus« hier eher am Platz. Wenn man bedenkt, dass Chopin zur Zeit der Denkmalplanung, um 1908, bereits der Nationalheilige war, der er heute noch ist, kann man sich nur wundern über den Mut des Bildhauers Wacław Szymanowski und noch mehr über den Mut der Kommission, die seinen Entwurf preiskrönte. Man sieht Chopin nicht in gelassener Klassikerpose, sondern wie mitgerissen von einem starken Windstoß, sodass er den Kopf seitlich abwenden muss. Über ihm biegt sich eine Weide im Wind, der charakteristische Baum Masowiens, und ihre zerzausten Äste wirken wie die gespreizten Finger einer gigantischen Pianistenhand. Das Denkmal konnte wegen heftiger Proteste und des Ausbruchs des Ersten Weltkriegs erst 1926 eingeweiht werden, wurde 1940 von den Deutschen gesprengt und 1958 erneut eingeweiht.

Seit Jahrzehnten finden hier im Łazienki-Park an jedem Sonntag zwischen Anfang Mai und Ende September zwei Konzerte unter freiem Himmel statt, um zwölf und um sechzehn Uhr. Meist sind es polnische Pianisten, die Balladen, Etüden,

Mazurken oder Polonaisen des Meisters spielen. Auf den Wiesen zwischen den Rosenbeeten sitzen Hunderte, manchmal sogar Tausende von Menschen, die in erstaunlicher Stille zuhören, fast eine Stunde lang. Es sind keineswegs die üblichen grauhaarigen Klassikfans, sondern Menschen aus allen Altersgruppen und allen gesellschaftlichen Schichten. Ich habe hier auf dem Rasen schon beobachtet, wie Babys die Musik ihres berühmten Landsmannes wortwörtlich mit der Muttermilch einsogen.

Franzose oder Pole?

Nun wird verständlich, welch schlimmes No-Go es ist, wenn mancher Ausländer Chopin für einen Franzosen hält. Ein *bisschen* verständlich ist der Fauxpas immerhin, weil man »Frédéric Chopin« ja wirklich nicht auf den ersten Blick für einen polnischen Namen halten muss. Und wer weiß schon außerhalb Polens, dass sein Vorname auf Polnisch »Fryderyk« geschrieben wird? Auch der Nachname wird im Polnischen nicht französisch ausgesprochen, sondern polnisch, und das klingt exakt so, wie der englische Slangausdruck für Einkaufen: »shoppin'«.

Mir fallen außer Chopin nur noch zwei andere Polen ein, die bis in die Gegenwart hinein Heiligenstatus genießen, Papst Johannes Paul II. und die Literaturnobelpreisträgerin Wisława Szymborska. Beide sind aber erst vor Kurzem gestorben – Chopin hingegen ist auch mehr als 150 Jahre nach seinem Tod noch ein Nationalheld. Von den anderen Großen der letzten 200 Jahre hat dies niemand geschafft. Jeder von ihnen war für Jahrzehnte ein scheinbar unsterbliches Idol, doch weder der Dichterfürst Adam Mickiewicz, noch Marschall Józef Piłsudski, noch die Chemikerin Maria Skłodowska-Curie genießen heute noch wahren, lebendigen Ruhm. Ihre Namen tauchen allenfalls noch in Politikerreden und Abitursaufsätzen auf. Chopin aber lebt und weckt großes Interesse, wie jeder sehen kann, der im Łazienki-Park ein Konzert besucht.

Zu seinem 200. Geburtstag 2010 wurden sein Warschauer Museum und seine Geburtsstätte in Żelazowa Wola aufwendig renoviert. Eine geniale Idee war es, in der Warschauer Innenstadt, zum Beispiel entlang der Krakauer-Vorstadt-Straße, mehrere Sitzbänke aus schwarzem Marmor aufzustellen. Wer auf einen darin befindlichen Knopf drückt, kann mitten im Berufsverkehr eine kurze Mazurka oder einen Walzer hören.

Oder irre ich mich? Setzt auch Chopin schon langsam Patina an? Bei einem Besuch an meiner langjährigen Arbeitsstätte, dem Warschauer Institut für Angewandte Linguistik, bat ich vor Kurzem die Studierenden, mir irgendein Musikstück von Chopin zu nennen, irgendeins. Von den etwa dreißig Anwesenden, alle um die zwanzig Jahre alt, gab es genau eine Person, die sich meldete: »Die Revolutionsetüde!« Die anderen wussten nichts, gar nichts.

Beginnen wir also mit der (geflüsterten) Mitteilung, dass Chopin tatsächlich ein halber Franzose war. Sein Vater, Nicolas Chopin, stammte aus Lothringen und kam mit sechzehn Jahren nach Polen. Zeit seines Lebens – er wurde 72 Jahre alt – kehrte er nicht mehr in die Heimat zurück. Nach einer Lehre als Buchhalter wurde er Hauslehrer, zunächst übrigens von Maria Walewska, der späteren Geliebten Napoleon Bonapartes. Später wurde er Hauslehrer und Verwalter auf dem Adelsgut Żelazowa Wola, nahe der Kleinstadt Sochaczew, fünfzig Kilometer westlich von Warschau. Hier heiratete Nicolas – der sich auf Polnisch »Mikołaj« schrieb, so steht es auch auf seinem Grabstein in Warschau – eine Polin namens Tekla Justyna Krzyżanowska. Sie hatten vier Kinder. Frédéric war das zweitälteste, die jüngste Tochter Emilia starb schon mit vierzehn Jahren an Tuberkulose. Seltsamerweise scheint der Vater seinen Kindern aber keinerlei patriotische Gefühle für Frankreich vermittelt zu haben. Er sprach nicht einmal Französisch mit ihnen; Chopin korrespondierte mit seinen Eltern stets auf Polnisch und sprach auch später in Paris ein keineswegs perfektes Französisch. Niemals hat er seine Verwandten in Lothringen besucht – seine französische Abkunft war ihm offensichtlich völlig gleichgültig, zu Polen hingegen fühlte er eine abgöttische Vaterlands-, pardon: Mutterlandsliebe.

Als Fryderyk ein halbes Jahr alt war, zog die Familie nach Warschau, wo der Vater an einem privaten Internat für Kinder aus gutem Haus unterrichtete. Fryderyk erhielt Klavierunterricht, und schon bald wurde das musikalische Talent des Jungen erkannt. Der Achtjährige diktierte seinem Lehrer eine Polonaise, und der Zwanzigjährige schrieb bereits vollendete Werke, wie etwa seine beiden virtuosen Klavierkonzerte.

1830 begab Chopin sich auf eine lange geplante Konzertreise nach Wien und Paris. Diese Reise rettete ihm vielleicht das Leben: Wenige Wochen später brach der November-Aufstand gegen die russischen Besatzer aus, Tausende Warschauer kamen ums Leben, wurden nach Sibirien verbannt oder emigrierten nach Deutschland und Frankreich.

Den Rest seines Lebens verbrachte Chopin in Frankreich. Hier wurde er weltberühmt – und es gehört seitdem zu den klassischen Klischees des polnischen Minderwertigkeitskomplexes, dass man als Pole sowieso nur im Ausland berühmt werden kann. Doch ist das wirklich nur ein Klischee? Weltruhm erlangten im 19. Jahrhundert tatsächlich vor allem diejenigen Polen, die ihr Vaterland verließen. Außer Chopin waren das zum Beispiel der Schriftsteller Joseph Conrad und die Chemikerin Maria Skłodowska-Curie. Auch Filmregisseur Roman Polański und der Literaturnobelpreisträger Czesław Miłosz gehören in diese Gruppe, ja, wenn man will, sogar Kardinal Karol Wojtyła, der in Rom zum Papst gewählt wurde. Der Danziger Elektriker und Friedensnobelpreisträger Lech Wałęsa ist die Ausnahme von der Regel.

Die einzige Frau, mit der Chopin je zusammenlebte, war die Schriftstellerin George Sand. Als Chopin sie kennenlernte, war sie bereits ein wandelnder Skandal. Nicht nur geschieden und alleinerziehende Mutter, sondern auch noch Verfasserin eines schonungslos exhibitionistischen Bestsellers über ihre gescheiterte Ehe, ohne Zweifel die emanzipierteste Frau ihrer Zeit, die schon lange vor Marlene Dietrich in Hosen herumlief. Weniger bekannt ist, dass sie über enormen Humor verfügte, was für den mit viel Ironie gesegneten Chopin sicherlich nicht unwichtig war. Im Chopin-Museum hängen einige Karikaturen aus ihrer Feder. Eine davon zeigt Chopin, wie er zum Abendessen zu ihr kommt und mit riesiger Adlernase und fliegenden Frackschößen die Treppe hinaufeilt. Oben stecken schon Mutter Sand und ihre Kinder die Köpfe aus der Tür und rufen (in Sprechblasen!): »Vorwärts, Chop! Es ist schon halb sieben!« Sohn Maurice: »Komm schon, wir sitzen bereits zu Tisch!« Und Tochter Solange: »Was für ein Horror! Ständig muss man auf ihn warten!« Chopin außer Atem: »Aber nein, aber nein, aber nein!«

Doch Chopins Unglück ist, dass George Sands Liebe zu ihm schon nach kurzer Zeit erkaltet. Sicherlich ist sie auch von der ständigen Pflege zermürbt, die seine Tuberkulose-Erkrankung verlangt. Immer wieder müssen Arztbesuche absolviert und bezahlt werden. Eine Reise nach Mallorca, die sie im Winter 1838–39 organisiert, um dem nordfranzösischen Klima zu entfliehen, wird zur Totalkatastrophe für Chopin, für Mallorca hingegen zum Segen, von dem es touristisch bis heute profitiert.

Als Sand sich nach acht Jahren endgültig trennt, ist es für Chopin ein Schlag. Ein letztes Wiedersehen vor seinem Tod kommt nicht mehr zustande, möglicherweise von Chopins Schwester verhindert. 1848 lässt sich der schwer kranke Chopin noch zu einer verhängnisvollen Schottlandreise durch zugige Schlösser überreden, bei der ihn die Diener über die

Treppen hoch- und runtertragen müssen. Die einzige Daguerreotypie, die es von ihm gibt, stammt aus dieser letzten Zeit und zeigt einen hohlwangigen, depressiven Kranken. Neue Forschungen wecken allerdings Zweifel an der Tuberkulose-Diagnose. Möglicherweise litt er, ebenso wie seine jung gestorbene Schwester Emilia, an der damals noch nicht bekannten Stoffwechselerkrankung Mukoviszidose. Die Symptome passen jedenfalls ideal zu diesem Krankheitsbild: chronischer Husten mit starker Schleimentwicklung und schweren Lungenentzündungen.

Im Herbst 1849 starb er in Paris den öffentlichen Tod eines berühmten Menschen. Sein Bett war umgeben von einem Dutzend Menschen, die mit ihm beteten, sangen oder rasch noch etwas auf dem Klavier vorspielen wollten. Sein Wunsch war es, dass sein Herz in polnischer Erde begraben werde. Seine Schwester Ludwika befolgte den Wunsch nicht ganz exakt. Sie ließ Chopin nach seinem Tod zwar das Herz herausschneiden und brachte es in einer Blumenvase versteckt nach Warschau. Doch wurde es nicht in die Erde gesenkt, sondern in einer Säule der Kirche zum Heiligen Kreuz eingemauert. Sein herzloser Körper wurde auf dem Père-Lachaise-Friedhof in Paris begraben.

Das Chopin-Museum

Das Chopin-Museum befindet sich an der steilen ul. Tamka. Es ist ein schöner Barockpalast, der ebenfalls von Tylman van Gameren stammt, doch innen darf man kein traditionelles Museum im Biedermeierstil erwarten. Zum 200. Geburtstag Chopins 2010 wurde es von zwei Italienern radikal umgebaut. Die Ausstellungsvitrinen sind in kühlem Schwarz gehalten, es gibt viele Screens, Knöpfe und Animationen. Für die unverzichtbare masowische Melancholie sorgt eine Foto-

Chopin-Graffiti an der ul. Tamka, unweit des Chopin-Museums

show in Überblendtechnik, die Chopins Heimatlandschaft an die Wand wirft: einsame Wege im schütteren Novemberlicht, stumpfarmige Weidenbäume, wabernder Nebel über vereisten Bächen.

Ein bisschen gemütliche Biedermeierstimmung gibt es allenfalls im ersten Stockwerk, gleich neben dem Pleyel-Klavier. Hier stehen einige Möbel aus Chopins Epoche, und zwar in dem von ihm am meisten geliebten Farbton rosa. Damit es bloß nicht zu idyllisch wird, surren gleich daneben zwei klobige Luftbefeuchter.

Für Musikkenner beeindruckend ist eine weltweit einmalige Idee: Man sieht einige von Chopins hinterlassenen Notenskizzen und kann sie interaktiv zum Erklingen bringen, indem man eine darunter befindliche Schublade aufzieht. Lange wollte sich kein Pianist finden, der diese Skizzen einspielt, kurze Passagen, die nur wenige Sekunden dauern. Dann fand sich doch noch einer, der die Chance wahrnahm, die vermutlich bleibendste Aufnahme seines Lebens zu machen – und so kann man hier Chopin quasi live bei der Arbeit zuhören.

Das Herz in Kognak

Wahre Fans begeben sich natürlich in die Basilika zum Heiligen Kreuz an der Krakauer-Vorstadt-Straße, um mal ein herausgeschnittenes Herz zu sehen. Doch da ist eine große Enttäuschung vorprogrammiert: Mehr als eine marmorne Gedenktafel, die an einer Säule unweit des Eingangs angebracht ist, sieht man nicht. Zum Glück gibt es neugierige Wissenschaftler. Vor einigen Jahren stellte ein Gerichtsmediziner der Universität Wrocław, Professor Tadeusz Dobosz, bei der Warschauer Kurie den Antrag, Chopins Herz untersuchen zu dürfen. Erstens wollte er die Todesursache herausfinden, zweitens den Verdacht ausräumen, dass das Gefäß mit der Spiritusflüssigkeit undicht geworden sein könnte, was bedeuten würde, dass sich die Flüssigkeit verflüchtigt hätte und das Herz vertrocknet wäre. Es dauerte sieben Jahre, ehe dem Antrag stattgegeben wurde, weil die Ururenkelin einer Schwester Chopins dagegen war. Endlich erteilte sie doch noch die Genehmigung, aber ihre Bedingung war, dass das Gefäß nicht aus der Kirche entfernt und nicht geöffnet, sondern nur von außen betrachtet werden dürfe.

Der Erzbischof von Warschau, Kardinal Nycz, war persönlich bei der Öffnung anwesend, ebenso wie der polnische Kulturminister. Unter größter Geheimhaltung wurde in der Nacht vom 14. auf den 15. April 2014 die Gedenktafel abgeschraubt. Was war zu sehen? Chopins Herz wird in einem Kristallgefäß von sechzehn Zentimeter Höhe aufbewahrt, das in zwei weiteren Holzbehältern eingelagert ist. Im Glas schwimmt eine Alkohollösung, vermutlich siebzigprozentiger Kognak. Die Flüssigkeit ist bis auf einen winzigen Verlust noch vollständig, das Protoll hielt fest: »Idealer Zustand«. Vermerkt wurde auch, dass das Herz überdurchschnittlich groß ist, kein Wunder, denn der Komponist litt an Durchblutungsstörungen. Bei der Obduktion 1849 wurde das Herz durchschnitten und wieder zusammengenäht, was eine leichte Verformung bewirkte. Gewisse Einkerbungen weisen tatsächlich auf langjährige Tuberkulose hin. Der Mukoviszidose-Verdacht konnte nicht überprüft werden. Am Ende wurde eine Liste mit den Anwesenden eingemauert, und bei der Pressekonferenz fünf Monate später wurde empfohlen, die nächste Überprüfung in fünfzig Jahren vorzunehmen. Professor Dobosz hofft, dass er dann noch am Leben ist, um endlich Chopins genaue Todesursache zu ermitteln.

Krystian Zimerman

Wer noch nie Musik von Chopin gehört hat, sei auf eine CD von Krystian Zimerman verwiesen. 1999 hat er die beiden wunderschönen Klavierkonzerte Chopins aufgenommen und dabei selbst Klavier gespielt und dirigiert – eine absolute Referenzaufnahme, die nicht mit Zimermans früherer Aufnahme verwechselt werden darf, bei der Carlo Maria Giulini dirigierte.

Krystian Zimerman gehört in dieses Buch, obwohl er kein Warschauer ist. Geboren wurde er in Zabrze/Oberschlesien. Als achtzehnjähriger Student gewann er 1975 den weltberühmten Chopin-Wettbewerb und schwebt seither über Warschau wie Paul McCartney über Liverpool. Der Wettbewerb, der seit 1927 alle fünf Jahre in der Nationalphilharmonie ausgetragen wird, ist so etwas wie ein Konklave, bei dem der aktuelle Statthalter Chopins auf Erden ermittelt wird. Wer hier gewinnt, bekommt einen Vertrag bei einem renommierten Klassik-Label und hat eine Weltkarriere vor sich. Vor und nach Zimerman gab es auch noch andere polnische Gewinner, doch Zimerman hat von allen die größte Karriere gemacht. Nicht zuletzt besticht er durch eine frappierende physiognomische Ähnlichkeit mit Chopin.

Zimerman ist aber auch außerhalb der Musik eine bemerkenswerte Persönlichkeit. Bald nach dem Gewinn des Preises zog er aus dem damals noch sozialistischen Polen weg – vielleicht eingedenk der Doktrin, dass man als Pole nur im Ausland weltberühmt werden kann. Allerdings begab er sich nicht nach Paris, sondern ins ungleich vermögendere Basel, wo er seit den 1980er-Jahren residiert. Hier unterrichtet er eine Meisterklasse an der Musikhochschule und sammelt Flügel-Klaviaturen. Angeblich besitzt er bereits an die 25 solcher Tasten-Sets, an denen er selbst herumbastelt. Für jeden Komponisten bevorzugt er eine andere Klaviatur, aber auch für jeden Konzertsaal eine andere, je nach Akustik. Er hat eine Datenbank angelegt, in der er viele europäische Konzertsäle und ihre akustischen Eigenheiten gespeichert hat. Deswegen plant er auch seine Klavierabende mit besonderer Sorgfalt. Er lässt sich von keinem Management Vorgaben machen, sondern richtet sich ganz nach seinem Instrument, einem Steinway and Sons-Flügel. Niemals würde er zuerst in Wien und danach in Nürnberg spielen, da die unterschiedliche Akustik der Säle dem Flügel nicht guttäte. Wenn er zu einem Konzert fährt, geschieht das nicht mit Chauffeur und auf dem Rücksitz eines Rolls-Royce, sondern in einem Lastwagen, den er selbst lenkt. Auf der Ladefläche hinten stehen sein Flügel sowie mehrere Tastaturen. Sobald er am Konzertort angekommen ist, wird der Flügel noch am selben Abend ausgeladen, die richtige Klaviatur eingebaut und dann sauber gestimmt, was sich alles bis tief in die Nacht hinein ziehen kann. Die Gefühle der Hausmeister für den nächtlichen Gast kann man sich annähernd ausmalen. Wenn Zimerman in den Morgenstunden fertig ist, wird über dem fertig aufgebauten Flügel ein Zelt errichtet, das bis zum Beginn des Konzertes am kommenden Abend Temperatur und Luftfeuchtigkeit halten soll. Erst danach begibt sich Zimerman ins Hotel, um bis zum Konzert auszuschlafen.

Bei Konzerten in den USA liegen die Dinge ein bisschen anders. Bis ins Jahr 2001 ließ Zimerman seinen Flügel einfliegen. Dann aber geschah eine Katastrophe. Einige Zeit nach den Anschlägen vom 11. September sollte Zimerman ein Konzert in der New Yorker Carnegie Hall geben. Ignorante Zollbeamte, die durch die Anschläge offensichtlich traumatisiert waren, untersuchten das schwere Gepäckstück aus Europa und stellten einen seltsamen Geruch fest. Woher sollten sie wissen, dass es Zimermans Klavierleim war? Sie fanden einfach nur, dass das Instrument seltsam roch, und argwöhnten einen raffinierten neuen Sprengstoff. Also wurde der Flügel fachgerecht zertrümmert, vermutlich mittels eines ferngesteuerten Roboters. Krystian Zimermans Reaktion ist nicht bekannt, aber acht Jahre später kam es zu einem sonderbaren Auftritt, der auch mit der Zerstörung seines Flügels in Zusammenhang gebracht wurde. Bei einem Konzert in der Disney Hall von Los Angeles spielte er sein Programm zunächst normal durch, doch als er zum letzten Stück ansetzte, Karol Szymanowskis »Variationen über ein polnisches Volkslied«, hielt er plötzlich inne, drehte sich zum Publikum um, immerhin mehr als 2000 Menschen, und sagte in ruhigem, verhaltenem Ärger, dass er nicht länger in einem Land konzertieren könne, dessen Militär die gesamte Welt kontrollieren wolle. »Get your hands off my country«, sagte er und schloss noch eine Bemerkung über das Gefängnis von Guantanamo an. Als daraufhin etwa dreißig bis vierzig Zuschauer erbost aufstanden und den Saal verließen, rief er ihnen hinterher: »Yes, some people when they hear the word military start marching.« Sehr viele Leute klatschten ihm daraufhin Beifall, einige wenige buhten. Zimerman kommentierte den Applaus mit den Worten, Amerika habe weit bessere Dinge zu exportieren als sein Militär, und er danke all denjenigen, die die Demokratie unterstützten. Nach diesen Worten drehte er sich zum Klavier und spielte Szymanowskis Variationen mit hörbarer Aufgewühltheit. Tumultuöser Applaus krönte sein Spiel. Danach verschwand Zimerman und spielte auch keine Zugabe mehr. Er tritt inzwischen nicht mehr in Amerika auf. Bleibt die Frage, warum er auch sein geliebtes Heimatland, das er gegen amerikanische Invasionsgelüste verteidigen muss, so selten mit seinen Konzerten erfreut. Was würde Chopin zu den Launen seines Statthalters auf Erden sagen? Aber das ist alles unwichtig. Wer Zimermans oben empfohlene Einspielung der beiden Chopin-Klavierkonzerte hört, stellt keine blöden Fragen mehr.

17 VON HIPSTERN, LEMMINGEN UND EINMACHGLÄSERN

Palmen in Warschau

Die ehemalige ARD-Korrespondentin in Polen, Annette Dittert, veröffentlichte nach dreijähriger Tätigkeit ein interessantes Buch, das sie »Palmen in Warschau« nannte. Das war 2003, und der Titel traf genau ins Schwarze – die Palme war das aktuelle Wahrzeichen der Stadt. Ein Jahr zuvor hatte nämlich die Warschauer Künstlerin Joanna Rajkowska ein originelles Projekt realisiert. Sie erhielt nach hartnäckigen Anträgen die Erlaubnis, für die Dauer eines Jahres im Zentrum der Stadt eine künstliche Palme aufzustellen. Sie wählte dafür das Rondo de Gaulle, einen schmucklos geteerten Kreisverkehr an der Schnittstelle von ul. Nowy Świat und al. Jerozolimskie. Dadurch wollte sie, wie zu lesen war, an die Juden Warschaus erinnern. Die Jerusalem-Allee hatte ihren Namen im 18. Jahrhundert erhalten, weil sie zu der jüdischen Siedlung »Nowa Jerozolima« führte.

Wohl kaum ein Warschauer kapierte damals diese Anspielung. Man verstand die Palme viel eher als eine lustige Widerstandgeste gegen den harten polnischen Winter. Es wäre ja auch seltsam gewesen, wenn es in Warschau mal ein Denkmal ohne traurigen Bezug gegeben hätte.

Die Palme hatte ursprünglich weit ausladende (künstliche) Blätter, doch wurden sie teils vom Wind abgerissen, teils von böswilligen Kletterern beschädigt. Rajkowska finanzierte aus eigener Tasche neue Palmenblätter, die immer kleiner und resistenter wurden – und das Wunder geschah: Die Presse, die öffentliche Meinung und am Ende sogar die Behörden freundeten sich mit der Palme an. Aus dem ursprünglich angesetzten Jahr wurde eine unbefristete Aufenthaltsgenehmigung. Mehrere Jahre lang fehlte die Palme in keinem ausländischen Warschaubericht, nicht zuletzt deshalb, weil Polen 2004 der Europäischen Union beitrat. Wenn der Kulturpalast die Zeit der Unfreiheit und die Bindung Polens an den großen Bruder im Osten symbolisiert hatte, war die schlanke Palme ein geniales Symbol für die neue Freiheit und für die neuen Brüder im Westen, Lissabon, Sizilien, Mallorca.

Doch wie das so ist mit der Freiheit, sie wurde bald selbstverständlich, und heute guckt kaum noch ein Passant zur Palme hin. Beim Vorbeifahren in einem Taxi habe ich vor Kurzem den Fahrer gefragt, ob die Palme echt sei. Er wusste es nicht einmal mehr genau.

Schluss mit direkt

Die folgende Geschichte wurde mir quasi im Schatten der Palme erzählt, und zwar von einer Deutschen, die nur drei Monate lang in Warschau gelebt hat. Ich glaube auch nicht, dass sie jemals zurückkommen wird. Wir trafen uns in einem Café am Rondo de Gaulle, weil die junge Frau eine Buchsignierung von mir haben wollte. Dabei erzählte sie, dass sie in einer globalen Firma arbeite und für drei Monate nach Warschau gekommen sei, um hier eine firmeninterne Weiterbildung zu machen. Anfangs sei alles bestens gelaufen. Eine junge polnische Kollegin namens Anja habe ihr sehr aufopferungsvoll geholfen, eine Wohnung zu finden und einige Möbel zu besorgen. Nach einem Monat Bekanntschaft verabredeten sich die beiden Frauen zum Shoppen, doch Anja, die Polin, verspätete sich leider um vierzig Minuten. Die Deutsche wartete und wartete und konnte sich beim Erscheinen von Anja nicht die

Bemerkung verkneifen: »Tja, das war jetzt das dritte Mal, dass du dich verspätet hast. Zwei Mal habe ich nichts gesagt, aber so geht das nicht weiter!« Damit entfesselte sie einen Hurrikan. Anja habe sie entgeistert angestarrt, sei in Tränen ausgebrochen und in die Damentoilette gelaufen, wo sie sich auch nach Verbrauch diverser Papierhandtücher nicht beruhigen konnte. Am Montagmorgen in der Firma habe sie ihre deutsche Kollegin nicht mehr gegrüßt und sich stattdessen beim Chef über sie beschwert. Der, ein Pole, bestellte die Deutsche umgehend zu sich ein und sagte: »Liebe Frau Sowieso, ich wünsche nicht, dass Sie mir hier das Betriebsklima kaputt machen, bitte passen Sie sich unseren polnischen Gepflogenheiten an!« Die junge Deutsche konnte es nicht fassen. »Ich hab's doch gar nicht böse gemeint. Anja war halt zum dritten Mal verspätet. Da ist mir die Hutschnur geplatzt. Bei uns in Deutschland bricht man da nicht sofort in Tränen aus!«

Tja, aber in Polen eben doch. Mit frontaler Kritik sollte man grundsätzlich erst loslegen, wenn man schon das Flugticket in der Tasche hat und zum Abschied noch rasch ein paar Brücken hinter sich niederreißen will. Die Leute sind äußerst gastfreundlich, aber auch höchst sensibel, speziell gegenüber Deutschen. Wer seine Kritik unbedingt loswerden möchte, sollte irgendwie versuchen, die Sache indirekt-ironisch anzugehen. »Wie schade, dass du kommst, Anja. Ich hatte schon fast alle unregelmäßigen polnischen Verben wiederholt – es fehlten mir nur noch drei!« Oder so ähnlich.

Die Hipsterei

Die Palme ist, wie gesagt, nicht mehr der letzte Schrei. Einige Jahre lang gab es ein neues Warschauer Wahrzeichen, das die Warschauer mindestens genauso provozierte wie einst der Kulturpalast.

Doch zunächst möchte ich einen der schönsten Warschauer Plätze vorstellen, den Pl. Zbawiciela (Erlöserplatz). Es handelt sich um einen Kreisverkehr an der Marszałkowska-Straße; der Autoverkehr wird hier um ein blumenbesetztes Rasenstück herumgeführt. Auch die umliegenden Häuser sind konkav um den Platz herumgebaut. Sie haben schattigschöne Arkadengänge. Beherrscht wird der Platz von der weißen Erlöserkirche mit den bleistiftschlanken Türmen, die an Minarette erinnern. Zu kommunistischen Zeiten gab es auf dem gesamten Platz nur eine einzige Eisdiele; berühmt war auch die einzige ausländische Englisch-Sprachschule Warschaus, die von amerikanischen Methodisten betrieben wurde. Wie mir meine Freundin Asia erzählte, galt die Schule damals als Fenster zur Welt; die jährlichen Anmeldeschlangen reichten bis auf die Straße hinunter, und wer es geschafft hatte, sich für einen Sprachkurs anzumelden, fühlte sich etwa so, als hätte er eine Rolle in einem Hollywoodfilm ergattert.

Heute braucht sich niemand mehr um einen Englisch-Sprachkurs zu prügeln, Warschau quillt über von Sprachschulen. Ebenso hat man, wenn man am Pl. Zbawiciela einen Kaffee trinken will, die Qual der Wahl. Kultigste Adresse ist wohl das Café »Charlotte«, das seine Tische im Sommer unter den Arkaden aufstellt. Besonders berühmt ist hier der Brunch zwischen 8 und 12 Uhr, man kann dabei sogar sonnenbebrillten TV-Celebrities begegnen. Wer darauf keine Lust hat, kann in die gegenüberliegenden Cafés »Plan B« oder »Karma« ausweichen – um dort wieder anderen Celebrities zu begegnen, die so tun, als wären sie keine. »Schickeria« wäre für diese Szene ein veraltetes Wort. Hier wie dort hat man es vielmehr mit den neuen Herrschern Warschaus zu tun, den Hipstern. Bis vor einigen Jahren hatte das Wort in Polen noch einen subversiven Beiklang, heute werden über das Phänomen schon Schulaufsätze geschrieben.

Dominik, der fünfzehnjährige Sohn meiner Freundin Agata,

hat mir unter größtem Ekel berichtet, dass die Hipster-Mode sogar an seinem Gymnasium angekommen sei. Ein Hipster sehe folgendermaßen aus: knallgrüne oder knatschgelbe Hosen, coole Kopfhörer, bei den älteren Schülern Vollbärte und eckige schwarze Brillen; essen tut man am liebsten Tofu- und Sojabrote, in den Pausen liest man angesagte Blogs und erhitzt sich über die Modethemen Homosexualität, Kindesmissbrauch durch katholische Priester oder Genderunterricht im Kindergarten. Berufswunsch für die Zukunft: natürlich Freelancer, am liebsten in der Mode-, Musik- oder Bloggerszene. Unverzichtbar ist das Apple-iPhone, und genauso unverzichtbar, sagt Dominik, ist, dass der Bildschirm gesprungen sein muss, dieser Effekt heißt »pajęczyna« (Spinnennetz). Manche Junghipster veranstalten angeblich sogar regelrechte Taufen zur Einweihung ihres neuen iPhones. Da stehen dann einige Freunde im Kreis um das Gerät herum; ein kleiner Nagel wird leicht auf den Bildschirm gesetzt, und jeder darf mit einem Hämmerchen symbolisch draufhauen. Am Ende führt der Besitzer den entscheidenden Schlag aus – und nun ist das erwünschte Spinnennetz im Glas. Die Zeremonie endet damit, dass sich alle Taufpaten im Kreis aufstellen, um das obligatorische Selfie zu machen. »Bananen« nennt Dominik die Hipster pauschal, setzt aber während unseres Gesprächs im Café Charlotte nicht einen Augenblick lang sein keckes rosa Strohhütchen ab.

Der Regenbogen der Toleranz

Inzwischen ist er Geschichte, aber seine Legende leuchtet weiter. Gemeint ist der gigantische Regenbogen, der von 2012 bis 2015 in der Mitte des Kreisverkehrs am Plac Zbawiciela stand, bestehend aus künstlichen Blumen in sechs Farben, die an einem Metallgerüst aufgehängt waren. Initiatorin war wie-

Nach drei Jahren und vielen Brandstiftungen Ende 2015 abgerissen: der Regenbogen am Plac Zbawiciela

derum eine Künstlerin, Julia Wójcik. Sie wollte den Regenbogen als Symbol der Toleranz gegenüber sämtlichen Minderheiten verstanden wissen, doch in Polen, wo es (bis auf die Deutschen in Oberschlesien) keine größeren ethnischen Minderheiten gibt, bezog man das Wort ausschließlich auf Homo- und Transsexuelle. Und so war der Skandal perfekt: Warschaus neues Wahrzeichen ist ein Schwulenmonument!

Richtig prominent wurde der Regenbogen allerdings erst, weil er insgesamt siebenmal von Rechtsradikalen abgefackelt wurde, zum Beispiel am 11. November 2013, einem Nationalfeiertag. Beim Wiederaufbau 2014, der mehr als 25 000 Euro kostete und von der Stadtverwaltung finanziert wurde, erschienen etwa 150 Mitglieder der »Nationalen Bewegung«. Sie forderten, der Regenbogen müsse in den polnischen Farben Weiß-Rot gestaltet werden, skandierten »Verbot der Schwuleritis«, »Hier ist Polen und nicht Brüssel« und veranstalteten auf dem Rasen eine Sitzblockade. Alle mussten von der Polizei einzeln weggetragen werden. Zwei Wochen später erschienen sie erneut. Einer sagte in einem Presseinterview: »Der Homo-Regenbogen hat sechs Farben, also so viele wie die Flagge der Schwulenbewegung. Hätte er sieben Farben, so wie Regenbogen in Wirklichkeit haben, würden wir hier nicht demonstrieren.« Als sie begannen, den Regenbogen mit faulen Eiern zu bewerfen, trug die Polizei die Blockierer wieder weg.

Doch die Meute zog weiter zur Vertretung der Europäischen Kommission in Warschau. Im Rahmen der Aktion »Reinigung Polens von EU-Flaggen« warf man eine EU-Flagge auf die Straße und bespuckte sie. Ein Redner erklärte: »Wir müssen unsere Souveränität zurückerlangen und ein Europa der Vaterländer bilden.« Auf den Transparenten stand: »Wohlstand, Markt, Freiheit, Katholizismus« oder auch »Gestern Moskau, heute raubt uns Brüssel unsere Souveränität« oder »Nein zum Euro, ja zum Złoty!« oder »Pädophile, Päderasten – das sind die EU-Enthusiasten!«.

Seither stand der Regenbogen am Pl. Zbawiciela unter ständiger polizeilicher Aufsicht, ja, er war der bestbewachte Ort in Warschau. Die Stadt ließ Sprenkleranlagen anbringen, um Brandstiftung im Keim zu ersticken, und es war streng verboten, das Rasenstück zu betreten. Abgerissen wurde er schließlich im Herbst 2015, kurz vor den Parlamentswahlen. Die Initiatorin Julia Wójcik erklärte aber, dass sie nicht etwa politischem Druck nachgebe, sondern selber dafür sei, weil ihre Idee sich nach drei Jahren einfach totgelaufen habe.

Lemminge gegen Einmachgläser

Weder in Berlin, Wien noch in Prag oder sonstwo sind mir auf den Straßen so viele Hipster aufgefallen. Liegt es daran, dass die Umstellung von Kommunismus auf Kapitalismus in Polen besonders brutal war und die Hipsterkultur eine trotzige Reaktion auf den Materialismus der Elterngeneration darstellt? Doch wo, bitte schön, ist in der Hipsterkultur noch ein Protestelement zu finden?

Wie auch immer – die Differenzierung der polnischen Bevölkerung schreitet rasend schnell voran. Vorbei die Zeiten, als alle Welt noch gemeinsam in den Milchbars aß oder sich in Warschaus traditioneller Modezeile einkleidete, den drei staatlichen Warenhäusern an der ul. Marszałkowska. In den Neunzigerjahren zogen hier die üblichen Pächter ein, H&M, Esprit und Konsorten. Damals begann auch die Unsitte der Mega-Reklameboards, mit Hipstermode in Hausgröße, die sich von hier aus über die ganze Stadt verbreitete. Von nun an gab es keinen Unschuldslook mehr, von nun an war jeder selbst verantwortlich für die Schublade, in die man ihn steckte.

Außer den Hipstern haben sich zwei weitere Gruppen gebildet, die vor allem die Zwanzig- bis Dreißigjährigen umfassen.

Da sind zum einen die »Słoiki«, die »Einmachgläser«. So bezeichnet man abfällig die Landeier, die aus den Städten des Warschauer Umlands zugezogen sind, aus Żyrardów, Radom, Ciechanów, Siedlce oder Skierniewice. Sie wohnen in tristen Hochhaussiedlungen am Rand der Stadt, in Tarchomin, Ursynów oder Bemowo, arbeiten für niedrigen Lohn, fahren am Wochenende heim zu Mutti und werden dort mit Proviant versorgt, den sie dann im Überlandbus zurück nach Warschau schleppen, Gläser mit eingelegten Pilzen, Marmelade und Birnen. Die »Einmachgläser« sind die größte, aber auch die verlachteste Gruppe. Sie dienen den alteingesessenen Warschauern als Prügelknaben, an denen man sich schadlos halten kann. In der noblen ul. Mokotowska hing an einer Mülltonne ein Zettel: »Einmachglas! Wenn du nicht weißt, wie man in der Stadt einen Mülleimer benutzt, guck dir die Instruktion auf den Fotos an!« Auf den beigehefteten Fotos wurde Mülltrennung nach Glas, Papier und Plastik erklärt. Eine Frau in

Bemowo, die nicht ganz perfekt eingeparkt hatte, fand unter ihrem Scheibenwischer folgenden Zettel: »Einmachglas! Lern gefälligst, wie man in der HAUPTSTADT parkt!«

Die zweite Gruppe sind die sogenannten »Lemminge«, die Yuppies, die zum Beispiel an der Elite-Wirtschaftshochschule SGH studiert haben und anschließend mit Anzug und Krawatte in einer internationalen Firma schuften dürfen, einer »Korpo«, wie es im Lemmingslang heißt. Sie sind blasse Frettchen, die unter der Woche keinen Fetzen Sonne sehen, zum Ausgleich aber gutes Geld verdienen und sich ihre UV-Strahlen zweimal pro Jahr in Malta oder Mauritius abholen. Am Wochenende, wenn die »Einmachgläser« in Muttis Küche sitzen, lassen die »Lemminge« in den Klubs der Hauptstadt die Sau raus. Wohnen tun sie am liebsten im 2004 neu entstandenen Trabantenstädtchen Wilanów, das Platz für etwa 10 000 Bewohner bietet. Sein Spitzname: Lemingrad. Es besteht aus eleganten Apartmenthäusern mit viel Holz und Glas und unterscheidet sich von den Schlafstädten der »Einmachgläser« dadurch, dass es mit urbanistischem Sachverstand gebaut wurde. Zum Beispiel gibt es hier nur wenige Mauern und Zäune – ansonsten überall in Polen eine wahre Plage. Im Städtchen Wilanów wird die offene Gesellschaft propagiert. (Man darf das »Miasteczko Wilanów« übrigens nicht mit dem gleichnamigen Stadtteil »Wilanów« rings um die alte Sommerresidenz verwechseln.) In Lemingrad stehen die Häuser nicht Klotz an Klotz, sondern es gibt freie Sichtachsen, grüne Wiesen und breite Wasserbassins. Außerdem wurden die Wohnhäuser mit einigen Bürohochhäusern durchmischt, sodass ein Nebeneinander von Arbeit und Wohnen stattfindet. Chefplaner von Lemingrad war der amerikanische Architekt und Urbanist Guy Perry, der angeblich bis heute selbst in der Siedlung wohnt.

Veturilo

Ob Hipster, Lemming oder Einmachglas – seit einiger Zeit fahren sie alle Fahrrad. Das ist eine unerhörte Revolution für Warschau und war bei meiner Ankunft 1994 noch ganz undenkbar. Es herrschte eine allgemeine Anti-Fahrrad-Psychose. Sogar meine jüngsten Studenten verhielten sich wie ängstliche Opas und ratterten mir eine Liste mit vernünftigen Argumenten gegen das Radfahren herunter. Da sei erstens die Diebstahls-

Das Café »Warszawa Powisle«, Kulisse
für das Titelbild dieses Buches

gefahr: Ich könne das Rad nicht auf der Straße anketten, sondern müsse es immer hoch in meine Wohnung tragen, sonst sei es weg. Zweitens die Lebensgefahr: Die polnischen Autofahrer seien gnadenlose Drängler, denen ein Menschenleben rein gar nichts gelte. Drittens gebe es keine Fahrradwege, und viertens sei die Luft, die dem Fahrradfahrer aus den Auspuffen der alten Ikarusbusse entgegenwehe, extrem gesundheitsschädlich.

Ökologische Gründe fehlten in dieser Aufzählung. Umweltschutz war und ist in Warschau kein Thema, sodass sich bis heute keine bedeutende Grüne Partei entwickeln konnte. Wenn ich das Thema anschnitt, wurde ich weggelächelt. Über Ökologie könne man reden, wenn eines Tages die entsprechenden Löhne gezahlt würden. Wir seien doch nicht im versmogten Krakau – ja, dort sei Umweltschutz allerdings ein wichtiges Thema …

Allmählich kam ich dahinter, dass es noch einen fünften Grund gegen Fahrräder gab, der nicht so deutlich ausgesprochen wurde. Ich erriet ihn aus dem verächtlichen Schulterzucken meiner Gesprächspartner: Fahrradfahren hatte einfach kein Prestige. Mit dem Fahrrad fuhren die Arbeitslosen und die alten Omis auf dem Land, doch wer in der Hauptstadt Karriere machen wollte, kaufte sich ein Automobil, und zwar am besten ein deutsches.

Leider muss ich zugeben: Ich war damals zu schwach, um mich der allgemeinen Hetzkampagne entgegenzustemmen. Ich passte mich an und fuhr zwanzig Jahre lang ausschließlich mit Bus und Straßenbahn durch die Stadt. Nach einigen Monaten hatte ich schlichtweg vergessen, dass es auf dieser Welt überhaupt noch Fahrräder gab. Erleichtert wurde mir die Umstellung durch den hervorragend organisierten öffentlichen Nahverkehr. Fast nirgendwo in Warschau muss man länger als fünf Minuten warten, bis der nächste Bus kommt. Allerdings ist entschieden davor zu warnen, den Nahverkehr in Gegenwart von Einheimischen zu loben. Sofort gibt es einen Hassreflex. »Waaaas? Bist du wahnsinnig? Endlose Wartezeiten, überfüllte Straßenbahnen, uralte Busse, stinkende Mitpassagiere!« Wer so redet, ist wirklich schon lange nicht mehr Bus gefahren. Es ist der gleiche Antireflex wie bei den fanatischen Warschau-Gegnern. Doch diesmal von Warschauern!

Zwischenzeitlich sank ich ganz tief. Fahrradfahren erschien mir so absurd, dass ich eine internationale Initiative namens

»Masa Krytyczna« für vernachlässigbar hielt. In Deutschland und Österreich gibt es sie unter dem Namen »Kritische Masse«. Einmal im Monat treffen sich weltweit Fahrradfahrer und Inlineskater und fahren gemeinsam durch die Innenstädte, meist freitagabends. In Berlin hat sich die Sache nicht recht durchsetzen können, vielleicht weil die Rahmenbedingungen ohnehin so gut waren, dass es keiner großen Demonstrationen bedurfte. In Warschau aber ist es ein imponierender Anblick, wenn Hunderte, gelegentlich sogar Tausende von Fahrradfahrern und Skatern über die ul. Nowy Świat daherklingeln, darunter viele Familien mit Kindern.

Hier kündigte sich der Mentalitätswechsel bereits an, aber ich bemerkte ihn noch nicht. Natürlich fiel mir auch nicht auf, dass die Fahrradwege in Warschau im Laufe der Jahre auf eine Gesamtlänge von über 400 Kilometern anwuchsen (Berlin hat etwa 1500 km). Ich weiß noch, wie mir eines Tages jemand von einem phantastischen Fahrradweg erzählte, der am westlichen Weichselufer volle 37 Kilometer nach Süden führt – ich interessierte mich nicht dafür.

Erstmals stutzte ich ein bisschen, als Rocksänger Sting bei einem Konzert in Poznań 2011 die gesamten Einnahmen, immerhin 200 000 Euro, für die Anschaffung städtischer Fahrräder bestimmte. Nanu – hatte der Typ eine Meise? Fahrradfahren war doch so gefährlich und gesundheitsschädlich!

Und dann kam Veturilo. Der Name stammt aus der Kunstsprache Esperanto, die, wie schon erwähnt, in Warschau erfunden wurde. »Veturilo« bedeutet auf Esperantisch »Fahrzeug« und wurde von der Warschauer Stadtverwaltung mithilfe einer Internet-Abstimmung festgelegt. Veturilo ist ein kommunales Verleihsystem, das von der deutschen Firma »nextbike« betrieben wird. An mehr als 200 Punkten der Stadt stehen zwischen zehn und zwanzig Räder bereit. Der Leihvorgang ist einfach. Man muss sich zuerst auf der Homepage von Veturilo im Internet registrieren (alles auch in deutscher Sprache) und dann einen kleinen Betrag einzahlen, weniger als fünf Euro. Hierauf bekommt man per E-Mail einen Code, begibt sich damit zu einem Leihpunkt und gibt dort an einer Infosäule ruckzuck seinen Code ein – fertig! Die ersten zwanzig Fahrminuten sind umsonst, die erste Stunde kostet nur einen Złoty (ca. 25 Cent). Bereits im zweiten Jahr erwies sich Veturilo als riesiger Erfolg. Die öffentlichen Räder waren insgesamt 1,8 Millionen Mal ausgeliehen worden, sechsmal mehr als im ersten Jahr.

Der Grund ist klar: Mit den Leihrädern fiel einer der Hauptgründe gegen Radfahren weg – die Angst vor Diebstahl. Doch gab es da nicht noch eine Reihe weiterer Gründe, die mir vor einigen Jahren noch sehr hell eingeleuchtet hatten? Was war mit der Rücksichtslosigkeit der Warschauer Autofahrer oder den Busabgasen? Das wurde von den Leuten plötzlich alles als »erträglich« bezeichnet.

Und auch das Prestige ist plötzlich da. Als Fahrradfahrer gehört man heute zur aufgeklärten Avantgarde der Gesellschaft, tut aktiv etwas gegen den Verkehrsinfarkt, aber natürlich auch gegen Übergewicht und Burn-out-Risiko (Umweltverschmutzung interessiert immer noch kaum jemanden). Wer möchte nicht zu dieser Gruppe gehören? Viele Warschauer fahren sogar schon so fanatisch Fahrrad, dass es zu Hakeleien mit den Autofahrern kommt. Meine Bekannte Kasia hatte einige schlechte Erfahrungen und geht das Problem seither auf eine ganz eigene Weise an: Sie führt im Rucksack immer eine Packung Mehl mit sich. Wird sie von einem Rowdy-Autofahrer überholt oder geschnitten, klopft sie an der nächsten Ampel freundlich an sein Beifahrerfenster. Sobald er verdutzt die Scheibe herunterdreht, kippt sie ihm das Mehl ins Wageninnere und fährt schnell weg.

18 PARTYBEZIRKE

Powiśle

Egal, ob Lemming oder Hipster – abends treffen sich alle in den zwei Party-Stadtteilen Warschaus, in Powiśle und Praga. Powiśle liegt unterhalb der Weichselklippe in dem schmalen Streifen zwischen Fluss und Steilufer. Bis vor wenigen Jahren war es ein heruntergekommener Stadtteil mit ein paar Spelunken und Tante-Emma-Läden. Man sah auf Powiśle in einem ganz wörtlichen Sinn hinunter, denn der schmale Stadtteil wird von der Poniatowski-Brücke überspannt. Sie setzt weit vor dem Fluss an, noch oben auf der Weichselböschung, und schwingt sich dann als langer Viadukt über den gesamten

Weichselstrand mit Poniatowski-Brücke, DJ und Liegestühlen

Stadtteil Powiśle hinweg. Heute haben sich die wenigen Straßen dort unten zum hippen Modebezirk mit den üblichen Begleiterscheinungen entwickelt. Chice Cafés sind aus dem Boden und die Mieten und Kaufpreise in die Höhe geschossen. Man reibt sich die Augen – wie war das möglich?

Alles begann damit, dass die Warschauer Universität direkt an der Weichsel eine neue, schrille Bibliothek bauen ließ, und zwar von demselben Architektenbüro, das auch das postmoderne Oberste Gericht am Plac Krasińkich bauen durfte. In beiden Fällen handelt es sich um gewagte Beton- und Glaskonstruktionen, die mit grün patinierten Metallplatten verkleidet sind. Auf dem Dach der neuen Unibibliothek gibt es einen begehbaren Garten mit luftigen Brücken, Hecken, Büschen und sogar einem Wasserfall. Man kann von hier oben durch eine Glaskuppel hinunter in den Bibliothekssaal schauen, den Studenten direkt auf ihren Schreibtisch. Außerdem hat man von der Aussichtskanzel ein wunderbares Fotopanorama auf die breit dahinströmende Weichsel. Der Dachgarten ist auch für Nichtstudenten frei zugänglich. Völlig zu Recht gilt er heute als eines der Highlights für einen Warschau-Spaziergang.

Zum zweiten Meilenstein des kulturellen Aufstiegs von Powiśle wurde die Buchhandlung »Czuły Barbarzyńca« (Sensibler Barbar) in der ul. Dobra, eine in Deutschland nur selten anzutreffende Mischung aus Buchhandlung und Café. Inzwischen ist sie in Konkurs gegangen, doch ihr Konzept wurde seither von unzähligen Buchcafés erfolgreich kopiert. Erklären lässt sich der Erfolg damit, dass vor allem junge Leser die völlig seelenlosen Medienkaufhäuser leid sind, die den polnischen Buchhandel beherrschen. Unbestrittener Marktführer ist die Medienkette »Empik«, deren Wurzeln bis in sozialistische Zeiten zurückreichen. In so gut wie jeder polnischen Stadt gibt es ein Empik-Megastore mit Musik, Büchern und Computerspielen, stets in den besten Lagen, mit kaltem Neonlicht und ziemlich unbegeisterten Verkäufern.

Ein dritter Grund, warum Warschaus Hipsterlemminge gerade Powiśle in ihr Herz geschlossen haben, ist die alte Poniatowski-Brücke. Mit ihren verschnörkelten Türmchen und allerliebsten Zinnen verbreitet sie ein herrliches Retro-Flair, das keine der gesichtslosen neuen Brücken besitzt. Unter den riesigen Pfeilern haben sich einige alternative Läden eingenistet, darunter das extrem coole Café »Berlin-Warszawa«.

Das bekannteste Klubcafé in Powiśle ist ein ehemaliger Bahnhofspavillon, auf dem heute noch der Stationsname »Warszawa Powiśle« steht. Vor dem gläsernen Fünfzigerjahrebau mit dem geschwungenen Dach stehen von April bis November bunte Liegestühle, man sitzt, guckt, trinkt Wodka, isst dazu den obligatorischen Hering und chillt bis in die frühen Morgenstunden. In lauen Sommernächten stehen hier tatsächlich Hunderte von Menschen herum. Kein Wunder, dass in Powiśle ein heftiger Krieg zwischen Hipstern und Anwohnern entbrannt ist. Nicht nur die Prenzlberger Schwaben fordern Nachtruhe ab 22 Uhr.

Der Poniatówka-Strand + Geheimtipp Fähre

Ja, die Nächte in Powiśle können lang werden. Und wenn sich am frühen Morgen die Reihen lichten, weil die schlaflosen Anwohner vor Ärger mit Luftgewehren schießen und einige Hipster bereits vom Notarzt abgeholt wurden, begeben sich die letzten Partygäste hinüber ans östliche Weichselufer. Dort, neben den massiven Pfeilern der Poniatowski-Brücke, lassen sie die Nacht ausklingen. Hier befindet sich der Poniatówka-Strand. Die Zeitschrift »National Geographic« hat ihn in eine Liste der zehn schönsten Stadtstrände weltweit aufgenommen. Er ist ein astreiner, weißer Sandstrand, der aber, so wie das gesamte Ostufer, jahrzehntelang von Gestrüpp überwachsen war. Im Zuge der Fußball-EM 2012 wurde das Gebüsch stellenweise gerodet, dazu errichtete die Stadtverwaltung einen wirklich coolen, doppelgeschossigen Pavillon, auf dessen Flachdach kostenlose Liegestühle stehen. Schwimmen in der alten Weichsel tut hier kaum jemand, aber ein Nickerchen am Ufer genügt ja schon, um den Rausch auszuschlafen. Aufgeweckt wird man einige Stunden später, am Sonntagvormittag, von einem DJ, der den Strand rings um die Brückenpfeiler mit ruhiger Mucke beschallt.

Unangenehm dürfte die Veränderung des Flussreviers allenfalls den nordpolnischen Elchen sein, die nun auf ihrer Wanderung von Nord- nach Südpolen ständig über Feierbiester stolpern.

Ein Geheimtipp für die Sommersaison: Wer den Strand ein Stück weiter Richtung Süden entlangstapft, kann sich hier von einer süßen, kleinen Weichselfähre in den Warschauer Farben gelb-rot abholen und auf die westliche Stadtseite zurückbringen lassen. Die Fähre, die von einem einzigen Mann gefahren und bedient wird, lässt eine lange Rampe für Fahrräder und Kinderwägen auf den Strand herunter, sodass man trocken an Bord gelangen kann. Drüben wird am Hipster-Café »511« angelegt, wo wieder Liegestühle und ein DJ warten.

Praga

Der zweite Partybezirk ist Praga. Wer es einmal bis zum Weichselstrand »Poniatówka« geschafft hat, ist eigentlich schon da. Umgangssprachlich nennt man nämlich die gesamte östliche Weichselseite »Praga« – natürlich nicht zu verwechseln mit der tschechischen Hauptstadt, die auf Polnisch ebenfalls »Praga« heißt. Bis ins 20. Jahrhundert hinein war das Warschauer Praga noch kein Stadtteil, sondern eine eigene Stadt. Praga ist im Grunde riesengroß, aber wenn man sagt: »Wir treffen uns heute Abend in Praga«, dann meint man damit nur die

Spirituelle Stimmung in einem typischen Praga-Hinterhof

Altstadt, die hinter der Florianskirche und dem Zoo beginnt. Man kann Powiśle mit Berlin-Kreuzberg vergleichen und Praga mit Neukölln. Hier pulsiert die *noch* alternativere Szene, hier gibt es die *noch* cooleren Klubs, gerne im Retro-Style, wie etwa den Klub »W oparach absurdu« (In den Dünsten der Absurdität), der in der ul. Ząbkowska 6 liegt: eine nette, kleine Bar, in der man sein Bier auf alten Nähmaschinentischen abstellt. Zu essen gibt es leckere Piroggen (Maultaschen), auch Gesellschaftsspiele liegen herum.

Oder die ehemalige Wodkafabrik »Koneser« (Connaisseur), die sich aus einem abgewrackten Backsteinensemble in ein postindustriales Kulturzentrum mit mehreren Galerien und Kneipen verwandelt hat, darunter dem kultigen Café »Sen Pszczoły« (Traum einer Biene).

Erwähnt werden muss noch die Königin aller Praga-Klubs, die »Fabryka Trzciny« (Schilffabrik), ein ehemaliger Fabrikkomplex, ebenfalls aus mehreren Backsteingebäuden bestehend. Die Fabrik heißt nicht etwa so, weil hier früher einmal Schilf verarbeitet worden wäre, sondern weil sie von einem Musikproduzenten namens Wojciech Trzciński (wörtlich »der Schilfige«) in einen Ort der Kultur verwandelt wurde. Abends mutieren die alten Mauern zu einem stylishen Objekt mit rotem Teppich, Türstehern und kreisenden Scheinwerfern. Hier feiern die Hochglanzmagazine »Elle«, »Gala« oder »Twój Styl« ihre glitzernden Jahresparties, hier gibt es kultige Konzerte mit Cesaria Evora oder Macy Gray.

Praga verdankt seinen Aufstieg zum alternativen Zentrum des Warschauer Nachtlebens der Tatsache, dass der Stadtteil im Krieg nicht zerstört wurde. Während die Deutschen auf der westlichen Weichselseite den Aufstand niederschlugen, standen hier die Spitzen der Roten Armee und sahen dem Höllenspektakel zu – ob hinterhältig oder hilflos, ist, wie gesagt, nicht ganz klar. Nach dem Krieg wurde dann nur das Westufer Warschaus wieder aufgebaut, und Praga hatte das Nachsehen. Die Häuser verfielen, und das Quartier hat bis heute die billigsten Mieten der Stadt. Manche Straßen, wie etwa die ul. Ząbkowska, wurden in den Neunzigerjahren zu gefürchteten Brennpunkten der Kleinkriminalität. Aus dieser Zeit datiert auch der Mythos von der »Bronx« Warschaus – der heute überholt ist. In Praga muss niemand mehr Angst haben, einen Schlag auf die Mütze zu bekommen.

Mittelpunkt des alten Praga sind die kleine ul. Stalowa und ihre malerischen Nebenstraßen. Hier kann man noch nackte Brandmauern und windschiefe graue Mietskasernen fotografieren, nichts ist renoviert; alles sieht so aus, als würde gleich ein Kradmelder der Wehrmacht um die Ecke biegen – und oft genug tut er das auch, denn Praga ist das Görlitz von Polen. Immer wieder dienen die alten Häuser als Kulisse für internationale Kriegsfilme. Der bekannteste davon war sicherlich der »Pianist« von Roman Polański. Doch Praga ist größer, als man denkt. Neben coolen Kneipen und malerisch heruntergekommenen Filmkulissen haben sich auch schöne Gründerzeithäuser erhalten, mit dunklen Innenhöfen und bemalten Marienaltären, vor denen sich früher die Hausbewohner zum Gebet versammelten. Manche der Marienfiguren tragen beleuchtete Kronen oder sind mit elektrischen Weihnachtskerzen umwunden. In einigen Innenhöfen haben sich auch Antiquariate und Secondhandläden angesiedelt. Praga besticht durch romantische Hinterhofatmosphäre ohne Starbucks und Souvenirshops – aber ich will nichts verklären. Die Romantik ist oft dermaßen authentisch, dass sie bruchlos in versifften Bierlachen-Realismus übergeht. Wem das für einen ruhigen Feierabend alles zu heavy wird – der soll lieber in Powiśle bleiben.

19 MEISTERSPION RYSZARD KUKLIŃSKI

Eine Postkarte an die CIA

Warschau in den Siebzigerjahren. Fotos zeigen riesige Plattenbauten, eine triste graue Stadt, in der es nur wenige Autos gab, noch weniger Restaurants und am allerwenigsten Coca-Cola. Trotzdem gelten die Jahre zwischen 1970 und 1980 heute allgemein als beste Phase des polnischen Kommunismus. Vor allem die alten Taxifahrer schwärmen noch von der Zeit, als die Kunden in langen Schlangen an den Halteplätzen warten mussten; oft stiegen mehrere, die in dieselbe Richtung wollten, in ein gemeinsames Taxi ein, doch der Fahrer war absoluter Chef im Auto. Wer frech war, wurde rausgeschmissen.

Das Land wurde von Parteichef Edward Gierek gelenkt, der das vollmundige Versprechen abgab, Polen zur »zehnten Industriemacht der Welt« machen zu wollen. Man lachte ihn dafür aus, aber er ließ tatsächlich mehrere große Fabriken bauen, etwa das Automobilwerk in Tychy, in dem der polnische Fiat 126 »Maluch« gebaut wurde; auch der Warschauer Zentralbahnhof, der 1975 eröffnet wurde, fällt in seine Ära. Zur Finanzierung nahm Gierek immense Kredite auf, die von Polen noch Jahrzehnte später abbezahlt werden mussten.

Am haltbarsten erwiesen sich interessanterweise die Filmkomödien dieser Ära. Man staunt, was in dieser liberalsten Zeit des polnischen Kommunismus alles durch die Zensur kam. Die beliebteste TV-Serie des Jahrzehnts war der »Czterdziestolatek« (der Vierzigjährige), in dem das konfuse Liebesleben des vierzigjährigen Ingenieurs Karwowski beschrieben wurde, mit vielen Absurditäten des kommunistischen Alltags. Nebenbei porträtiert der Film auch die Arbeit an einem weiteren Großprojekt von Edward Gierek. Karwowski ist nämlich Planungsingenieur der neuen Stadtautobahn »Trasa Łazienkowska«. Seine Kollegen und Freunde sind aber alle ohne Ausnahme Drückeberger, Faulpelze, Schlitzohren und Frauenhelden.

Niemand wusste, dass es in dieser Zeit in Warschau einen Mann gab, der unerkannt die Weltgeschichte mitgestaltete. Am 11. August 1972 macht die kleine polnische Yacht »Legia« mit sieben polnischen Offizieren an Bord im Nordseehafen Wilhelmshaven fest. Einer von ihnen steigt aus und wirft, unbemerkt von den anderen, einen Brief in den nächstgelegenen Briefkasten. Er ist adressiert an die »U.S.A Ambassy Bonn«. Darin steckt eine Karte, auf der in Großbuchstaben folgender Text steht. »DEAR SER. I'M SORRY FOR MY ENGLISH. I AM AN FORIGEN MAF FROM COMMUNISTISCHE KANTRY. I WANT TO MET (SECRETLY) WITH U.S. ARMY OFFICER (Lt. Colonel, Colonel) 17 or 18, 19.08 IN AMSTERDAM or 21, 22 IN OSTEND. I HAVE NO MANY TIME. I AM WITH MY CAMRADE END THEY KAN'T KNOW. IN AMSTERDAM I TELEPHONING TO U.S. AMBASY (MILITARY ATACHE) P.V. P.S THAT OFFICER MUST SPEAK RUSSIAN OR POLISH.« Als der Brief die Bonner Botschaft erreicht, wird er sofort an die CIA-Zentrale in Langley bei Washington weitergeleitet. Man vermutet zunächst, dass ein gewöhnlicher Matrose aus einem Staat des Warschauer Pakts Kontakt aufnehmen will, vielleicht handelt es sich aber auch um eine Falle. Zwei CIA-Mitarbeiter reisen nach Holland und treffen den Unbekannten in der Nähe des Bahnhofs von Den Haag. In einem Hotel kommt es zum ersten Gespräch. Den CIA-Agenten fällt auf, dass der Mann relativ klein ist und aus Nervosität eine Zigarette nach der anderen raucht. Dabei hält er die Zigarette nach osteuropäischer Art zwischen Daumen und Mittelfinger. Auf die Frage, was das Kürzel »P. V.« am Ende seines Briefs bedeuten sollte, antwortet er geheimnisvoll: »Polnischer Vikinger«. Man weiß bis heute nicht, was er damit sagen wollte.

Tote Briefkästen

Alle seine persönlichen Angaben werden überprüft. Bei dem Unbekannten handelt es sich um den 42-jährigen Ryszard Kukliński, Offizier im polnischen Generalstab, in Warschau geboren. Er hat zwei Söhne, Waldemar und Bogdan. Aufgewachsen ist er in der Warschauer Innenstadt. Vom Fenster der Wohnung aus konnte der Heranwachsende die Ghettomauer sehen. Als 1943 der Ghettoaufstand beginnt und wochenlang Rauchschwaden über dem Stadtteil aufsteigen, meldet sich der dreizehnjährige Ryszard heimlich zur Heimatarmee, wird aber aufgrund seiner Jugend nicht angenommen. Wenig später wird er abends Zeuge, wie deutsche Soldaten sein Haus umstellen. Ryszard kehrt vorsichtshalber nicht nach Hause zurück, sondern schläft auf einem kleinen Kartoffelacker neben dem Arsenalgebäude. Am nächsten Morgen kommt er nach Hause, sieht Blutspritzer an der Wand und erfährt von seiner Mutter, dass der Vater geschlagen und mitgenommen wurde, weil ihn ein Nachbar wegen angeblicher Tätigkeit für die Heimatarmee angezeigt hat. Der Vater kehrt nie zurück, kommt im Konzentrationslager Sachsenhausen um. Wenig später wird der junge Ryszard von den Deutschen als Zwangsarbeiter in eine Munitionsfabrik gezwungen. Er flieht kurz vor Kriegsende. Nach dem Krieg tritt er in die neue polnische Armee ein und steigt aufgrund hervorragender Fähigkeiten schnell in den Generalstab auf. Sein großes Hobby ist die Segelei, er wird Vizepräsident des Armee-Yachtklubs. Von 1967 bis 1968 ist er im vietnamesischen Saigon als einer der Beobachter tätig, die die Demarkationslinie zwischen Nord- und Südvietnam überwachen sollen. Nach seiner Rückkehr absolviert er häufige Dienstreisen nach Moskau, nimmt dort an ausschweifenden Wodkagelagen teil und erhält Einblicke in die sowjetischen Kriegspläne. Der damalige Oberkommandierende der polnischen Streitkräfte, General Wojciech Jaruzelski, ist ihm in besonderer Weise gewogen. Kuklińskis erstes »Bekehrungserlebnis« ist der Einmarsch der Warschauer-Pakt-Staaten in die Tschechoslowakei 1968, bei dem auch die polnische Armee beteiligt ist. Sein Abscheu gegen das herrschende System verstärkt sich, als er 1970 die Niederschlagung des ersten Werftarbeiterstreiks in Danzig mitverfolgt, bei dem Armee und Miliz 45 Arbeiter erschießen sowie über 1000 verletzen. Am schlimmsten aber ist für ihn, als er durch seine Arbeit im Generalstab zu bemerken beginnt, dass die sowjetische Taktik darauf hinausläuft, die NATO mit konventionellen Panzerstreitkräften anzugreifen und so einen begrenzten atomaren Erstschlag der NATO zu provozieren, der die erste sowjetische Angriffswelle ausschalten soll. Zynisch wird damit kalkuliert, dass sich Ostdeutschland und Polen in Wüsteneien verwandeln werden. Danach soll dann aus der Tiefe Russlands die zweite Angriffswelle gen Westeuropa rollen.

Die Erkenntnis, dass sein Vaterland von den Moskauer Strategen zur Auslöschung bestimmt ist, bringt Kukliński dazu, Kontakt mit den Amerikanern aufzunehmen. Aber wie soll er das anstellen? Er regt in seinem Yachtklub sommerliche Segeltörns in westeuropäische Häfen an, um die Hafenanlagen und Befestigungen auszuspionieren. Einen solchen Segeltörn nutzt er dann 1972 in Wilhelmshaven, um seinen Brief einzuwerfen.

Nun beginnt sein Kontakt mit der CIA. Er bekommt als Erstes ein Pseudonym: Jack Strong. Außerdem erhält er genaue Instruktionen, wie man in Warschau mit ihm Kontakt aufnehmen wird. Die CIA stellt einen eigenen Kontaktmann für ihn ab, der offiziell in der Amerikanischen Botschaft angestellt wird. Er wirft Kukliński heimlich Briefumschläge in ein spaltbreit geöffnetes Fenster seines geparkten Autos ein. Bald erhält Kukliński auch zwei Kameras. Mit der einen fotografiert er zu Hause in aller Ruhe geheime Dokumente, die er sich aus dem Generalstab mitnimmt. Aus Angst davor, dass die Nachbarn sich über das dauernde Fotoklicken wundern könnten, kleidet er die Zimmerdecke mit Holzpaneelen aus. Außerdem erhält er eine Kleinstkamera, die in einem Feuerzeug versteckt ist. Mit ihr fotografiert er in seinem Büro während der Arbeitszeit Zehntausende von Warschauer-Pakt-Dokumenten, darunter Einzelheiten der sowjetischen Militärstrategie, der geheimen Bunkeranlagen oder der Stationierung von Panzereinheiten. Einmal wird er beim Fotografieren von einem Kollegen überrascht, der ins Zimmer platzt – aber zum Glück nichts bemerkt. Die Filmnegative deponiert Kukliński in toten Briefkästen, die sich hinter brüchigen Steinen in vorher verabredeten Mauern befinden. Wenn er bemerkt, dass sein CIA-Verbindungsmann aus der Botschaft von polnischen Agenten verfolgt wird, vermeidet er das Treffen und fährt zur Irreführung eventueller Verfolger stundenlang durch die Straßen Warschaus. Einmal deponiert er seine Negativrollen in einem falschen toten Briefkasten. Erst einen Monat später fällt ihm sein Fehler auf, und er befürchtet, dass alles aufgeflogen sein könnte. Aus Angst, dass er mittlerweile bereits beschattet wird, bittet er seinen Sohn Bogdan, das Versteck aufzusuchen. Bogdan bringt die Rollen, deren Inhalt er nicht kennt, seelenruhig nach Hause mit: nichts gefunden worden.

Das geht so über acht Jahre. Kukliński liefert so viel Material, dass die Amerikanische Botschaft in Warschau Mühe hat, genügend bleierne Kästen für den Transport nach Amerika aufzutreiben. Warum Blei? Diplomatische Post darf zwar von den polnischen Zöllnern nicht geöffnet werden, wird aber regelmäßig geröntgt. Doch Blei ist für Röntgenstrahlen undurchdringlich. Die CIA hat Kukliński mittlerweile zu einer der drei wichtigsten Quellen in Osteuropa erklärt.

Neben seiner Spionagetätigkeit findet Kukliński noch Zeit für Seitensprünge, die er vor seiner Frau genauso erfolgreich geheim hält wie seine Spionagetätigkeit.

Eines Tages erbittet er von den Amerikanern eine Zyankali-Pille, um im Fall einer Aufdeckung kurzen Prozess machen zu können. Außerdem erhält er einen Schlüssel zum Tor der Amerikanischen Botschaft. Alle wachhabenden Soldaten sind angewiesen, jeden einzulassen, der sich als »Jack Strong« ausgibt. Doch Kukliński plant noch keine Flucht. Er will auf keinen Fall seine Frau und die beiden Söhne zurücklassen, da man sich brutal an ihnen rächen würde.

Im August 1980 wird Polen von den Streiks der neuen Gewerkschaft »Solidarność« erschüttert. Im Generalstab befürchtet man eine Invasion der Sowjets, zusammen mit DDR- und ČSSR-Soldaten. Im Oktober 1980 erfährt Kukliński, dass General Jaruzelski das Kriegsrecht über Polen verhängen möchte, um auf diese Weise die Gewerkschaft »Solidarność« verbieten zu können und die sowjetische Invasion zu verhindern. Doch hört er auch, dass man aus vatikanischen Quellen von einem Spion im polnischen Generalstab erfahren hat. Papst Johannes Paul II., der die »Solidarność« unterstützt, ist von mehreren kommunistischen Spionen umgeben, darunter einem seiner vertrautesten polnischen Priester, wie man heute weiß. Kukliński ist kurz davor, sich seinen Vorgesetzten zu offenbaren, um endlich den ungeheuren Druck abzuschütteln, beschließt aber im letzten Moment, noch zu warten. Am Abend erzählt er seiner Frau und den Söhnen von seiner Agententätigkeit. Allen ist klar, dass sie demnächst fliehen müssen. Der Sohn Waldemar bittet um Bedenkzeit. Es trifft ihn hart, dass er sich von seiner Freundin und seinen Büchern trennen muss. Kukliński beschließt, das Spiel noch einige Wochen weiterzuspielen.

Am 4. Dezember 1980 übergibt er der CIA eine genaue Auflistung der geplanten sowjetischen Invasion: Fünfzehn sowjetische Divisionen, zwei tschechische und eine DDR-Division sollen in Polen einmarschieren. Mit Kenntnis von Kuklińskis Rapport erklärt der amerikanische Präsident Jimmy Carter am Vortag des geplanten Einmarsches, dass ein solches Vorgehen die sowjetisch-amerikanischen Beziehungen aufs Äußerste belasten würde. Auch Papst Johannes Paul II. wird alarmiert. Die Sowjets blasen den Einmarsch erst einmal ab. Kukliński erfährt, dass General Jaruzelski nach Moskau geflogen ist, um einen alternativen Plan zur Unterdrückung der Massenstreiks in Polen vorzustellen. Dann wird Kukliński ausgerechnet in den engen Kreis der Offiziere berufen, die die Verhängung des Kriegsrechts planen sollen. Um seine Treffen mit der CIA zu erleichtern, erhält er von den Amerikanern die neueste Erfindung: einen kleinen Apparat, mit dem er Kurznachrichten an die Amerikanische Botschaft schicken kann, einen Vorläufer der SMS. Allerdings muss er sich dafür immer in unmittelbare Nähe der Botschaft an der ul. Piękna begeben, was nicht leicht ist, da die Amerikanische Botschaft von Geheimdienstleuten Tag und Nacht bewacht wird; einige lauern unter Zelten, die sie unter dem Vorwand von Straßenbauarbeiten aufgestellt haben.

Die Flucht

Kurz vor Einführung des Kriegsrechts am 13. Dezember 1981 gelingt der gesamten Familie Kukliński die Flucht. Ein amerikanisches Ehepaar bringt die vier Kuklińskis ins Botschaftsgebäude. Von dort fährt am späten Abend ein Transporter nach Westberlin, der routinemäßig diplomatische Post befördert. Die Kuklińskis sind in zugenagelten Holzkisten versteckt. Von Berlin aus werden sie in die USA ausgeflogen. Oberst Kukliński wird ausführlich verhört, bekommt eine neue Identität und wohnt ab jetzt mit seiner Familie an einem unbekannten Ort im Staat Virginia. Er hat große Probleme mit der englischen Sprache, fühlt sich vollständig isoliert und hat Furcht vor russischen oder polnischen Agenten, die ihn aufspüren könnten. Einziger Trost ist eine fünfzehn Meter lange Yacht, die er sich kauft. In Polen wird er derweil von einem geheimen Militärgericht zum Tod verurteilt. Geheimdienst-Chef Czesław Kiszczak, der Erich Miehlke Polens, lässt verbreiten, dass Kukliński sein Vaterland für Geld verraten habe – was erwiesenermaßen nicht stimmt. General Wojciech Jaruzelski, der Kukliński geschätzt und gefördert hat, behauptet jetzt, Kukliński sei aufgrund einer Frauengeschichte schon während seines Aufenthaltes in Vietnam 1967 von den Amerikanern zur Spionage erpresst worden. Sogar Lech Wałęsa und Adam Michnik, die Ikonen der polnischen Opposition, distanzieren sich von Kukliński. Sie argumentieren: Musste er wirklich zum Verräter an seinem Land werden? Warum ist er nicht aus der Armee aus- und in die Opposition eingetreten? Dann hätte er mit offenem Visier kämpfen können.

Er selbst sagt beharrlich, dass er nicht sein Land, sondern nur die Sowjets verraten habe, die sein Land wie eine Marionette behandelt hätten. Der ehemalige CIA-Chef George Tenet wird später über ihn sagen, er sei einer der absoluten Topspione gewesen, die die USA im Kalten Krieg gehabt hätten.

Im Jahr 1990, als Polen bereits demokratisch ist, wird das Todesurteil in 25 Jahre Gefängnis umgewandelt. Kukliński bleibt verbittert in Amerika. 1993 dann die Doppeltragödie: Zuerst verschwindet der jüngere Sohn Bogdan während eines Segeltörns auf dem Meer, sein Boot treibt allein im Wasser, seine Leiche wird niemals aufgefunden. Ein halbes Jahr später wird der ältere Sohn Waldemar auf einem Parkplatz vor seinem Unigebäude von einem Geländewagen mehrfach angefahren, sodass er an den Verletzungen stirbt. In dem verlassenen Geländewagen werden keinerlei Fingerabdrücke gefunden. Die meisten Biografen sind sich einig, dass beide Söhne von russischen Geheimagenten umgebracht wurden. Andere glauben zu wissen, dass zumindest Bogdans Verschwinden von der CIA fingiert wurde, um ihm eine neue Existenz zu ermöglichen.

Erst 1997 wird Ryszard Kukliński in Polen vollständig rehabilitiert. Angeblich haben die Amerikaner bei den Beitrittsverhandlungen Polens zur NATO darauf gedrängt. Nach achtzehn Jahren Abwesenheit besucht Kukliński 1998 erstmals wieder sein Land, von den einen begeistert gefeiert, von den anderen als Verräter beschimpft. Fotos zeigen ihn auf dem Marktplatz von Krakau, bewacht von Sicherheitbeamten mit entsicherten Maschinenpistolen.

2004 stirbt Kukliński an einem Gehirnschlag, seine Asche wird nach Polen überführt und auf dem Ehrenfriedhof »Powązki Wojskowe« beigesetzt. Expremierminister Jerzy Buzek nimmt an der Feierlichkeit teil, Präsident Aleksander Kwaśniewski, ein Postkommunist, verweigert seine Teilnahme. Kuklińskis Frau Joanna stirbt 2013. In Amerika lebt bis heute ein Enkel Kuklińskis, ein Sohn von Bogdan, allerdings unter anderem Namen. 2014 kommt der Film »Jack Strong« des polnischen Sensationsregisseurs Władysław Pasikowski in die Kinos und wird heiß diskutiert. Immer noch spaltet der Name Kukliński die Nation. Nach Ansicht seiner Fans geht es hier nicht um einen kleinen Spion, sondern um eine welthistorische Frage: Könnte es sein, dass die Tätigkeit eines einzelnen Mannes den Dritten Weltkrieg verhindert hat? Wäre es ohne Kukliński im Dezember 1980 zum Einmarsch der Sowjets in Polen und damit möglicherweise zu einer fatalen amerikanischen Gegenreaktion gekommen? Da aber die Amerikaner bereits von Kukliński über die sowjetischen Pläne informiert waren, konnte Präsident Carter Besonnenheit bewahren und die Russen damit überraschen, dass er ihre Invasionspläne offensichtlich schon kannte. Breschnew sah daraufhin von einer Invasion Polens ab, und General Jaruzelski gewann die notwendigen Monate, um in aller Ruhe die harmlosere Variante vorzubereiten, nämlich die Einführung des Kriegsrechts im Dezember 1981.

Die Gegner Kuklińskis sagen: Neuere Forschungen zeigen, dass die Sowjetführung 1980/81 ohnehin keine ernsthaften Invasionsabsichten hatte, da man bereits tief in das afghanische Abenteuer verstrickt war. Nicht einmal die Einführung des Kriegsrechts, das mehrere Dutzend Todesopfer forderte, wäre in Polen nötig gewesen. Wojciech Jaruzelski, ein opportunistischer Musterschüler Moskaus, habe das Kriegsrecht nur aus persönlicher Eitelkeit verhängt, um allen zu zeigen, dass er immer noch der starke Mann im Lande ist.

Die Diskussion wird noch einige Jahre weitergehen, da die CIA immer noch nicht alle Geheimdokumente veröffentlicht hat. Viele Fragen sind bislang offen, etwa der genaue Fluchthergang der Familie Kukliński von Warschau nach Berlin. Wie auch immer – Ryszard Kuklińskis dramatische Geschichte aus der Zeit der lustigen Siebzigerjahre verdient es, auch außerhalb Polens bekannt zu werden.

Ein polnisch-deutscher Geschichtskonflikt

Ein schwäbischer Fabrikant, der seit einigen Jahren regelmäßig nach Polen kommt, meinte einmal zu mir, dass die Geschichtsobsession der Leute ihm manchmal ganz schön auf die Nerven gehe. All die Aufstände, all die Kriege – hätten die Leute denn nichts Besseres zu erzählen? Sie sollten sich mal lieber mehr um die Gegenwart kümmern!

Man könnte boshaft entgegnen: In Deutschland, wo die meisten Leute lieber nicht genau wissen wollen, was ihr Großvater zwischen seinem 20. und 30. Lebensjahr gemacht hat, ist es kein Wunder, wenn man sich voll auf die Gegenwart konzentriert. Doch an der Geschichte vom Oberst Kukliński ist zu sehen, dass auch die polnische Geschichte nach 1945 kompliziert wird. Von nun an ist es nicht mehr so leicht, zwischen Guten und Bösen zu unterscheiden, wie es bis dahin in der polnischen Geschichte meist der Fall war. Vielleicht lässt sich sogar sagen, dass es mit dem Verhältnis zur Geschichte bei Deutschen und Polen genau umgekehrt steht: Während die Polen gerne und viel über ihre Geschichte *bis* 1945 sprechen, reden die Deutschen am liebsten über ihre Geschichte *ab* 1945. Auch das kann den Dialog erschweren.

Doch Polen wäre nicht Polen, wenn es nicht möglich wäre, auch das ernsteste Thema noch irgendwie ironisch zu behandeln. Als Beweis möge die folgende kleine Geschichte dienen. Sie spielt leider schon wieder in einem Taxi, aber ich kann's nicht ändern, Warschau ist nun mal eine Taxistadt.

Bösewicht aller Reko-Gruppen

Eines Abends war ich mal wieder von Berlin nach Warschau gekommen und stieg in eins der vor dem Bahnhof wartenden Taxis. Der Fahrer war höflich und nahm mir meinen Koffer ab. Altersmäßig schätzte ich ihn auf maximal dreißig Jahre. Wir fuhren los, und als ich ein paar Worte sagte, erkannte er mich an Stimme und Akzent als ehemaligen Schauspieler, wusste aber nicht genau, welche TV-Serie es gewesen sein könnte, es gebe ja so viele. Eines wisse er aber noch sehr genau: Ich hätte einen Pechvogel gespielt, der ständig Ärger mit seinen Ehefrauen hatte. »Darf man fragen, wie viele Frauen Sie eigentlich hatten?«

»Drei.«

»Das hört sich ja nach einer Tragödie an«, sagte er grinsend. »Und wann kehren Sie in die Serie zurück?«

Auf diese Frage war ich vorbereitet, denn sie wird mir bis heute ziemlich häufig gestellt. »Heißt das, Sie wünschen mir eine vierte Ehefrau?«

Der Fahrer sagte mit unbewegter Miene: »Ich habe schon viele Passagiere befördert, die Ihnen auf diesem Gebiet weit voraus waren.«

Ich wechselte das Thema und fragte ihn, wie sein Geschäft laufe. Er schüttelte routiniert den Kopf: »Stara bieda – das alte Elend!« Dabei grinste er seltsam vor sich hin. Vielleicht freute er sich ja daran, einen deutschen Pechvogel durch die Gegend zu fahren. Plötzlich kam ihm eine Idee. Er fragte mich: »Haben Sie schon mal von den Rekonstruktionsgruppen gehört?«

»Nein.«

Nun erzählte er mir, dass er ein ganz besonderes Hobby habe. Es gebe in Warschau seit einigen Jahren viele Laiengruppen, die bedeutende Ereignisse der polnischen Geschichte nachstellten (neuerdings auch »Reenactment« genannt). Er selbst wirke in der Gruppe »Warschauer Aufstand« mit, die sich einmal pro Woche treffe und beim nächsten Jahrestag am 1. August einen großen Auftritt auf dem Plac Bankowy haben werde. Man erwarte mehrere Tausend Zuschauer.

»Wie darf man sich das denn vorstellen?«, fragte ich.

»Na ja, wir machen zuerst eine Truppenparade, danach spielen wir eine Kampfszene zwischen der Heimatarmee und deutschen Soldaten nach, die tatsächlich so stattgefunden hat. Über hundert Leute werden mitwirken, wir haben originale Uniformen und Karabiner, übrigens auch einen kleinen Panzer. Das Problem besteht aber leider darin, dass alle unsere Mitglieder lieber Polen als Deutsche spielen wollen. Wie wäre es, Sie würden auch mitmachen?«

»Ich will aber auch einen Polen spielen.«

Er lachte. »Tut mir leid. Sie müssten natürlich einen Deutschen spielen.«

»Was müsste ich denn machen?«

»Die Polen werden den deutschen Panzer angreifen. Auf diese Weise brauchen wir nicht so viele Deutsche. Die sitzen ja alle verdeckt im Panzer.«

»Ich wäre quasi der einzige Deutsche?«

»Genau, Sie könnten oben aus der Luke rausschauen. Wir geben Ihnen eine schöne deutsche Uniform, völlig original, elegante Sache.«

»Muss ich auch schießen oder kämpfen?«

»Sie müssen eigentlich gar nichts machen. Wir werden angreifen, den Panzer kurz in Brand setzen, und nach zwei Minuten springen Sie raus und ergeben sich. Dabei müssen Sie dann ein bisschen auf Deutsch schreien, damit es authentisch wirkt.«

»Nach zwei Minuten? Klingt gefährlich.«

»Keine Sorge, wir löschen den Brand sofort. Wir brauchen den Panzer doch nächstes Jahr wieder.«

»Aber es müssten eigentlich noch mehr Deutsche aus dem Panzer rauskommen, sonst ist die Sache unglaubwürdig.«

»Na ja, vielleicht können wir Ihnen ja noch ein paar Mann in deutschen Uniformen mitgeben.«

»Aber ich denke, niemand möchte einen Deutschen spielen?«

»Von unseren Leuten nicht. Aber wir kriegen problemlos Leute aus einer anderen Rekonstruktionsgruppe, die mit uns befreundet ist. Denen ist nicht so wichtig, auf welcher Seite sie mitmachen, weil sie ja nur Aushilfen sind.«

»Was wäre das denn für eine Gruppe?«

»Das Wunder an der Weichsel 1920. Die helfen uns manchmal aus, und wir ihnen auch.«

»Ihr helft euch wechselseitig?«

»Jesus Maria, das ist vielleicht nicht historisch korrekt, aber es gab doch 1944 vermutlich Aufständische, die noch irgendwelche alten Gewehre von 1920 verwendet haben.«

»Was gibt es denn sonst noch für Rekonstruktionsgruppen?«

»Also, es gibt die Leute von der Befreiung Wiens 1683, die mit denen von der Schlacht bei Grunwald 1410 die Pferde austauschen. Weiter gibt es die Leute von der Ausrufung des

Kriegsrechts 1981, die eng mit der Niederschlagung des antikommunistischen Streiks in Radom 1976 zusammenarbeiten, weil sie dieselben Milizfahrzeuge benutzen. Und dann gibt es noch die Schlacht bei Racławice 1794, aber das sind Eigenbrötler, mit denen niemand was zu tun haben will. Die ziehen sich wie Bauern an und kämpfen nur mit Mistgabeln und Sicheln. Das finden die meisten von uns zu primitiv.«

Ich überlegte mir die Sache, und wir fuhren eine Weile, ohne zu sprechen. Plötzlich hatte mein Fahrer die nächste Idee und schaute wieder in den Rückspiegel.

»Wissen Sie was? Eigentlich könnten Sie doch in sämtlichen Rekonstruktionsgruppen mitspielen. Sie würden immer die Gegenseite übernehmen, 1944 einen Nazi, 1920 einen Bolschewisten, 1794 einen zaristischen Soldaten, 1683 einen Türken und 1410 einen deutschen Ordensritter. Das wäre doch eine gute Gelegenheit, um Ihr Image aufzupolieren! Schluss mit dem Pechvogel, Sie werden der schwarze Charakter der Rekonstruktionsgruppen!« (Tatsächlich benutzte er im Polnischen das Wort »Szwarccharakter«, das mal wieder ein deutsches Lehnwort ist.)

»Hm, ich weiß nicht recht. Der Türke wird am schwersten.«

»Keine Sorge, die Wien-Gruppe hat eine perfekte Maskenbildnerin, übrigens eine Cousine von mir, die klebt Ihnen einen tollen Schnurrbart an! Und jetzt verrate ich Ihnen noch ein Geheimnis. Wir planen gerade die Gründung einer neuen Gruppe: ›Smolensk 2010‹. Wenn alles gut geht, werde ich den Präsidenten spielen! Da könnten Sie auch noch mitmachen.«

»Und welche Rolle haben Sie für mich vorgesehen? Den Piloten?«

»Nein, Sie sind natürlich Wladimir Putin, stehen unten auf dem Rollfeld und drehen an dem Nebelwerfer, mit dem die Russen den künstlichen Nebel gemacht haben!«

Das war makaber. Ich guckte ihn erschrocken an – gehörte er etwa auch zu den wild gewordenen Verschwörungstheoretikern, die seit dem Flugzeugunglück von 2010 die haarsträubendsten Theorien in die Welt setzen? Doch er lachte herzlich, gab mir seine Visitenkarte, und wir verabschiedeten uns. Bislang habe ich ihn aber noch nicht angerufen. Sämtliche Bösewichter der polnischen Geschichte zu spielen – nein, das übersteigt meine schauspielerischen Fähigkeiten. Ich bleibe lieber im Gedächtnis als drei Mal verheirateter Kartoffelbauer.

Auch eine Form der Rekonstruktion: Meta-Denkmal für den Kniefall Willy Brandts 1970, errichtet 2000

20 MUSEEN

Das Nationalmuseum

Warschau hat fast neunzig Museen. Das Nationalmuseum am Rondo de Gaulle ist das größte von allen. Leider wirkt das Gebäude von außen eher wie eine große Kaserne, die aus vier unschönen, fensterlosen Klötzen besteht. Die als »Modernismus« bezeichnete Architektur erinnert mit ihren großen Quadern verblüffend an den Nazi-Baustil, etwa an das ehemalige Reichsluftfahrtministerium in Berlin. In Warschau habe ich erst begriffen, dass dieser Stil keineswegs spezifisch für das faschistische Deutschland oder Italien war, sondern in den Zwanziger- und Dreißigerjahren auch in nichtfaschistischen Ländern dominierte (wobei Piłsudskis autoritäres Regime durchaus ›faschisierende‹ Tendenzen hatte). Das Museum wurde von 1928 bis 1937 nach einem Entwurf des Architekten Tadeusz Tolwiński erbaut. Von ihm stammte schon 1916 die revolutionäre Idee, die gesamte Warschauer Innenstadt für die Eisenbahn zu untertunneln. Er war also gewissermaßen der Verantwortliche für meinen Schock bei der Einfahrt in den unterirdischen Centralna-Bahnhof. Während der Nazi-Besatzung saß Tolwiński im berüchtigten Pawiak-Gefängnis ein. Es liegt eine gewisse Ironie darin, dass ein Nazi-Opfer ein Gebäude entworfen hat, dessen Stil heute mit den Nazis assoziiert wird.

Im östlichsten der vier Gebäudeflügel befindet sich seit 1933 das polnische Militärmuseum, mit den üblichen Flugzeugen, Panzern und Kanonen. Die restlichen drei Flügel gehören zum Nationalmuseum. Zu sehen ist hier ein repräsentativer Querschnitt durch die polnische Malerei vom Mittelalter bis in die

Gegenwart, aber auch nichtpolnische Malerei. Weiterhin gibt es einen Raum mit altägyptischen Mumien und Figuren sowie einzigartige sudanesische Kunst. So wie jedes Warschauer Museum hat auch das Nationalmuseum einen Tag, an dem der Eintritt frei ist, nämlich dienstags zwischen 10 und 18 Uhr.

Im Inneren bietet das Museum eine Zeitreise in die jüngere sozialistische Vergangenheit. Die Ausstellungssäle sind zwar in letzter Zeit ein wenig aufgefrischt worden, aber der Holzmosaikboden knarrt noch immer so wie in den Sechzigerjahren. Sehr angenehm finde ich, dass auch die traditionellen polnischen Geschlechtersymbole Dreieck und Kreis an den Toilettentüren hängen. Es sind polenexklusive Symbole, die schon Ende der Zwanzigerjahre von einem Posener Fahrradhändler namens Otto Mix erfunden wurden. Für manchen Touristen in Polen stellen sie die größte Verwirrung der gesamten Reise dar. Unzählige Leute sind schon in die falsche Tür gerannt. Das Dreieck bezeichnet die Herrentoilette, der Kreis die Damentoilette. Eine salonfähige Eselsbrücke dafür ist mir bis heute nicht eingefallen.

In dem internationalen Bestseller von Stephen Farthing, »1001 Gemälde, die Sie sehen sollten, bevor das Leben vorbei ist«, sind gleich mehrere polnische Maler vertreten. Die prominenteste Vertreterin ist sicherlich Tamara de Lempicka (1902–1982), deren Gemälde zu stilbildenden Ikonen der Moderne wurden. Eins davon, im kühlen Art-Déco-Stil, schmückt sogar das Titelbild des voluminösen amerikanischen Bildbandes. Was in Warschau niemand so recht zu würdigen weiß: Lempicka ist hier aufgewachsen! Vermutlich wird es noch einige Jahrzehnte dauern, bis sich die Stadt ihrer großen, verruchten Tochter erinnert.

Von den polnischen Bildern, die Farthing empfiehlt, hängt hier nur »Die Angelegenheit vor dem Vogt« von Józef Chełmoński. In einem verschneiten Dorf spricht ein berittener Vogt zu einer Menschenmenge.

Mein persönlicher Favorit im Nationalmuseum stammt ebenfalls von Chełmoński. »Babie lato« (Altweibersommer) von 1875 zeigt ein blondes Mädchen, vielleicht eine Hirtin oder Bäuerin, die tagträumend auf einer Wiese liegt, von einem hellblau flimmernden Himmel überwölbt. Im Hintergrund bewacht ein Hund die Kühe, aber das Mädchen kümmert sich nicht um die Tiere, sondern greift nur traumverloren nach feinen Spinnfäden in der Luft – der zeitgemäße Titel dafür könnte heute »Entschleunigung« lauten.

Ein eigener Saal ist für das berühmteste Bild des Museums reserviert, und mit seinen fast zehn Metern Breite und vier Metern Höhe füllt es diesen Saal auch spielend aus. Die monumentale »Schlacht bei Grunwald« von Jan Matejko, einem Nationalhelden des 19. Jahrhunderts, zeigt einen prallen Figurenreigen aus der Schlacht von 1410, die in Deutschland unter dem Namen »Schlacht bei Tannenberg« bekannt ist. Der polnische König Władysław Jagiełło besiegte hier den Deutschen Orden, der seit mehreren Jahrhunderten in Ostpreußen ansässig war. Matejko durfte voraussetzen, dass sein Publikum die verborgene Botschaft des Bildes verstand: Die Ordensritter wurden mit den Deutschen des Kaiserreichs gleichgesetzt, und der besiegte deutsche Großmeister war in Wahrheit Kanzler Otto von Bismarck, der hier die Quittung für seine polenfeindliche Politik präsentiert bekam.

Wer vom Bildergucken etwas müde geworden ist, kann einen Small Talk mit dem Aufsichtspersonal anknüpfen, Frauen ganz unterschiedlichen Alters, die in ihren dunkelblauen Kostümen und spitzen weißen Blusenkragen wie strenge Gouvernanten aus einem stalinistischen Mädchenpensionat aussehen. Doch wie immer in Polen – das ernste Aussehen täuscht. Man lässt sich hier durch eine Uniform nicht verformen, sondern bleibt Privatmensch. Auskünfte werden manchmal sehr unprofessionell, nämlich sehr mürrisch erteilt, manchmal aber auch außergewöhnlich herzlich, eben so, wie es die eigene Stimmung gerade vorgibt. Die Damen haben auch eine sehr soziale Ader. Oft stehen sie an den Verbindungstüren ihrer Säle in Zweier- und Dreiergruppen beisammen, um ein Pläuschchen zu halten. Wenn man sie nach der Statue eines ägyptischen Amonpriesters fragt, antworten sie gut altsozialistisch nicht etwa »550 vor Christus«, sondern stets »550 vor unserer Ära«. Wenn ich in Deutschland manchmal die Phrase vom »katholischen Polen« höre, denke ich immer an die Damen des Warschauer Nationalmuseums, die sich beharrlich weigern, das Wort »Christus« in den Mund zu nehmen.

Die Geselligkeit der netten Warschauer Museumswärterinnen wurde allerdings noch bei Weitem überboten von den usbekischen Wärterinnen, die ich im alten Nationalmuseum von Samarkand kennengelernt habe. Diese Damen, in ähnlichen sozialistischen Blusen, saßen zu sechst an einem langen Tisch mitten im Museum, schälten Tomaten und Gurken und luden mich, den einzigen Gast, umstandslos zu ihrem frugalen Mahl dazu. Kurz danach wurde das Museum abgerissen.

Das Wissenschaftsmuseum Kopernikus

Das »Centrum Kopernika« ist ein Wissenschaftsmuseum mit einer großen, exzellenten Kinderabteilung. Es realisiert den Traum eines jeden engagierten Physiklehrers: spektakuläre Experimente für Leute ohne Vorkenntnisse zum Anfassen und Mitmachen. Das Museum befindet sich direkt an der Weichsel und ist seit seiner Eröffnung 2010 zu einem der beliebtesten Ausflugsziele der Warschauer bei schlechtem Wetter geworden. Alles hier ist farbig und interaktiv. Man kann stundenlang von einem verblüffenden Experiment zum nächsten gehen, die Kinder sind schon vorausgestürzt; wippen, hämmern, klicken oder schaukeln. Sehr beliebt ist der Erdbebensimulator. Auf einer beweglichen Plattform kann man ein Beben der Stärke 5,5 auf der Richterskala erleben. Außerdem gibt es ein Fakirbett, einen Mondschwerkraftsimulator, einen Verseschmiedautomaten, einen Minitornado im Glaskasten, eine Pumpmaschine, die riesige Luftblasen erzeugt, einen kosmischen Mülleimer, einen Archäologiesandkasten und vieles mehr. Im »BZZZ!« schließlich, dem Plantsch- und Kletterbereich für Vorschulkinder, kann man versuchen, einen Ball mittels Wasserspritze auf einer steilen Schiene nach oben zu schießen. Ob man den Ball weiter unten, in der Mitte oder im oberen Bereich trifft, ist egal, er fällt spätestens auf halber Höhe der Schiene wieder herunter. Warum das so ist? Wird auf einer Infotafel in Polnisch und Englisch erklärt. Aber ich habe in diesem Museum nicht viele Leute gesehen, die Zeit zum Lesen hatten.

Geheimtipp Planetarium

Im hinteren Gebäudeteil befindet sich ein Planetarium. Unter der Woche finden hier die üblichen Sternenshows statt. Jeden Freitagabend um 19 Uhr gibt es ein außergewöhnliches Event mit klassischer Musik, live dargeboten auf einem elektrischen Flügel. Dann spielt eine junge Pianistin romantische Stücke von Chopin, Schumann und Brahms, dazu kann man träumend den Sessel nach hinten umklappen, bis man quasi liegt, und mit dem Auge in die Milchstraße eintauchen. Nach jedem Musikstück leuchtet irgendwo zwischen Kassiopeia und Andromeda der Name des nächsten Komponisten und der Titel seines Stückes auf. Um 20.30 Uhr wird das Spektakel wiederholt, diesmal mit Jazzmusik, wiederum live dargeboten, diesmal von einer kleinen Combo. Das Publikum ist dann ein ganz anderes, das Universum aber noch dasselbe.

21 JAZZ UND KLEINKUNST

Der Tygmont-Klub

Polnischer Jazz genoss in sozialistischen Zeiten einen exzellenten Ruf, im Ausland, aber vor allem in Polen selbst. Auch wer keinen blassen Schimmer von gebrochenen Quartseptakkorden hatte, setzte sich abends in den qualmenden Posener Klub »Blue Note«, ins Krakauer »Pod Baranami« oder ins Warschauer »Aquarium«, direkt neben dem Kulturpalast. Jazz war subversiv, war Opposition – ohne dass man dafür mehrjährige Haft riskieren musste. Weltbekannt wurde zum Beispiel der Pianist und Filmkomponist Krzysztof Komeda, der für Roman Polański einige Soundtracks schuf. Und natürlich gab es auch das Schmuse-Duo Marek und Vacek, das es an zwei weißen Flügeln bis in viele bundesdeutsche Plattenschränke schaffte. Vacek, gebürtiger Warschauer und Sohn eines in Polen viel bekannteren klassischen Komponisten und Satirikers namens Stefan Kisielewski, starb 1986 bei einem Autounfall. Sein einstiger Partner Marek Tomaszewski macht bis heute hervorragende Soloalben.

Alljährlich gibt es in Warschau zwei Musikfestivals mit Weltgeltung: den »Warschauer Herbst« für zeitgenössische Avantgardemusik in der Nationalphilharmonie und das ebenfalls im Herbst stattfindende Jazzfestival »Jazz Jamboree« im Kongresssaal. Miles Davis war zweimal da, 1983 und 1988, also noch im Kommunismus. Zehn Jahre nach seinem Tod, 2001, wurde ihm von polnischen Enthusiasten sein bislang einziges Denkmal weltweit errichtet, und zwar vor dem Kulturzentrum von Kielce, südlich von Warschau. Miles trägt seine obligatorische Sonnenbrille, einen wehenden Mantel und trompetet ekstatisch.

Der Systemwechsel von 1989 war für den polnischen Jazz nicht unbedingt ein glückliches Ereignis. Ähnlich wie die katholische Kirche verlor er sein oppositionelles Stigma, westlicher Pop überflutete die polnische Musikszene, viele Klubs mussten schließen. Doch ein paar Namen haben die Popstürme überstanden, etwa die Sängerin Urszula Dudziak, die bereits mit Bobby McFerrin zusammen aufgetreten ist. Der bekannteste Jazzmusiker Polens ist heute der aus Südpolen stammende Trompeter Tomasz Stańko, Jahrgang 1943. Sein Konterfei, meist mit Hut, hängt in jedem Jazzklub zwischen Tokio und Siegen, er hat sich den Status einer lebenden Legende erspielt.

Ende der Neunziger wurde der Warschauer Klub »Aquarium« geschlossen. Die Jazzszene zog um in den Klub »Tygmont« an der ul. Mazowiecka. Besitzer war und ist Marek Karewicz, ein bekannter Jazzfotograf. Erneut gaben sich die Stars die Klinke in die Hand. Von einem amerikanischen Branchenmagazin wurde der »Tygmont« damals sogar in den Kreis der hundert besten Jazz-Locations der Welt gewählt. An jedem Montag trat die hauseigene Big Band von Zbigniew Namysłowski auf, 23 exzellente Musiker, die vertrackte Arrangements von Meister Namysłowski himself spielten.

Der ernste Piotrek

Und jetzt eine Geschichte, die in den großen Jazzannalen nicht zu finden ist, weil sie im Kleinstkunstmilieu spielt. Eines Tages bekam Tygmont-Besitzer Marek Karewicz Besuch von einem frischgebackenen Absolventen der polonistischen Fakultät (die in Polen ähnliche Existenzen hervorbringt wie die Germanistik in Deutschland). Er hatte einen Bürstenhaarschnitt, trug eine große rote Brille und nannte sich einfach »Piotrek«. In seiner sanften, verbindlichen Art bot er Karewicz an, den bislang brachliegenden Sonntagnachmittag kleinkünstlerisch zu bewirtschaften. Piotrek sah gut aus, trug immer Fliege und war tatsächlich ein begabter Kulturanimateur, der das Talent hatte, die unterschiedlichsten Leute friedlich zusammenzubringen. Wenn manche dieser Leute ihm später vorwarfen, dass er den ganzen Zirkus nur veranstaltet habe, um seine eigenen Vierzeiler zu deklamieren (was er immer mit einem nachdenklichen Verhauchen des letzten Verses tat), war das nur gehässige Nachrede. Karewicz willigte ein, und Piotrek veranstaltete nun einen Winter lang sonntags zwischen sechzehn und neunzehn Uhr seine Kleinkunstsessions. Auf der Bühne wechselten sich Kabarettisten und Singer-Songwriter ab, leider vor einem nicht sehr zahlreichen Publikum.

Woher ich das alles weiß? Auch ich bemühte mich darum, bei Piotrek auftreten zu dürfen. Nach zaghaften Anfängen in Krakauer Klubs wollte ich die Hauptstadt erobern. Das erwies sich aber als gar nicht so leicht, denn erstaunlicherweise gab es in Warschau keine Comedy-Bühne für Anfänger, die Kabarettszene war äußerst schwach auf der Brust. Eine Bewerbung beim renommierten Harenda-Klub von Radio-Legende Artur Andrus kam nicht infrage, dazu fühlte ich mich noch nicht sattelfest. Und so bat ich Piotrek um eine Auftrittsmöglichkeit. Er nickte ernst, wollte aber nicht die Katze im Sack kaufen und lud mich deshalb zu einem hochoffiziellen »Vorsprechtermin« ein. Auf der notdürftig erleuchteten Kellerbühne des »Tygmont« musste ich vor komplett leeren Reihen einen zehnminütigen Monolog abspulen, während Piotrek, natürlich in seiner roten Riesenfliege, mit verschränkten Armen vor der Bühne stand und kein einziges Mal lachte. Am Ende umarmte er mich so innig, als sei gerade meine Oma gestorben. Ich dachte bereits, dass er mir alles Gute für meinen weiteren Lebensweg wünschen wollte, aber nein – ich war akzeptiert. Allmählich merkte ich, dass Piotrek eigentlich kein Interesse an Kabarett hatte, denn er liebte am meisten die höhere Kunst, speziell die lyrische. Vielleicht hatte er ja auch einfach keinen Humor – doch wäre das in Polen eine solche Seltenheit, dass ich die Vermutung gleich wieder verwerfen muss.

Von nun an durfte ich alle zwei Wochen im »Tygmont« auftreten. Das war keine ganz einfache Aufgabe, denn Piotrek lud bevorzugt todmelancholische Gitarristinnen ein, die irgendwo auf einem Bauernhof außerhalb der Stadt wohnten, ungeheuer produktiv waren und einmal pro Monat mit zehn neuen Selbstmördersongs anrückten, einer trauriger als der andere. Wenn nach so einem halbstündigen Recital mein Auftritt kam, musste ich die Stimmung der maximal dreißig Zuschauer erst einmal mühsam von den Bahngleisen abkratzen. Es war eine harte Schule.

Immerhin verschafften mir die regelmäßigen Auftritte das nötige Selbstvertrauen, um mich eines Tages doch noch bei dem berühmten Radiomann Artur Andrus vorzustellen. Er erteilte mir belustigt und ohne jegliches Vorsprechen die Erlaubnis, auf seiner Harenda-Bühne aufzutreten, denn ein Deutscher, der Polnisch sprach, war für ihn schon komisch genug. Nun musste ich nur noch Piotrek die Nachricht mitteilen, dass ich im »Tygmont« Schluss machen wollte. Er hörte ruhig zu und äußerte dann vollstes, innigstes Verständnis. Ich glaube, er küsste mich zum Abschied sogar direkt auf den Mund. Seine poetischen Sonntagnachmittage trudelten ohnehin bald dem Ende zu, ebenso wie das Kerngeschäft des »Tygmont«, der Jazz. Das Stammpublikum kam in die Jahre, der Nachwuchs blieb aus. Zwar existiert der »Tygmont« bis heute, doch Jazz gibt es hier nur noch selten, etwa bei der Jamsession am Sonntagabend. Ansonsten setzt man verstärkt auf Latino- oder Afro-Discos. Ich habe keine Ahnung, wie es Piotrek weiter erging.

22 WARSCHAU FÜR GRALSSUCHER

Vier Touristentypen

Im Laufe der Jahre habe ich allerlei Touristen durch Warschau geführt und dabei verschiedene Typen kennengelernt. Der erste, häufigste Typ interessiert sich hauptsächlich für das moderne Warschau und allenfalls für die Highlights der Vergangenheit. Er fährt auf den Kulturpalast hoch, schaut sich das Ghettodenkmal an, spaziert durch Łazienki-Park und Altstadt, freut sich aber am meisten, wenn wir am Ende eine Einkaufsmall besuchen, um nach günstigen Schnäppchen zu suchen. Ich empfehle immer die »Arkadia«-Mall in der Nähe des jüdischen Friedhofs. Sie zählt zu den größten Malls in Europa. Als beste, edelste Mall gilt allerdings die »Galeria Mokotów« in Süd-Warschau.

Der zweithäufigste Typ ist der Bildungstourist, der einige konkrete Jahreszahlen von mir wissen möchte. Aber bitte nicht allzu viele! Denn dieser Typ hält es nicht lange aus, belehrt zu werden. Mit zunehmender Dauer der Führung geht er dazu über, den Spieß umzudrehen und mich zu belehren. Ich kann dann viel über norddeutsche Deiche oder Weinanbau an der Mosel erfahren. Der Bildungstyp hört auch nicht gerne Dinge, die sich ausschließlich um Polen drehen. Denn dann hat er, mangels Vorwissen, keinen Anknüpfungspunkt. Alles sollte einen Bezug zu Deutschland haben.

Der dritte Typ ist sehr pflegeleicht und nimmt mich kaum in Anspruch. Er will nur wissen, wo man eine Tageskarte bekommt, und fährt dann mit dem Bus auf eigene Faust in die

Stadt. Abends erfahre ich so manche Dinge, die ich noch nicht wusste, zum Beispiel, dass auf dem Denkmalstein für die Aktion am Arsenal eine kleine Lilie eingraviert ist, das Symbol der Pfadfinder weltweit – nein, das wusste ich wirklich nicht.

Der vierte Typ liebt keine offiziellen Sehenswürdigkeiten, sondern nur das Geheime und Abseitige, ich nenne ihn den »Gralssucher«. Für den Gralssucher sind die bekannten Sehenswürdigkeiten uninteressant, denn man kann sie ja sowieso alle im Internet finden. Ich muss mich gewaltig ins Zeug legen und ihn an Orte führen, die nicht zum Mainstream gehören. Nach vielen Schlappen habe ich heute eine kleine, feine Route ausgetüfelt, auf der ich die Gralssucher durch Warschau führe – die »Route der verborgenen Klöster«.

Geheime Sportplätze und Klöster

Wie bereits mehrfach warnend erwähnt, sieht Warschau von der Aussichtsplattform des Kulturpalastes nicht gerade geheimnisvoll und verwunschen aus. Was kann sich schon hinter kommunistischen Plattenbauten groß verstecken? Und doch gibt es verborgene Winkel, die ich erst nach Jahren entdeckt habe. Wer nur die normalen Straßen entlanggeht, sieht höchstens fünfzig Prozent der Wahrheit. Gerade die sozialistischen Repräsentativbauten haben nämlich Innenhöfe, deren Dimensionen man nicht für möglich halten würde. Im Unterschied etwa zu Rom, wo durch die Bodenspekulation nach dem Krieg jeder Meter zugebaut wurde, konnten die Kommunisten großzügig mit Raum wirtschaften. Dabei stößt man auf zwei Überraschungen: entweder auf Sportplätze oder auf Klöster. Es ist immer wieder erstaunlich, wenn man durch einen engen Gang zwischen zwei Häusern hindurchgeht (etwa an der ul. Świętokrzyska) und nicht in einem dunklen Hinterhof landet, sondern auf einem riesigen, modernen Sportplatz herauskommt. Solche Überraschungen sind für den Gralssucher geradezu mystische Erfahrungen.

Nach dem Krieg wurden auch viele Klöster wieder aufgebaut. Das war für eine stalinistische Administration nicht selbstverständlich. Zu besichtigen sind sie zumeist nicht, aber als verborgene Idyllen zum Fotografieren eignen sie sich allemal. Neben dem erwähnten Kloster der Benedikterinnen in der Neustadt (mit den schönen Tujabäumen) hier noch drei weitere:

Mitten im Zentrum, an der Krakauer-Vorstadt-Straße 34, direkt neben dem Hotel Bristol, gibt es das Frauenkloster der Visitantinnen. Es ist das älteste Klostergebäude des Salesianerinnenordens in Polen und wird seit rund 350 Jahren als kontemplatives Frauenkloster betrieben.

Einige Hundert Meter weiter, an der ul. Miodowa 13, befindet sich ein Kapuzinerkloster. Hier, neben dem Palast des Apostolischen Nuntius, erstreckt sich ein langes gelbes Barockgebäude. Die Fenster der Mönche gehen auf die Schnellstraße hinaus, die in einem Tunnel unter der Altstadt hindurchführt. Jeden Mittag um zwölf Uhr wird eine Essensausgabe für Obdachlose veranstaltet. Man sieht die Bedürftigen schon lange vorher in einer langen Schlange warten.

Das dritte Kloster hat den schönsten aller Warschauer Gärten. Um ihn zumindest über die Mauer hinweg zu erspähen, sollte man die ul. Tamka hinuntergehen. Etwa fünfzig Meter unterhalb des Chopin-Museums gibt es eine kleine, namenlose Stichstraße, die zu einem Klostertor führt. Man würde es nicht vermuten, aber hier befindet sich ein Ableger des größten Frauenordens der Welt, der Vinzentinerinnen, mit über 20 000 Schwestern in fast hundert Ländern. Offiziell heißen sie »Genossenschaft der Töchter der christlichen Liebe vom Heiligen Vinzenz von Paul«. Wer danach zurück in die Tamka und bis hinunter an die Kreuzung geht und nach rechts in die ul. Kruczkowskiego einbiegt, kann von hier aus die am Hang gelegenen Gärten des Klosters bestaunen, mit Obstbäumen, Gemüsebeeten und Wandelgängen. Die Anlage ist stets menschenleer, ich hielt sie deswegen lange Zeit für den Garten des Präsidentenpalastes. »Wenn man mich fragen würde, ob es einen Ort in Warschau gibt, den ich liebend gerne kennenlernen möchte, würde ich diesen Klostergarten nennen«, schließe ich meine Führungen für die Gralssucher. Eine Bekannte schrieb mir vor Kurzem, dass eine Besichtigung gar nicht schwierig sei, man müsse nur an der Klosterpforte freundlich um Erlaubnis fragen. Doch das tue ich nicht; denn was bleibt mir, wenn alle Warschauer Träume erfüllt sind?

Das 1989 errichtete Denkmal für den
Warschauer Aufstand am Pl. Krasińskich

23 CÄSAR UND KLEOPATRA

Zufällige Reiselektüre

Zur Abwechslung möchte ich einmal eine Bewohnerin der Hauptstadt vorstellen, die garantiert nicht typisch für die Metropole der Polen ist. Wenn sie überhaupt etwas repräsentiert, dann höchstens die Gruppe der verschrobenen Individualisten, die sich in die Anonymität der Millionenstädte flüchten. Wer jetzt vorschnell ausruft: »Dazu gehöre ich doch auch!«, sollte erst die Geschichte lesen und dann noch einmal entscheiden.

Nach einem Auftritt in Poznań fuhr ich mit dem Zug nach Warschau zurück. Ich las eine dicke Biografie über Julius Cäsar, ein altes Buch, das seit Jahren unangetastet in meinem Regal verstaubte. Ich packe mir solche Brocken gerne für die Reise ein, weil ich sie dann aus reiner Langeweile anfange zu lesen.

Als der Zug in Konin hielt, noch zwei Stunden von Warschau entfernt, stieg eine etwa vierzigjährige Frau zu, matt gepudert und mit akuratem schwarzen Pagenkopf. Sie ging die Abteile entlang, streifte mich kurz mit dem Blick, ging weiter, kehrte jedoch um und schob meine Abteiltür auf. »Można – darf man?«, fragte sie. »Proszę bardzo – bitte sehr«, sagte ich höflich, las weiter, beobachtete sie aber aus dem Augenwinkel. Sie wirkte äußerst elegant und abweisend, eine Konversation war hier nicht zu erwarten. Falsch gedacht! Schon nach wenigen Minuten begann sie ein Gespräch, ein bisschen gehetzt, so als hätte sie keine Zeit zu verlieren. Sie sagte, sie komme gerade aus Licheń, dem Ort des Marienwunders, von dem nach einer

Prophezeiung eines Tages die Neuordnung Europas ausgehen würde. Ob ich schon dort gewesen sei?

»Ja, ich war mal dort«, sagte ich kurz und las weiter in meinem Cäsar-Schmöker.

»Ach, sieh an!«, sagte sie. »Sind Sie etwa auch dort gewesen, weil sie von der Prophezeiung erfahren haben?«

»Nein.« Meine Güte, sie war ja gar nicht zu bremsen. Woher diese Redseligkeit? Kannte sie mich aus dem Fernsehen? Wohl kaum, denn das sagen die Leute meist schon im ersten Satz. Außerdem wirkte sie eher wie eine etwas weltfremde Literaturdozentin.

Nun stellte sie sich als Übersetzerin aus dem Englischen vor, schob allerdings sofort hinterher, dass sie noch nie in England oder Amerika gewesen sei, denn diese Länder interessierten sie nicht. Sie betreibe die Sprache nur zum Broterwerb.

Als sie mich fragte, was ich beruflich so machte, sagte ich vorsichtig, dass ich als Schauspieler einer Fernsehserie gearbeitet hätte, woraufhin sie sofort abwinkte. Verzeihung, sie besitze nicht einmal einen Fernseher, auch ins Kino gehe sie nicht. Dieser ganz moderne Quatsch! Na, aber zum Glück sehe sie ja, dass ich kein typischer Schauspieler sei, sondern auch lesen könne. Welches Buch ich denn da gerade lesen würde?

Ich zeigte es ihr. Generell schäme ich mich immer, wenn ich mit Bildungslektüre erwischt werde, spürte hier aber intuitiv, dass Scham nicht angebracht war, im Gegenteil: Mit diesem Buch konnte ich mein Image bei der Dame beträchtlich aufpolieren. Die Frau beugte sich herüber, las den Titel des deutschen Buches: »Cäsar – Biografie« und starrte wie vom Schlag gerührt abwechselnd mich und das Buch an. Sie schien wirklich aufs Äußerste betroffen zu sein. Kannte sie das Buch etwa? Oder lag es daran, dass sie plötzlich zur Einsicht gelangt war, einen Deutschen vor sich zu haben?

Hastig bat sie mich um meine Geburtsdaten. Ich gab ihr zunächst nur mein Geburtsjahr an, aber sie verlangte ungeduldig noch Monat, Tag und Stunde, kramte währenddessen einen Stift aus ihrem Handtäschchen und schrieb mein Geburtsjahr säuberlich in ein Notizbuch.

Ich zögerte und fragte sie, wofür sie die ganzen Angaben benötige, wollte sie etwa mein Horoskop erstellen?

Nein, um Himmels willen! Ihr Hobby sei vielmehr die Numerologie. Aus meinen Geburtsdaten könne sie mir dann meine Zukunft vorhersagen. Und damit ich ihr vertraue, wolle sie mir zunächst etwas von sich selbst erzählen. Sie sei als Tochter eines polnischen Ingenieurs in Libyen geboren und in den Achtzigerjahren mit der Familie nach Polen zurückgekommen. Innerlich habe sie sich aber weiterhin zu Nordafrika hingezogen gefühlt. Lediglich aus Vernunftgründen habe sie das Anglistikstudium begonnen, arbeite jetzt als Übersetzerin, doch die Arbeit mache ihr keinen Spaß, oh, gar keinen! Sie biss sich herb auf die Lippen und sah zum Fenster hinaus. Das erweichte mich so weit, dass ich ihr nun doch meinen genauen Geburtstag angab.

»Und die Geburtsstunde?«, fragte sie.

»Ist das wirklich so wichtig?«

»Ja!« Sie sah mich gespannt an.

»Ich weiß sie nicht.«

»Wirklich nicht?«

»Nein.«

Sie sah mich tief an und sagte, dass sie leider ohne die Zahlen der Geburtsstunde nicht weiterkommen könne. Ob ich bitte so freundlich wäre ...

In diesem Moment klingelte mein Handy. Ich führte ein kurzes Gespräch mit einer Freundin; meine schwarzhaarige Bekannte blickte währenddessen sehr missmutig, ja verärgert aus dem Zugfenster.

Nach Beendigung des Telefonats fragte sie mich wie aus der Pistole geschossen nach den Geburtsdaten meiner Gesprächspartnerin.

Ich gab ihr die gewünschte Auskunft; sie schrieb die Daten unter meine Geburtsdaten, rechnete eine Weile herum und sagte dann triumphierend, sie müsse mir abraten von einem eventuellen Lebensweg mit dieser Frau. Es könne dabei nur eine unglückliche Ehe herauskommen. Diese Person sei herrschsüchtig.

Nun reichte es mir, und ich fragte sie, was sich denn hinter ihrer Numerologie eigentlich verstecke. Sie fixierte mich nachdenklich und sagte, dass sie mithilfe der Zahlen nicht nur in die Zukunft, sondern auch in die Vergangenheit sehen könne. Sie wisse zum Beispiel – und jetzt bitte nicht erschrecken! –, dass sie eine Wiedergeburt Kleopatras sei, der letzten Pharaonin Ägyptens. Und nun dürfe sie mir ja auch gestehen, dass sie mein Zugabteil in Konin nur deshalb betreten habe, weil ich sie auf undefinierbare Weise angezogen hätte. Als sie dann gesehen habe, dass ich ein Buch über Julius Cäsar lese, den Geliebten von Kleopatra und Vater ihres Sohnes Cäsarion, sei alles klar gewesen. Oh, was für ein Schock; sie habe es von Anfang an gespürt!

Ich sah auf die Uhr. Die Reise nach Warschau würde mindestens noch anderthalb Stunden dauern. Mein Buch war etwas langweilig – da blieb eigentlich nur, das Gespräch mit Kleopatra fortzusetzen. Ich fragte sie, welche Anhaltspunkte sie dafür habe, eine Wiedergeburt von Kleopatra zu sein?

»Erstens, ich bin in Nordafrika geboren!«

»Aha, und noch was?«

»Zweitens, ich besitze zu Hause in Warschau zwei Uräusschlangen, die in einem Terrarium in der Küche hausen.«

»Urä…«

»Kobras!«

»Aha, und die halten Sie in einem Körbchen?«

»Nein, in einem Terrarium.«

»Und interessieren Sie sich auch für Filme mit Elizabeth Taylor?«

Diese ironische Frage war ein böser Fauxpas, das bemerkte ich an ihrer Reaktion. Sie sah wieder aus dem Fenster. Dann blickte sie mich unendlich traurig an und sagte, dass sie sich nicht für dumm verkaufen lasse. Sie merke, dass ich ihr keinen Glauben schenke. Sie hasse Liz Taylor und diesen ganzen modernen Hollywoodkram. Das habe doch mit der wahren Kleopatra überhaupt nichts zu tun. Ob ich denn nicht an Seelenwanderung glaube, kein bisschen?

Ich sagte, es falle mir schwer. Ich sei eher nüchtern erzogen worden.

Sie sagte: Sie auch, ach, sie ja auch! Polen sei ein sehr nüchternes Land, das sich als katholisch bezeichne, wo aber in Wahrheit gar nichts heilig sei. Aber es gebe eben im Leben bestimmte Dinge, die man abwerfen müsse. Ob ich denn niemals die Erfahrung gemacht hätte, dass es biografische Wendungen gebe, die man nicht rational erklären kann?

Ich dachte nach. Na gut, es gebe da eine seltsame, eigentlich unerklärliche Wendung in meinem Leben. Nämlich die Emigration hierher nach Polen, in ein Land, mit dem mich keinerlei verwandtschaftlichen Bande verknüpften und von dem mir alle Leute abgeraten hätten, am meisten die Polen selbst.

»Aha«, sagte sie mit drängendem Unterton. »Und was war es, das Sie so sehr nach Polen gezogen hat?«

»Tja, zunächst wohl die reine Abenteuerlust, vor Ort ist dann Interesse an der Mentalität hinzugekommen, an der Sprache, an Warschau.«

»Na schön«, sagte sie, »aber vielleicht steckt ja ein tieferer Grund dahinter. Fühlen Sie sich zum Beispiel hingezogen zu irgendeiner historischen Gestalt oder einer Phase der polnischen Geschichte? Eigentlich jeder Mensch spürt doch eine Wahlverwandtschaft mit irgendeiner vergangenen Epoche. Bei den einen sind es die Zwanzigerjahre, bei anderen die Barockzeit, bei wieder anderen die Kreuzzüge, bei mir selbst halt Cäsar und Kleopatra.«

»Nee«, sagte ich, »bevor ich nach Polen kam, kannte ich eigentlich nur den Tennisspieler Wojtek Fibak, aber den werden Sie wohl auch nicht kennen.«

Sie merkte, dass ich ihr auswich. »Und warum lesen Sie dann das Buch über Cäsar? Das hat doch irgendwas zu sagen.«

Ich seufzte und antwortete, dass ich das Buch wohl nicht fertigkriegen würde, denn es interessiere mich leider nicht.

»Ja, aber warum lesen Sie das Buch gerade heute – wo ich hier im Zug mitfahre?«

»Reiner Zufall.«

»Reiner Zufall – eine Cäsarbiografie? Wie viele Menschen lesen Cäsarbiografien!«

»Na ja, ich hatte in der Schule Latein und finde, dass man in diesen alten Büchern eine versunkene Welt entdecken kann ...«

»Und warum haben Sie gerade eine Schule mit Latein besucht?«

Nun wurde es mir zu bunt, ich brummte »Weil alle meine Freunde da waren« und las ostentativ mein Buch weiter. Sie sah stolz aus dem Fenster und verschränkte dabei die Arme. Als wir im Zentralbahnhof einfuhren und unsere Jacken anzogen, bot sie mir plötzlich an, mich in ihrem Auto nach Hause zu bringen. Ich erwiderte abweisend, dass ich begeisterter Straßenbahnfahrer sei. Sie wollte wissen, wo ich wohne. Ich sagte: im Stadtteil Muranów.

»Ich auch!«

Tatsächlich stellte sich heraus, dass wir nur zwei Straßen voneinander entfernt wohnten. Nun ging sie zur Schlussattacke über und drängte darauf, dass wir uns wiedersehen müssten. Zu diesem Zweck wollte sie meine Telefonnummer haben, aber ich redete mich darauf hinaus, dass wir uns ja vielleicht mal zufällig am Kino Femina über den Weg laufen würden.

»Ja, vielleicht«, sagte sie enttäuscht. Wir verabschiedeten uns, dann ging sie nach oben zum Parkplatz, ich dagegen bog in die Bahnhofsunterwelt ein, Richtung Straßenbahn. Bis heute haben wir uns nicht wiedergesehen. Das alte Kino Femina ist inzwischen leider geschlossen worden, dort kann ich ihr also nicht mehr begegnen. Aber auf der anderen Straßenseite befindet sich meine Stammbäckerei »Galeria Wypieków«. Dort halte ich manchmal Ausschau nach ihr – es gibt hier ausgezeichnete »kajzerki« (Kaiserbrötchen). Vielleicht ist es auch kein Zufall, dass sie mir so gut schmecken, denn immerhin kommt das Wort »Kaiser« ja von Gaius Julius Cäsar!

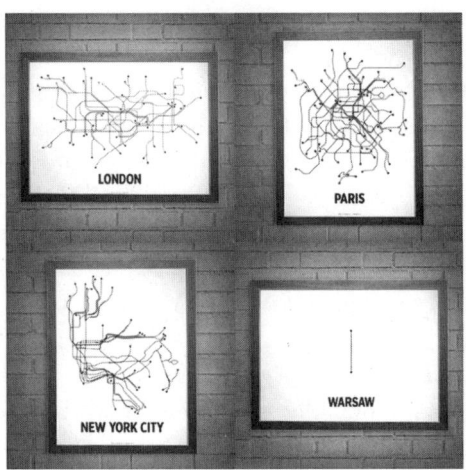

Das Warschauer U-Bahn-Netz
im internationalen Vergleich, Stand 2014

24 ESSEN UND TRINKEN

Sterne-Restaurant »Amaro«

Unter den Hunderten von Restaurants kann ich hier nur eine ganz subjektive Auswahl bieten.

Für Feinschmecker hat Polen bislang nur ein einziges Sterne-Restaurant zu bieten, das »Amaro« in Warschau. Es ist winzig und gehört einem berühmten Fernsehkoch. Wojciech Modest Amaro ist äußerst temperamentvoll, haut in seiner TV-Show gerne mal mit der Faust auf die Scholle oder schickt seine demütigen Kochschüler hinaus zu den Gästen, um sich bei ihnen für den Fraß zu entschuldigen, den sie angerichtet haben. Lammfromm war er, zum Glück, als er das Staatsbankett für US-Präsident Barack Obama anrichten durfte. Anschließend verriet er der Presse, dass das dreigängige Menü nur fünfzig Dollar pro Person gekostet habe.

Ein anderer TV-Koch, Robert Sowa, hatte ebenfalls viel mit Politikern zu tun, doch gehört dieses Kapitel wohl der Vergangenheit an. Einige seiner Kellner installierten geheime Mikrofone im VIP-Room und nahmen auf diese Weise mehrere polnische Spitzenpolitiker bei hochnotpeinlichen Gesprächen auf. Ob Robert Sowa das wusste oder nicht, ist unbekannt. Später spielten die Kellner ihre Aufnahmen einem Wochenmagazin zu, das sie genüsslich veröffentlichte. Der Innen- und der Finanzminister verloren ihre Posten, weil sie über die Frage geplaudert hatten, wie man die Verfassung aushebeln könne. Warschaus Politiker werden mittlerweile nur noch in Kebabbuden am Rand der Stadt gesichtet.

Restaurant »Adler«

Das Restaurant »Adler« hat tatsächlich einen deutschen Namen. Und wer sich zeitlebens geziert hat, kann hier eine überraschend leckere Entdeckung machen: deutsche Küche! Kroate, Italiener, Grieche, Türke, Inder, Chinese – alles das kannte ich schon aus Deutschland, aber im »Adler« habe ich tatsächlich zum ersten Mal im Leben Eisbein und Sauerkraut gegessen. Das Restaurant befindet sich in der ul. Mokotowska, einer der schönsten Warschauer Straßen, in einem niedrigen Rundbau mit Blumenkästen im Fenster. Über der Tür hängt eine Fahne mit den weiß-blauen Bayernrauten, die Kellnerinnen tragen Dirndl, die Kellner krachlederne Hosen und grüne Hütchen mit Feder. Beim zweiten Besuch bestellte ich Leber mit Apfel und Bratkartoffeln, ebenfalls ein Volltreffer. Als die Kellnerin bemerkte, dass ein echter Deutscher da war, der das Essen lobte, freute sie sich und glaubte in aller Unschuld, einen Experten für deutsches Essen vor sich zu haben. Zum Dank für mein Lob bekam ich noch ein kostenloses Weißbier.

Aber Vorsicht vor Imitatoren des »Adler«: In vielen polnischen Städten gibt es mittlerweile die Restaurantkette »Bierhalle«. Die Kellnerinnen laufen hier ebenfalls in Phantasiedirndln herum, aber das Essen ist durchschnittlich. Ich habe zwar nicht sämtliche Filialen getestet – aber mit dem Warschauer »Adler« kann es wohl keine von ihnen aufnehmen.

»Klub Vega«

Wem schon beim Wort »Eisbein« das Gesicht grün anläuft, der ist mit dem vegetarischen »Klub Vega« (al. Jana Pawła II 36 c) gut beraten. Das kleine Haus im Hinterhof der großen Stalinhäuser, das man über einen Parkplatz neben dem ehemaligen Kino Femina erreicht, gehört der Hare-Krishna-Sekte.

Der »Klub Vega« bietet aber auch anderen esoterischen Bewegungen eine Plattform. An der Infotafel im Eingangsbereich hängen Werbezettel für einen Feng-Shui-Workshop und einen Eckankar-Workshop: »Eckankar in Polen sucht geistig Suchende für Hu-Gesang. Es gibt ein Wort, einen Klang, der Himmel und Erde verbindet: Hu.«

Die Bezeichnung »Restaurant« für den »Klub Vega« ist etwas zu hoch gegriffen, eher sollte man von einer besseren Kantine sprechen, aber alles ist sauber, schmackhaft und gemütlich. Häufig gibt es Brokkoli-Kartoffel-Sabji, dazu Köftebällchen, Sojaschnitzel, jede Menge Salate und Mango-Lassi-Drinks. Sehr empfehlenswert sind die Nachspeisen, von der genialen Köchin Małgosia zubereitet, die seit x Jahren die Dessertchefin ist, obwohl sie eigentlich schon längst nach Indien auswandern wollte. Der finanzielle Gewinn des »Klub Vega« kommt bedürftigen Kindern in Warschau zugute, die von Hare Krishna eine kostenlose Mahlzeit erhalten.

Man braucht übrigens absolut keine Angst davor zu haben, dass man beim Essen heimlich bekehrt wird. Ich komme selbst seit vielen Jahren hierher und habe vom netten Personal hinter der Theke noch nie auch nur das Wort »Krishna« vernommen.

Biomarkt unter freiem Himmel

Seit meinem ersten Tag in Warschau höre ich, dass Saska Kępa der schönste Stadtteil ist. Zwanzig Jahre später würde ich sagen: Ja, aber nur auf der östlichen Weichselseite. Auf der westlichen Seite ist eindeutig der nördliche Stadtteil Żoliborz am schönsten. Übrigens darf man sich von diesem Namen nicht in die Irre führen lassen. Das scheinbar urpolnische Wort ist in Wahrheit eine Polonisierung des französischen »jolie bord« (schönes Ufer). Das Viertel wurde relativ wenig zerstört. Mit seinen efeubewachsenen Bauhausvillen am Plac Invalidów und mit der malerischen Ruine der einst berüchtigten russischen »Zitadelle« hat Żoliborz viel vom Flair der Vorkriegszeit bewahrt. Nicht umsonst wohnt der fast neunzigjährige Filmregisseur Andrzej Wajda hier.

2012 kam ein Familienvater, der gerade eine schmerzliche Firmenpleite hinter sich hatte, auf eine ungewöhnliche Idee. Er erfand einen Frühstücksbiomarkt unter freiem Himmel. Die Idee setzte sich durch, und den ganzen Sommer über gibt es jetzt jeden Samstagvormittag an der ul. Wojska Polskiego ein absolutes Must-be. Auf einer großen Wiese sind Dutzende von Ständen mit gesundem Essen aufgebaut, alle von kleinen Betrieben mit biologischer Ausrichtung. Man kann die Ware kaufen und gleich vor Ort verzehren. Seitlich stehen lange Holztische, an denen viele Leute sitzen und Baguettebrote mit Roastbeef oder Rührei mit Schnittlauch schmausen. Andere haben auf der Wiese bunte Decken ausgebreitet, machen ein Familienpicknick, essen Eierkuchen mit Schokocreme, selbst gemachten Hefezopf oder ungarische Gewürzwurst und trinken dazu Lindenlimonade oder frisch gepressten Fruchtsaft. Im Hintergrund spielen Kinder mit Hunden, aus den Lautsprechern erklingt Bossanova-Musik, und mittags gibt es ein kleines Jazz-Konzert. Manche Leute feiern hier sogar ihren Geburtstag oder Namenstag. Im Herbst und Winter zieht der Frühstücksmarkt in das Gebäude einer benachbarten Schule um. Ähnliche Märkte gibt es seit Kurzem auch in anderen Warschauer Stadtteilen wie Wilanów und Wola, der Virus ist sogar schon nach Krakau, Posen, Zoppot und Danzig übergesprungen.

Klubrestaurant »Między Nami«

Was waren das für schöne Zeiten, als es nur ein einziges Szenelokal in Warschau gab! Die Welt war noch übersichtlich. Zum Glück gibt es das Lokal auch heute noch, schon seit zwanzig

Markus und Ewa, die Manager
des Klubs »Między Nami«

Jahren, und es wird noch dazu von einem Deutschen mitgemanagt! Markus aus Hannover ist nicht nur ein zäher Pionier der ersten Stunde, sondern sein Klub ist auch heute noch absolut empfehlenswert. Am meisten bewundere ich ihn und seine Kollegin Ewa dafür, wie sie den minimalistischen Stil von Interieur und Küche gegen alle Versuchungen bewahrt haben – in der Hauptstadt der Kombinierer eine wirkliche Seltenheit.

Bis heute stehen im »Między Nami« (Unter uns) solide Holztische ohne Deckchen, Blümchen oder Kerzchen. Das Lokal liegt in der ul. Bracka, also im absoluten Zentrum, und es gibt hier einen günstigen Mittagstisch, wahlweise mit Fleisch oder vegetarisch. Das Publikum ist erlesen, man kann mit ein bisschen Glück die gesamte künstlerische Elite der mittleren Generation antreffen, Schauspieler, Künstler, Blogger – alle, die keine Lust auf den Hipsterplatz Zbawiciela haben.

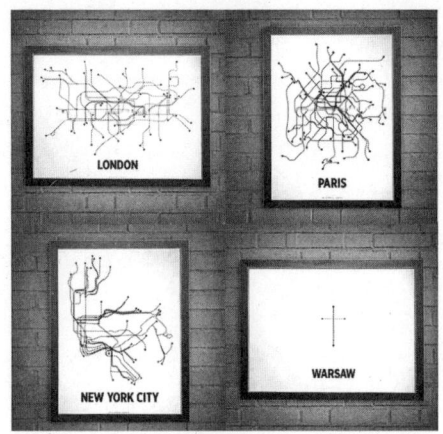

Das Warschauer U-Bahn-Netz
im internationalen Vergleich, Stand 2016

25 DIE HALA MIROWSKA

Meine schöne israelische Sonnenbrille

Seit einigen Jahren wohne ich nicht mehr ausschließlich in Warschau, sondern miete gleichzeitig auch eine Wohnung in Berlin. In Warschau bin ich stolzer polnischer Wohnungsbesitzer, in Berlin anspruchsvoller deutscher Mieter. Permanent pendele ich zwischen den beiden Städten hin und her, was viele Vorteile hat, zum Beispiel weniger Alltagsroutine und viele Reisebekanntschaften, aber auch einen großen Nachteil: Man gerät in ein obsessives Vergleichen der beiden Mentalitäten hinein, begnügt sich nie mit dem Vorhandenen, sondern sucht permanent nach der besseren Alternative. Gibt es sie hier nicht, gibt es sie dort...

Vor einiger Zeit ging in Berlin meine schöne Sonnenbrille kaputt, ein Andenken an einen phantastischen Urlaub in Tel Aviv. Der rechte Bügel schlenkerte lose herum, weil eine winzige Schraube herausgefallen war. Ich fragte bei einem Berliner Optiker am Potsdamer Platz nach einer Ersatzschraube. Er raunzte: »Kostet 2,50«, verschwand im Hinterstübchen und kam dann zurück: »Keine Schraube da.« Ich ging zum nächsten Optiker, einer jungen Frau. Sie zog eine Schublade mit unfassbar winzigen Schrauben auf, holte mit der Pinzette eine heraus und bugsierte sie vorsichtig in das Scharnierlöchlein des Brillenbügels. Sie schien zu passen. Aber die Frau schüttelte freundlich den Kopf: »Die ist vorne stumpf. Man braucht hier eine Schraube mit einer Spitze, sodass man sie in das Plastik reindrehen kann. Habe ich aber nicht.«

»Vielleicht suchen wir eine etwas dickere Schraube?«

»Und wenn der Bügel dabei kaputtgeht?«
»Auf meine Verantwortung«, sagte ich.
»Bitte glauben Sie mir, es geht nicht.«
Mit diesem magischen Satz war die Diskussion für die junge Frau beendet. Doch wer einmal in Polen gelebt hat, kann ein »Geht nicht« schlichtweg nicht mehr akezptieren, er ist verdorben. Man »kombiniert« einfach so lange, bis es geht. Also entgegnete ich beharrlich: »Aber man könnte doch ...«, wurde allerdings jäh von der Frau unterbrochen. »Da ist nichts mehr zu machen, sorry!« Sie war jetzt gar nicht mehr freundlich. Ich verließ den Laden. Am nächsten Tag fuhr ich nach Warschau. Ich wusste genau, was zu tun war.

Ganz in der Nähe des Bahnhofs liegen zwei alte Markthallen. Auch in vielen deutschen Großstädten gibt es solche Backsteinhallen aus der Gründerzeit. Die hintere von beiden ist die »Hala Gwardii« (Garde-Halle). Dort fanden in den Fünfzigerjahren noch Boxkämpfe statt. Heute ist sie total heruntergekommen und beherbergt nur noch einen Supermarkt.

Die vordere Halle ist die »Hala Mirowska«. Sie wurde vor Kurzem sehr schön renoviert und ist einer meiner Warschauer Lieblingsorte. Zunächst die unvermeidbare, traurige Geschichte, die eigentlich jeder Ort in Warschau erzählen kann: An der Längsseite der Hala Mirowska wurden während des Aufstands, am 7. und 8. August 1944, 510 Menschen von den Deutschen erschossen, zufällig herausgegriffene Passanten. Man sieht noch genau die Einschusslöcher im verwitterten Backstein. Bei der Renovierung der Halle wurden die alten Steine mit den brutal großen Einschusslöchern im Originalzustand belassen, aber durch eine Plexiglasscheibe geschützt.

Vor der ehemaligen Erschießungswand sitzen heute den ganzen Tag über alte Mütterchen auf umgestürzten Eimern und verkaufen Pilze und Waldbeeren. Und auf dem Platz vor der Halle befindet sich der größte Blumenbasar Warschaus, keine improvisierten Marktstände, sondern fest installierte, grüne Zelte, die wie das angejahrte Feldlager einer Belagerungsarmee aussehen. In einigen Zelten kann man auch nach Mitternacht noch Schnittblumen kaufen, denn Polen ist ein Blumenland, und Warschaus Gentlemen sind selbstverständlich auch noch nach Einbruch der Dämmerung unterwegs. Besonders am 8. März herrscht hier auf dem Blumenbasar ein intensives Treiben. Das ist der »Tag der Frau«, und da gehört der Basar ausschließlich den männlichen Kunden. Jeder kauft seiner Frau, Kollegin oder Mutter einen Blumenstrauß oder zumindest eine Rose. Besonders großzügige Chefs verteilen sogar an sämtliche Mitarbeiterinnen ihrer Firma eine Blume. Auch der 14. Februar, der Valentinstag, ist Männerdomäne. Wenn man die Verkäuferinnen der Hala Mirowska fragen würde, was ihnen der Kapitalismus an Gutem gebracht hat, würden sie vermutlich lange zögern und dann antworten: den Valentinstag.

Doch heute geht es mir nicht um frische Blumen, sondern um eine winzige Schraube für meine israelische Sonnenbrille. Ich schlendere an den grünen Zelten vorbei und betrete die Hala Mirowska. Direkt neben dem Eingang steht eine Saftpresse. Da kaufe ich mir erst mal bei der etwa fünfzigjährigen Verkäuferin mit der hochtoupierten Frisur eine frische Orange-Grapefruit-Mischung. Das dauert eine Weile, denn die Dame hat keine Zeit. Ein älterer Herr steht vor der Theke und verquatscht mit ihr den Vormittag. Ich warte geduldig. Die Hala Mirowska mag keine Hektik. Sie ist ein Refugium für alle Menschen, die von einer kärglichen Monatsrente leben müssen. Aber nicht nur das Tempo – auch Ästhetik und Preise erinnern an die gute alte Zeit. Die Hala Mirowska ist der postsozialistische Gegenentwurf zum »Vitkac« und all den anderen Marmor-Glas-Einkaufszentren, in denen sich Warschaus Nicht-Alte tummeln. Und so wie die Jungen nicht in die Hala Mirowska kommen, meiden die Alten die neuen Konsumtempel, es sind Parallelwelten, die sich nicht überschneiden.

Schließlich werde ich von der Hochtoupierten doch noch bemerkt und bekomme meinen frisch gepressten Saft. Während ich ihn mit einem Strohhalm ausschlürfe, schaue ich den Tauben zu, die oben unter dem hohen Dach herumflattern. Die Halle hat keine Stockwerke, sie besteht nur aus dem Erdgeschoss und einer umlaufenden Galerie, wo auch noch Geschäfte sind. Der größte Teil des Erdgeschosses wird von einem Supermarkt eingenommen, aber es gibt auch viele andere Läden, darunter eine Apotheke, einen Bratpfannenladen und eine Lottoannahmestelle. Vor Kurzem wurde eine moderne Rolltreppe angebracht – für manchen Stammkunden der Hala vermutlich das erste positive Signal des Kapitalismus. Saftgestärkt fahre ich nach oben. Auf der Galerie kommt zunächst ein Laden mit Militaria-Spielzeug. Er hat seine Schaufensterdekoration garantiert noch niemals verändert. Seit zwanzig Jahren sehe ich hier deutsche Tigerpanzer zum Angriff rollen, dazwischen huschen kleine Plastiklandser mit Gewehr im Anschlag über eine grüne Wiese. In keinem Land habe ich mehr Militaria-Läden als in Polen gesehen – und am beliebtesten scheinen Tigerpanzer und Stukabomber der deutschen Wehrmacht zu sein.

An der Ecke schaue ich kurz bei meinem Schneider rein, Pan Janek. Er ist ein kleiner, freundlicher Mann und sieht so aus, wie ich mir das tapfere Schneiderlein vorstelle. Eine Hosenkürzung kostet bei ihm sieben Euro, in Berlin würde ich das Dreifache dafür zahlen. In letzter Zeit hat er Kummer mit seiner kranken Tochter, muss sich viel um die Enkelin kümmern und hat seine gute Laune leider eingebüßt. Ich sage nur rasch »dzień dobry« und schiebe die Frage hinterher: »Co słychać – was gibt's Neues?« Pan Janek lächelt gequält: »Stara bieda – das alte Elend!« In seinem Fall ist dies nicht die übliche sarkastische Phrase, sondern trauriger Ernst.

Dann gehe ich zum Optiker. Pech gehabt, die kleine Bude ist heute geschlossen. So was kann einem in der Hala Mirowska öfters passieren. Hier sind die brutalen Gesetze des Kapitalismus außer Kraft gesetzt. Wer seinen Laden nicht aufmacht, wird dafür seine Gründe haben, ein Burn-out ist es aber zum Glück sicherlich nicht. Woher kriege ich jetzt mein Schräubchen? Da steigt mir plötzlich der Geruch von knusprigem Hühnchen in die Nase. Ah, es ist Mittagszeit, ich eile rasch wieder die Treppe hinunter. Gastronomisch ist die Halle suboptimal ausgestattet, es gibt ein Oma-Café und eine Wurstbraterei, doch ich gehe am liebsten zum Hühnchengrill. Der recht junge Verkäufer, glatzköpfig und immer mit den Gedanken irgendwo anders, kennt mich schon lange, fragt aber jedes Mal geistesabwesend, was ich bestellen will. Einmal habe ich ihn freundlich zu überreden versucht, seine Produktpalette um frische Brötchen zu erweitern, aber er schüttelte nur den Kopf. »Die Kunden in der Hala Mirowska wollen kein Brötchen zum Hühnchen.«

Ich bekomme also meinen knusprigen Schlegel ohne jedes Beiwerk in einem nackten Papptellerchen serviert und setze mich auf einen Barhocker neben dem hohen Gartentisch. Während ich mit dem Plastikbesteck vorsichtig in das Hühnerfleisch schneide, schaue ich gesprächslustig zum Verkäufer hin. Er hat aber noch nie zurückgeschaut, sitzt nur still neben seinem Grill und beobachtet abwesend, wie das Fett von den Spießen tropft.

Da kommt aus einem winzigen CD-Geschäft von gegenüber der Verkäufer herausgeschlendert, ein etwa sechzigjähriger Mann. Er verkauft überwiegend polnische Schlagerplatten, die passend zur Klientel aus den goldenen Sechzigern und Siebzigern stammen. Mit den Jahren habe ich mich in diese völlig eigene Musikwelt ein bisschen reingehört und noch vor Kurzem eine CD der großen Chansonsängerin Ewa Demarczyk erstanden. Das hat der Verkäufer nicht vergessen. »Brauchen Sie mal wieder eine schöne Platte?«, fragt er mich höflich, aber ohne zu lächeln. Er sieht sehr melancholisch aus, vielleicht weil sein Geschäft nicht gerade blendend läuft, vielleicht aber auch, weil er immer schon melancholisch war und deshalb in der Hala Mirowska gelandet ist. Ich lehne dankend ab, doch er lässt nicht locker: »Ich habe gerade schöne Sachen von den Beatles reingekriegt!« Ich verneine noch einmal. Es ist schön, dass er, im Unterschied zu dem Hühnchenmann, sein Sortiment laufend erweitert und aktualisiert, aber ich möchte mich heute wirklich auf meine Schraube konzentrieren.

Als ich mit Essen fertig bin und die Hühnchenpappe in den riesigen Müllsack werfe, kommt mir plötzlich eine Idee, wer mir helfen könnte. Ich springe wieder hoch auf die Galerie, an den Tigerpanzern vorbei, und marschiere zum »Kaletnik«, zu Taschenmacher Pan Darek, einem großen distinguierten Mann mit halber Brille. Er ist der ungekrönte König der Hala Mirowska, ein souveräner Herr, der von Erscheinungsbild und Auftreten her auch Geschichtsprofessor oder Kriminalkommissar sein könnte. Er repariert nicht nur Handtaschen, Schuhe und Rucksäcke, sondern weiß in allen Problemfällen zuverlässigen Rat. Vor seinem Ladenfensterchen wartet stets eine Schlange zufriedener Hausfrauen, sie lieben ihn. Erstens ist er trotz seiner unglaublichen Fachkompetenz noch nicht größenwahnsinnig geworden, zweitens braucht man in der Schlange nicht lange zu warten, denn Pan Darek wechselt mit seinen Kunden keine großen Worte. Er wirft nur einen kurzen Blick auf Schuh oder Tasche und sagt dann leise »übermorgen«. Eine Empfangsquittung gibt es nicht. Wozu auch? Pan Darek würde seine Kunden auch noch nach Wochen wiedererkennen. Zerbricht er sich manchmal nach Feierabend den Kopf darüber, ob er für die Hala Mirowska vielleicht etwas überqualifiziert ist? Vermutlich nicht. Auch er stammt noch aus der alten Zeit, als es völlig selbstverständlich war, dass man seine Gesundheit am besten schont, wenn man beruflich leicht unterhalb der eigenen Möglichkeiten bleibt.

Ich zeige ihm meine Sonnenbrille, doch ich habe Pech: Pan Darek schüttelt den Kopf. Solche winzigen Schräubchen hat er nicht, sorry! Beim besten Willen nicht, przepraszam! (Er entschuldigt sich tatsächlich – das würde ich gerne mal in Berlin erleben.) Doch er hat eine Idee: Warum versuche ich es nicht drüben beim Telefonmann? Der hat doch so viele Schräubchen, vielleicht kann der ja helfen!

Ich nicke. Natürlich – wieso bin ich da nicht gleich drauf gekommen? Ich gehe hinüber, und tatsächlich: der Telefonmann, ein junger nervöser Kerl mit Kapuzenjacke, guckt sich kurz das Problem an, langt dann unter den Tisch und holt zielsicher ein Schräubchen heraus. »Das müsste gehen«, sagt er. Und tatsächlich, das Stummelschräubchen lässt sich mühelos ins Gewinde drehen. Nichts geht dabei kaputt, gar nichts! Der Telefonmann will nicht einmal Geld für seine Dienstleistung haben, denn Bagatellen kosten hier nichts, er wendet sich gleich wieder einer anderen Telefonreparatur zu. Ich bin ihm sehr dankbar, stapfe aber trotzdem eilig aus der Bude raus. Ehrlich gesagt ist mir der junge Kapuzentyp in seiner nervösen Art nicht sehr sympathisch. Man spürt ihm an, dass er seinen Laden hier noch nicht lange hat. Er braucht noch einige Jahre, ehe er sich in den Rhythmus der Hala Mirowska eingeschwungen hat.

Ich verlasse die Markthalle, setze meine wiederhergestellte Sonnenbrille auf und blinzele glücklich in die strahlende Mittagssonne. Und plötzlich kommt mir eine Idee. Warum bringe ich nicht aus Berlin auch noch meinen defekten Rollkoffer hierher? Die hintere rechte Rolle ist schon lange kaputt, und ich habe bereits von einem Berliner Händler gehört: »det lohnt nicht mehr!« Aber in der Hala Mirowska gibt es natürlich auch diesen miesgelaunten Satz nicht. Pan Darek, Schneider Janek, auch der Telefonmann oder der CD-Verkäufer – einer von ihnen wird Abhilfe schaffen, da bin ich mir absolut sicher.

Was es in Warschau sonst noch alles nicht gibt

- Aggressive Passanten, die einen auf dem Ampelübergang absichtlich anrempeln, weil man die Unverschämtheit besitzt, auf der falschen Seite zu gehen.
- Wütende Fahrradfahrer, die wie verrückt klingeln, schreien und fluchen, wenn ein Passant aus Versehen mit einem Fuß auf ihren Fahrradweg geraten ist.
- Patzige Videoverleiher, die einen Kunden unterbrechen, der nach einem australischen Film fragen will: »Ich bin hier keine Auskunft. Das steht alles im Computersystem!«
- Fernbusfahrer, die einer verschreckten Chinesin die Beförderungsbestimmungen vor die Nase halten, weil sie ihren Geigenkasten aus Sorge vor Diebstahl in den Bus mit hineinnehmen will. Da hilft der Chinesin auch kein Weinen.
- Ein Bibliotheksangestellter, der einer Spanierin robust den Weg versperrt, weil sie kurz vor Schließung der Bibliothek noch einmal zur Toilette möchte. Da hilft der Spanierin auch kein Weinen.
- Empörte S-Bahn-Passagiere, die noch minutenlang verärgert den Kopf schütteln, wenn da jemand in der Rushhour so gedankenverloren in der Tür des Waggons steht, dass sie sich an ihm etwas unbequem vorbeischieben müssen. Unerhört, einfach unerhört!
- Fehler, Versäumnisse, Gedankenlosigkeiten – alles das wird in Polen eher toleriert und verziehen. Denn Irren ist menschlich, nicht nur in der Hala Mirowska.

Mein idealistisches Polenbild

Jetzt hat Berlin eine Breitseite abgekriegt. Tut mir nicht leid, diese Dinge musste ich einfach mal loswerden – wofür schreibt man denn sonst Bücher? »Sie Nestbeschmutzer!«, würde jetzt die hochelegante Rechtsanwaltsgattin wieder schimpfen. Nach einem Kabarettauftritt im Charlottenburger Schloss zu Berlin machte sie mir am Büfett eine heftige Szene, weil mir die Vaterlandsliebe fehle. Ich hatte in meinem Auftritt vorhergesagt, dass Polen zwar bei der Fußball-WM in Brasilien offiziell nicht dabei sei, aber trotzdem elf Tore schießen würde – Klose sechs, Podolski fünf. Sie sagte mir wutentbrannt, dass sie nach dieser Ungeheuerlichkeit den Saal verlassen habe.

Etwas mehr zu Herzen nahm ich mir die Kritik eines polnischen Rechtsanwalts.

Er gestand mir, dass er meinen Büchern sehr kritisch gegenüberstehe. Er lebe seit dreißig Jahren in Deutschland und habe den Eindruck, dass mein Polenbild hoffnungslos idealistisch sei. »Ich will nicht bestreiten, dass Sie viele positive Erfahrungen gemacht haben, aber ich kann das nicht ernst nehmen. Sie bewegen sich in elitären Zirkeln irgendwo in Warschau, aber Sie kennen nicht die Realität so wie ich. Jede zweite Woche habe ich geschäftlich in der niederschlesischen Provinz zu tun – grauenvoll! Ich arbeite mit jungen Rechtsanwälten zusammen, studierten Leuten, aber ich bin jedes Mal über ihr Niveau schockiert: dumpfer Katholizismus, finsterer Antisemitismus, starke Fremdenfeindlichkeit gegenüber Deutschen und Russen. Ich freue mich jedes Mal, wenn ich wieder nach Berlin zurückkomme.«

Ich wehrte mich und sagte, dass ich nicht im Warschauer Elfenbeinturm sitze, sondern in den vergangenen zwölf Jahren so gut wie überall in Polen aufgetreten sei. Dann fiel mir noch ein: »Der Alltag in Deutschland ist vorhersehbar und langweilig. In Polen wissen Sie morgens beim Aufstehen noch nicht, was abends passieren wird. Alles ist möglich!« Er musste wider Willen lächeln, schob aber ironisch hinterher: »Das würde ich anders formulieren: Es existiert keine Planung.«

Ich holte ein weiteres Argument hervor: »Das Leben in Polen ist freier. Sie haben dort nicht so viel Angst vor der Polizei oder vor dem Finanzamt. Schaffner, Kontrolleure oder sonstige Beamte sind in erster Linie Menschen und dann erst Beamte. In Polen ist der Staat für die Menschen da, in Deutschland identifizieren sich die Leute allzu sehr mit dem Staat und seinen Vorschriften, und das hat sich tief in ihre Mentalität eingegraben.«

Der Rechtsanwalt widersprach mir erneut. Seiner Erfahrung nach seien die deutschen Finanzämter viel netter, berechenbarer, kulanter, nachsichtiger als die polnischen. Nein, da könne er mir wieder nicht recht geben.

Na schön, ich hatte noch eine Trumpfkarte: »In Polen wird mehr gelacht, es gibt mehr Humor, mehr Herzlichkeit, mehr Freundlichkeit, mehr Familiensinn.« Nun hatte ich ihn, er nickte langsam, denn was den Familiensinn anging, machte er sich wohl ein paar Sorgen um seinen in Berlin sozialisierten Sohn. Aber natürlich lenkte er nicht ein, sondern setzte zum letzten Sturmangriff an, und das ist immer die Attacke gegen das polnische Gesundheitswesen und die politischen Parteien.

Ich antwortete nichts mehr, weil ich wusste, dass er jetzt zornig war und meine Gegenargumente alle läppisch finden würde. Aber ich habe oft an das Gespräch gedacht. Kommt mir ja manchmal selbst ein bisschen verdächtig vor, dass ich immer so positive Sachen über Polen sage und schreibe. Ein Deutscher aus Soest sagte mir einmal nach einer Podiumsdiskussion, die er als Zuschauer mitverfolgt hatte: »Sobald Sie Polnisch sprechen, sind Sie viel sympathischer.« Zuerst war ich etwas betroffen, aber später dachte ich mir: Okay, vielleicht geht's ja im Leben darum, dasjenige Land und diejenige Sprache zu finden, in denen man etwas sympathischer als von Haus aus wirkt. Bei mir wäre das also Polen. Hurra, ich habe alles richtig gemacht – ganz egal, wie Polen »wirklich« ist.

26 WEICHSELFAHRT

Strom mit großer Vergangenheit

Eines Tages traf ich in der Straßenbahnlinie 33 meine Exstudentin Ola wieder. Es war mindestens zehn Jahre her, dass sie bei mir an der Warschauer Uni deutsche Sprachübungen absolviert hatte, aber wir erkannten uns sofort wieder und gingen im fahrenden Waggon aufeinander zu. Ola erzählte strahlend, dass sie inzwischen ebenfalls Deutschlehrerin geworden sei. Hinter ihr trat ein gutaussehender Mann hervor. Er war groß, langhaarig und vollbärtig. Ola stellte ihn mir vor, wechselte dabei aber auf Polnisch. »Das ist mein alter Lehrer Steffen, und das ist Sebek, mein Freund.« Wir gaben uns die Hände und murmelten höflich: »Bardzo mi miło – sehr angenehm.«

Ola schwärmte mir von ihrem neuen Hobby vor: Sie und Sebek hätten sich vor Kurzem ein Boot gekauft und gingen damit jetzt auf Entdeckungsfahrten.

»Wohin denn?«, fragte ich.

»Auf die Weichsel!« Und plötzlich hatte Ola eine Idee. Ob ich nicht Lust hätte, mal so eine Fahrt mitzumachen? Die nächste größere Fahrt finde Anfang Mai statt, beim Fest der Flößer.

Ich hatte noch nie vom Fest der Flößer gehört, war aber begeistert und sagte zu. Die Weichsel wollte ich schon immer mal befahren. Seit Mitte der Siebzigerjahre gibt es aber keine nennenswerte Schifffahrt mehr. Wenn man den Fluss heute befahren möchte, steht dafür nur ein kleiner Alibi-Ausflugsdampfer zur Verfügung, der unterhalb der Altstadt vor Anker liegt. Eine halbe Stunde lang geht es zweihundert Meter nach rechts und hundert Meter nach links. Im Mittelalter war die Weichsel sogar Polens Hauptverkehrsader. Aus der Hohen Tatra wurden Holz, Getreide und Salz nach Norden transportiert. In der Spätphase des Kommunismus gab es dann das gigantische Projekt, die Weichsel zu regulieren und wieder schiffbar zu machen, aber 1989 war es bekanntlich vorbei mit allen kommunistischen Projekten. Seither verwandelt sie sich wieder träge zurück in einen sandigen Urstrom.

Anfang Mai erhielt ich eine Erinnerungsmail von Ola, in der sie mir den genauen Termin und den Treffpunkt für unsere Flusstour nannte und außerdem empfahl, auf jeden Fall warme Kleidung sowie Proviant mitzunehmen. Die Reise würde etwa vier Stunden dauern, und der Wetterbericht schließe nicht aus, dass es regnen könne. Man merkt dem fürsorglichen Ton der Mail an, dass Ola schon so manche Klassenfahrt organisiert hatte.

Wenige Tage später trafen wir uns in dem kleinen Dörfchen Gassy, etwa dreißig Kilometer südlich vom Stadtzentrum gelegen, direkt an der Weichsel. Es gibt dort viele Apfelplantagen. Polen ist nicht umsonst der größte Apfelexporteur der Welt.

Ich kannte die Gegend, weil hier im Süden unter weiß blühenden Apfelbäumen meine Telenovela »M jak Miłość« (L wie Liebe) gedreht wird. Unzählige Male bin ich als Kartoffelbauer Stefan Müller zwischen den Obstbäumen entlanggestiefelt, mal eine Angel über der Schulter, mal einen Rübeneimer in der Hand – aber immer das Herz voller Sorge, weil mir schon wieder eine Ehefrau davongelaufen war.

Am Fluss entlang zieht sich ein flacher Deich, der das Hochwasser von den Apfelplantagen fernhalten soll. Wer ihn erklimmt, sieht die Weichsel in unberührter Schönheit. Hier stört kein Haus, keine Flussboje – es gibt nur Bäume, glitzerndes Wasser und krächzende Möven. Der Ort Gassy ist die einzige Ansiedlung weit und breit, hier ragt eine lange Betonmole in den Fluss hinein und in deren Schutz versteckt sich ein winziger Hafen.

Und genau hier hatten heute Nacht die Weichselflößer übernachtet – eine Gruppe von etwa dreißig Leuten, die mit fünf Booten den Fluss entlangschipperte. Olas Freund Sebek war mit ihnen zusammen unterwegs. Begonnen hatten sie vor zwei Wochen in Südpolen. Auf Polnisch nannten sie sich »Flisacy«, das kommt vom deutschen Wort »Flößer«, mal wieder eines der unzähligen Beispiele für deutsche Lehnwörter, so wie »urlop« (Urlaub) oder »zygzak« (Zickzack) oder »plaga« (Plage) oder »sznurek« (Schnur). Tagsüber tuckerten die Flößer einige Dutzend Kilometer weiter, und nachts schliefen sie irgendwo am Ufer oder auf den Weichselwerdern, wo außer wilden Vögelkolonien kein Mensch haust. Ziel der Reise war die Flussmündung bei Danzig.

Jacek, der Baumkünstler

Nun war schon zehn Uhr vormittags, und es herrschte Aufbruchsstimmung. Die Zelte wurden abgebaut und auf die Boote getragen, Ola stellte mich dabei immer wieder irgendwelchen Bootsleuten vor, darunter einer etwa fünfzigjährigen Malerin namens Ewa, die in Krakau wohnte und während der bisherigen Reise schon zwei große Ölbilder gemalt hatte. Sie trug eine Baskenmütze auf den blonden Locken und sagte, dass sie sich sehr auf die heutige Tour freue, denn es gebe heute tief hängende Wolken mit Regenpotenzial – tolle Kulisse zum Malen! Zum Schluss kam auch noch Olas Partner Sebek aus seinem Zelt gekrochen. Er hatte sich piratenmäßig ein grünes Taschentuch um den Kopf gebunden, trug dazu orangene Gummihosen und eine grüne Kapuzenjacke, schien aber gar nicht gut gelaunt zu sein, sondern guckte wie ein echter Seebär wortkarg-prüfend zum Himmel hoch. Ich begrüßte ihn schüchtern.

Etwas abseits unter den Uferbäumen stand ein Mann mit braunen, schulterlangen Haaren. In seinem wallenden Grobwollhemd sah er aus wie ein mittelalterlicher Maler. Ola stellte ihn mir vor. Er hieß Jacek und hatte braune Seelenaugen, die von großer Menschenliebe und einem kleinen Hangover zeugten. Wie mir Ola voller Ehrfurcht berichtete, war er ein allseits bekannter Weichselschiffer, der von Frühling bis Herbst auf dem Wasser lebte. Nebenbei war er auch noch bildender Künstler. Am gestrigen Abend hatte er aus herumliegenden Brettern rasch eine Bank gezimmert und sie zwischen zwei jungen Baumtrieben befestigt. Er sah das, wie er sagte, als eine lebendige Installation, denn: »Diese Bank wächst, zusammen mit den jungen Bäumen. Eines Tages wird dieses Brett in zwanzig Meter Höhe schweben!« Plötzlich wurde Jaceks fröhliche Miene sehr ernst. Er sei vor Kurzem in der Ukraine gewesen. Dort stehe es schlecht, sehr schlecht, die Leute seien verzweifelt. Wenn wir dort irgendwelche Leute kennten, sollten wir sie einfach mal anrufen und ihnen Mut zusprechen. In diesen schweren Tagen, in denen Putin die Ukraine bedrohe, müssten alle zusammenstehen. »Tut was, ruft an, fahrt hin, zeigt ihnen, dass sie nicht allein sind!« Ich nickte und hatte plötzlich ein Gefühl großer Leichtigkeit. Alles war eigentlich ganz einfach. Das Leben spielte sich nicht irgendwo in den Medien ab, sondern hier auf der Weichsel und den umliegenden Landen. Wenn irgendwo Gefahr herrschte, fuhr man hin und sprach den Leuten Mut zu.

Plötzlich rief Ola mich mit Lehrerinnenstimme zu sich. Sie streifte gerade eine orangene Rettungsweste über und bestand darauf, dass auch ich eine anlegen sollte. Während ich folgsam die Gurte umschnallte, fragte ich sie, wie man solche Westen auf Polnisch nenne. »Kapoki«, sagte Ola zerstreut und ging zum Boot. Ich folgte ihr und murmelte das neue Wort »kapoki« fünfzigmal vor mich hin, es war mal wieder eins dieser polnischen Wörter, die mich umhauen. Kapoki, kapoki, kapoki,

kapoki ... Plötzlich ertönte ein Trompetensignal. Vor unserer kleinen Flottille war rasch noch ein Schnellboot der Freiwilligen Feuerwehr Gassy aus dem Hafen ausgelaufen. An Bord gab es einen Trompeter, der das berühmte »Hejnał«-Signal aus Krakau spielte, das an die Belagerung der Stadt durch die Tataren im Mittelalter erinnert. Die lang gezogenen Dreiklänge rollten weithin über das Wasser, und mir lief ein kleiner patriotischer Schauer den Rücken runter.

Sebek warf den Außenbordmotor an, und ich nahm Platz in seinem Boot, einem vorne und hinten spitzen Kahn mit einem Segelmast, geeignet für etwa zehn Leute. Auf der Betonmole hatten sich viele Schaulustige zum Abschied versammelt. Auch Jacek, der Baumkünstler, winkte uns hinterher, hüpfte dabei wie ein Kobold und schwang mit beiden Händen ein Paddel über dem Kopf. Sebek murmelte leise: »Der hat uns gestern alle untern Tisch getrunken.« Das Schnellboot der Feuerwehr kreuzte auf dem Fluss, überholte uns spielend leicht, drehte dann mit breitem Schaumschweif bei und ließ ohrenbetäubend laut eine Warnsirene heulen. Die Feuerwehrleute lachten.

Jurek, der Anscheißer

Allmählich entfernten wir uns von Gassy. Sebek steuerte in die Mitte des Flusses. Hier wurde es endlich ruhiger. Vor und hinter uns tuckerten insgesamt noch vier andere Boote, alle mit »Flößern« belegt. Zwei davon waren deutlich größer als unseres und hatten breitere Segelmasten. Wie Ola mir erklärte, nannte man diese viereckigen Kästen »Galary« (Galeeren). Früher diente dieser Bootstyp zum Viehtransport über große Entfernungen. Wegen der schnurgeraden Bootskanten ließen sich die Galeeren problemlos nebeneinanderbinden, sodass auch große Kuhherden damit transportiert werden konnten.

Kapitän Anscheißer und sein Wessi-Passagier

Zu meinem Erstaunen brannte in einer der Galeeren ein regelrechtes Lagerfeuer, über dem mehrere Passagiere sich gerade Kartoffeln brieten.

Auch der Kapitän unserer kleinen Armada befand sich drüben auf der Lagerfeuer-Galeere. Ich lernte ihn kennen, als er sein Boot bis auf Armeslänge an uns heransteuerte. Er hieß Jurek, war ein etwa fünfzigjähriger Mann mit einem weißen T-Shirt über dem strammen Bierbauch und trug eine blaue Prinz-Heinrich-Mütze. Mit verschmitztem Grinsen stellt er sich mir als der »Opierdalacz« vor, der »Anscheißer«. Dann sagte er: »Als ich im Vorfeld von Sebek erfahren habe, dass heute ein deutscher Passagier an Bord sein wird, habe ich mich sehr gefreut, weil ich in den Achtzigerjahren in der DDR gearbeitet habe, im Trabantwerk Zwickau. Bist du Ossi oder Wessi?«

»Wessi«, sagte ich.

Jurek nickte zufrieden – nun musste er keine Rücksichten nehmen: »Einmal gab es falschen Feueralarm. Alle Deutschen sind sofort aus der Fabrik gestürmt, haben sich brav in einer Reihe aufgestellt und wollten die Wassereimer durchreichen. Die Vietnamesen haben derweil flink die Fernseher rausgetragen. Und die Polen? Die haben sich überhaupt nicht vom Arbeitsplatz wegbewegt, sondern nur müde gesagt: ›Kto kurwa włączył alarm? – Wer hat, Hure, wieder den Alarm ausgelöst?‹« Ola, Sebek und ich lachten. Jurek hatte die Polen so dargestellt, wie sie sich am liebsten sehen: müde und ausgebeutet, dafür aber gegen jeden falschen Alarm gefeit und ein bisschen schlauer als der Rest der Menschheit.

Jurek fühlte sich von unserem Lachen angespornt und fragte Sebek: »Weißt du, was die Deutschen immer singen? Ich mache es dir vor.« Er schmetterte quer über den ganzen Fluss: »Einer geht noch, einer geht noch rein!« Ich musste mitsingen, lugte dabei aber verstohlen zu Ola hinüber, denn sie war die Einzige, die hier sonst noch Deutsch verstand. Zum Glück hörte sie uns aber gar nicht zu, sondern starrte angespannt auf einen toten Baum, der im Wasser trieb, genau auf uns zu. Unser Boot durfte sich auf keinen Fall in seinen Ästen verfangen. Auch Jurek erkannte den Ernst der Situation und hörte auf zu singen. Mit einem langen Stock drückte er den Baum weg, sodass wir ihn in sicherem Abstand passieren konnten.

»Dzięki«, sagte Ola einfach. Das ist die lässige Kurzversion von »dziękuje« (danke) und wird »dschänki« ausgesprochen.

»Nie ma za co – keine Ursache«, sagte Jurek, plötzlich ganz ernst und souverän.

Auch die zweite Galeere wurde von einem etwa fünfzigjährigen Mann kommandiert. Er hatte den Spitznamen »Kurczak« (Hühnchen) und sah mit der flachen braunen Mütze der Tatra-Bergbauern tatsächlich wie ein mittelalterlicher Weichselflößer aus. In Wahrheit lebte er im heutigen Krakau und war Mitarbeiter eines kommunalen Kulturzentrums. Einmal steuerte er sein Boot neben Sebeks und Jureks Boot, sodass wir zu dritt nebeneinanderher fuhren. Jurek rief ihm, mit einem Seitenblick auf mich, eine Rätselaufgabe zu: »Kurczak, weißt du, wie unser Fluss hier, die Wisła, auf Deutsch heißt? Ich gebe dir eine Hilfe. Wenn du von dem deutschen Wort nur einen einzigen Buchstaben wegnimmst, bleibt das Synonym für Onanist übrig! Na, weißt du es?« Kurczak schüttelte grinsend den Kopf, und auch ich verstand nicht, worauf Jurek hinauswollte. Er lachte: »Wichsel! Hat mir mal ein deutscher Kollege im Trabantwerk erzählt!«

Tymek und die französischen Panzer

Als ich meinen Steuermann Sebek fragte, wie breit eigentlich die Weichsel hier sei, sagte er: »Schätz doch mal!«

Ich schätzte: etwa hundert Meter, aber er lachte spöttisch über so viel Landratten-Ignoranz. »Einhundert Meter? Mindestens fünfhundert. Das sieht nur auf dem Wasser alles viel weniger aus.«

»Und wie tief?«

Das war zum Glück für Sebek eine ernst zu nehmendere Frage, er musste kurz nachdenken: »An den tiefsten Stellen etwa acht Meter, meist aber so flach, dass man drin stehen kann.«

Nach anderthalb Stunden Fahrt rief Jurek mit Stentorstimme zu allen Booten: »Przerwa na siku – Pinkelpause!« Wir legten am westlichen Ufer an, wo sich eine hohe Düne befand. Man musste eine ziemlich steile Sandwand erklimmen. Dahinter erstreckte sich dichtes Ufergebüsch, in dem einige Flößer diskret verschwanden. Inzwischen waren auch zum Leidwesen von Malerin Ewa die Regenwolken verschwunden, die Sonne kam heraus, und wir hielten unsere Pinkel- und Brotzeit in warmem Licht ab. Alle Flößer versammelten sich in Jureks Galeere und saßen um das Lagerfeuer herum. Eine kleine blonde Frau schmierte endlos Schnittchen mit Käse und Dilljogurt. Auch ich schmatzte ihre Brote und kam, da sie selbst nicht ansprechbar schien, mit ihrem Sohn ins Gespräch. Er hieß »Tymoteusz«, wurde aber nur »Tymek« genannt. Er hatte eine silberne Skibrille auf der Nase, sodass ich seine Augen zunächst nicht sehen konnte. Neben ihm auf der Bootsbank lag ein aufgeschlagenes Buch, ein Thriller von einem deutschen Autor namens Andreas Eschbach. Diese Entdeckung verwunderte mich etwas, und ich fragte Tymek, ob das Buch gut sei. Er bejahte. Es gehe um einen jungen Mann, der seinen Vater suche und schließlich auch finde. Doch als Bücherwurm wollte Tymek nicht dastehen, deshalb sagte er schnell, dass er am liebsten Witze erzähle. Als Beweis gab er mir gleich eine Kostprobe: »Wie viele Gänge hat ein französischer Panzer? Sechs. Einen vorwärts, fünf rückwärts. Und wozu der eine Vorwärtsgang? Falls der Feind von hinten kommt.« Als ich lachte, schob Tymek sofort hinterher: »Wann reicht ein halber Liter Wodka für vier Polen? Wenn drei davon nichts trinken.«

Plötzlich winkte Jurek mich zu sich heran. Er aß gerade eine Grillwurst und sagte behaglich schmatzend: »Ich werde hier oft als Faschist bezeichnet, weil ich mal in Deutschland gearbeitet habe. Umso mehr freue ich mich, dass wir heute zwei Faschisten sind!« Er hob den rechten Arm bizarr in die Luft und winkelte die Hand ab, eine schräge Parodie des Hitlergrußes. Ich machte es ihm notgedrungen nach. Kurczak, Jureks Spezi, stand zufällig in der Nähe und machte ein Foto von uns.

Dann ging die Fahrt weiter. Offensichtlich hatte ich mich für Tymek als dankbares Publikum erwiesen, denn er fragte Sebek, ob er auf unser Boot kommen und steuern dürfe. Sebek nickte gutmütig. Ich fragte Tymek etwas beunruhigt, wie alt er eigentlich sei – immerhin eine große Verantwortung, so ein Boot zu lenken! Tymek antwortete cool: »Dreizehneinhalb! Das ist nicht viel, ich weiß, aber dafür hat man bei mir die Gewissheit, dass ich immer nüchtern bin.«

Bis Warschau war es noch eine Stunde. Zweimal passierten wir große Bagger, die Sand aus dem Fluss schaufelten. Ich dachte zunächst, es handle sich um das Ausbaggern der Fahrrinne, irrte mich aber. Ola erklärte mir, dass zurzeit leider nichts dergleichen passiere. Es handele sich um eine private Firma, die den Sand hochhole und dann an Baufirmen verkaufe.

Menschen sahen wir nur wenige. Einmal entdeckten wir auf einer bewaldeten Weichselinsel eine Gruppe von Kajakfahrern, die gerade Pause machte. Sie hatten ihre gelben und grünen Kajaks auf den Sand hochgezogen, saßen im Kreis und rauchten genüsslich ihre Joints; es roch quer über den Fluss nach Haschisch. Als sie uns bemerkten, wandten sie uns den Rücken zu.

Dann kamen wir an einer unheimlichen Gestalt vorbei. Die westliche Flussböschung bestand an dieser Stelle aus einer hohen, steil abgeschnittenen Sandwand. Genau davor stand, bis zum Bauchnabel im flachen Uferwasser, ein Angler in grünen Ölsachen, um den Kopf ein Tuch gebunden, eine Skibrille gegen den starken Wind im Gesicht. Er starrte hochkonzentriert auf seinen Angelschwimmer und beachtete uns überhaupt nicht. So stellte ich mir den letzten Überlebenden nach der Apokalypse vor.

Nach etwas dreistündiger Fahrtzeit erreichten wir die Stadtgrenze von Warschau, die Siekierkowski-Brücke. Von hier ab seien verstärkte Alkoholkontrollen der Flusspolizei zu befürchten, sagte Sebek besorgt. Ich erfuhr: In Polen gilt auf dem Wasser die gleiche Regel wie an Land: null Promille.

Tymek beruhigte ihn: »Sebek, du bist ein Glückspilz, denn du hast ja mich am Steuer!«

Bald sah man am westlichen Ufer drei große weiß-rot gestreifte Schornsteine. Sie gehörten zum Siekierki-Kraftwerk, einem der drei großen Warschauer Stromversorger, alles Braunkohle-Dreckschleudern. Wir fuhren an der Stelle vorbei, wo viel Flusswasser ins Kraftwerk abgezweigt wird – um hundert Meter weiter flussabwärts wieder dampfend in den Fluss zurückgeleitet zu werden. Jurek lenkte mal wieder seine

Galeere an uns heran und erzählte mir: »Das Wasser ist an dieser Stelle so heiß, dass hier mal längere Zeit ein Alligator gelebt hat.« Er machte eine sachlich-informative Miene, und ich guckte voller Neugier ins Ufergestrüpp, ob der Alligator noch da war. Doch Ola kam ihrem armen Exlehrer zu Hilfe und rief mit gerunzelter Stirn zu Jurek: »Ein Alligator? Ja, aber nur am ersten April!« Jurek lachte los: Der Deutsche hatte ihm den Alligator doch tatsächlich abgenommen, herrlich! Ob Ossi oder Wessi – alle sind sie gleich naiv!

Drei Aspirin und ein Kaffee

Weiter unten, kurz vor der Łazienkowski-Brücke, stand ein grüner Rundturm. Diesmal war es Hilfssteuermann Tymek, der genau Bescheid wusste. Dieser Turm da werde »die dicke Kaschka« genannt und diene zur Wasserentnahme. Hier werde das Warschauer Trinkwasser entnommen, das wir alle trinken müssten. Wer hier in den Fluss spucke, könne seinen Glibber abends in der Kaffeetasse wiederfinden! Tymek strahlte über seinen schmutzigen Witz.

Wir erreichten den Bereich der Innenstadt. Alle Boote wurden jetzt zusammengebunden, ein einzelner Steuermann lenkte die fünf Boote gleichzeitig, immerhin eine Wasserverdrängung von zwanzig Metern. Die Flößer kamen alle auf Jureks Galeere herübergesprungen und setzten sich einander gegenüber, dreißig Leute. Pseudobergbauer Kurczak holte eine Gitarre heraus und sang die vielstrophige Hymne der Weichselflößer: »Niech żyje nam flisacki stan/bo flisak żyje jak pan! – Es lebe hoch der Flößerstand/denn der Flößer lebt wie ein Herr im Land!«

Das ging so zwanzig Minuten lang, eine endlose Ballade, in die Kurczak geschickt die Namen aller Mitfahrer einwob. Er selbst sang immer die Strophen, und beim Refrain fielen dann alle übrigen ein: »... denn der Flößer lebt wie ein Herr im Land!«

Nach vier Stunden Fahrt passierten wir die Anlegestelle »511« (dort, wo auch die kleine Weichselfähre anlegt). Sie heißt so, weil sie sich am Flusskilometer 511 befindet, genau 511 Kilometer von der Quelle der Weichsel entfernt. Hier gibt es eine kleine Marina, wo die meisten Warschauer Weichselboote überwintern. Am Ufer sind zwei Kneipen. Die eine heißt ebenfalls »511«, die andere »Cud nad Wisłą« (das Wunder an der Weichsel). Man kann sich hier in Liegestühlen sonnen und eine Fritz-Cola trinken, direkt aus Berlin importiert. Tymek schaute misstrauisch zu den sonnenbebrillten Sonntagsgästen hinüber und raunte mir verächtlich zu: »Hipster!« Das war ungewollt sein bester Witz heute, ich musste schallend lachen, er wunderte sich.

Jurek nahm ein Megafon zur Hand und rief den verdutzten Hipstern im Ton eines Straßenverkäufers zu: »Wir Flößer grüßen euch und würden uns sehr freuen, euch nächstes Jahr um dieselbe Zeit wieder hier anzutreffen!« Einige Typen schoben verwundert ihre Sonnenbrillen hoch. Tymek lachte sich schlapp über Jureks kleinen Joke.

Alle paar Hundert Meter unterquerten wir eine der insgesamt neun Warschauer Brücken. Am östlichen Ufer ragte das Nationalstadion auf, am westlichen das braune Gebäude des Kopernikus-Zentrums und das begrünte Dach der Universitätsbibliothek. Und natürlich lugte dort oben auf der Weichselklippe hinter den Wolkenkratzern die goldene Antenne des Kulturpalastes hervor.

Schließlich rauschten wir unter der Poniatowski-Brücke hindurch und sahen auf der Praga-Seite den berühmten Poniatówka-Strand. Heute, an diesem recht kühlen Nachmittag, saßen hier nur wenige Leute am Ufer. Tymek schaute wieder verächtlich zu den Hipstern hinüber. In Wahrheit bereute er es, erst dreizehneinhalb zu sein.

Kurz vor der Śląsko-Dąbrowski-Brücke wurde ich an Land gelassen. Zum Abschied umarmte ich Steuermann Sebek und Vizesteuermann Tymek. Als ich auch Jurek umarmen wollte, sah er mir ernst und prüfend in die Augen: »Na, wie geht's dir? Du siehst blass aus.« – »Es dreht sich alles ein bisschen«, gab ich zu. Jurek rief laut: »Hat jemand Aspirin dabei? Unser Faschist ist seekrank.« Nein, niemand hatte eins dabei. Da nahm Jurek mich tröstend in den Arm und flüsterte mir ins Ohr: »Zu Hause gleich drei Aspirin nehmen und dazu eine Tasse Kaffee – bomba!«

Ich sprang auf eine Mole, die sich in den Fluss hineinschob. Großes Gewinke, die Boote tuckerten langsam davon. Dann marschierte ich über die Mole in Richtung Ufer. Zu Hause nahm ich folgsam drei Aspirin und trank eine Tasse Kaffee. Alles wurde wieder gut. Es lebe hoch der Flößerstand, denn der Flößer lebt wie ein Herr im Land!

Zwei Weichselgaleeren in der Mittagspause

27 EIN PHILOSOPH TAPPT IN DIE FALLE

Nicht jeder verliebt sich in Warschau, nicht jeder kehrt begeistert in die Heimat zurück. Der bekannte deutsche Philosoph Peter Sloterdijk reiste im Oktober 2010 zu einer Konferenz nach Warschau. Anschließend vertraute er seinem Tagebuch voller Abscheu an: »Du meinst, in ein altes gut katholisches Land zu reisen, und landest im grellsten Konsumismus, wo die Attraktionen dich anschreien, um die ultimate shopping experience zu bieten. In der Innenstadt plärren riesige Reklamen mit Dessous und Autos auf Plastikplanen im Format zwanzig mal zwanzig Metern vor den Häuserfassaden.«

Treffer! Sloterdijk hat die aggressiven Megaboards an der ul. Marszałkowska und Aleje Jerozolimskie korrekt beschrieben. Ich will da nichts beschönigen – obwohl ich mir einen kleinen Seitenhieb auf bundesdeutsche Tristesse nicht verkneifen kann, zum Beispiel auf die neuen Quadrathotels rings um den Berliner Hauptbahnhof. Diese graumäusigen, tristen Gefängnisblöcke sollten schleunigst verhängt werden. Dafür würde ich sogar die furchtbare Alternative von Dessous-Reklame auf bunten Plastikplanen in Kauf nehmen.

Sloterdijks Notiz ist trotzdem interessant, weil sie etwas vom Verhältnis mancher Leute zu Polen zeigt. Sie sind jede Woche zwischen Abu Dhabi und Palo Alto unterwegs, aber von Polen haben sie zuletzt etwas gehört anlässlich der Wahl Karol Wojtyłas zum Papst im Jahr 1978. Statt nun einen gewissen Informationsrückstand einzuräumen, werden sie richtig pampig, wenn das Land ihre Erwartungen nicht erfüllt. Der gute alte Katholizismus – ja, wo ist er denn hin?

Hallooo – in Krakau vielleicht? Wer den Katholizismus in Warschau sucht, könnte auch die Formel 1 in Karlsruhe suchen, er ist einfach im falschen Film. Erst wenn auch die Tuchhallen auf dem Krakauer Hauptmarkt von bunten Planen verdeckt sein werden – ja, dann ist Polen wirklich verloren. Doch danach sieht es derzeit nicht aus.

Ärgerlich ist es natürlich auch, Warschau auf die »ultimate shopping experience« zu reduzieren. Sloterdijk scheint den klassischen Fehler gemacht zu haben, die Stadt nach einem Kurzbesuch der Aussichtsplattform zu beurteilen. Ich wiederhole noch mal meine alte Predigt: In dieser Stadt muss man wissen, wo die interessanten Orte sind, sonst endet die Sache böse. Ohne Vorwissen findet man weder den jüdischen Friedhof noch den Hipsterstrand »Poniatówka«. Auch der Łazienki-Park ist vom Kulturpalast aus nicht zu sehen.

Da fallen mir übrigens noch zwei klassische Touristenziele ein, die ich vergessen habe. Gut geeignet gerade für Besucher, die kein Polnisch können, ist die kleine Kammeroper an der ul. Solidarności, wo in den Sommermonaten sämtliche Mozart-Opern in historischen Kostümen gespielt werden. Gelegentlich gibt es auch Aufführungen, bei denen Marionetten spielen und echte Sänger singen.

Zweitens: Viel zu kurz abgehandelt habe ich Schloss Wilanów, die Sommerresidenz des polnischen Königs Jan Sobieski, vergleichbar Schloss Nymphenburg in München. Hinter dem Schloss gibt es einen riesigen Park, der in eine englisch-lässige und eine französisch-strenge Hälfte geteilt ist.

Man merkt schon an diesen hektisch nachgetragenen Lastminute-Infos, dass der Autor vermutlich noch viel mehr Highlights übersehen hat. Und wie sollte es auch anders sein – Warschau ist einfach zu interessant, um es auf dreihundert Seitchen darzustellen. Wer also eine von mir vergessene Attraktion anmahnen möchte, soll mir bitte eine (freundliche) Mail schicken. Meine Adresse ist nach wie vor info@steffen.pl.

Zum Schluss möchte ich nochmals meine albanischen und rumänischen Leser um Verzeihung dafür bitten, dass ich ihre Hauptstädte einmal mit Warschau verglichen habe. Hoffentlich konnte ich ein Stück weit zeigen, dass dieser Vergleich vielleicht doch keine so schlimme Beleidigung war. Viva Tirana! Viva Bukarest!

10 Warschauer Highlights
(und wo sie im Buch erwähnt werden)

1. Kulturpalast *(S. 187)*
Pl. Defilad 1

2. Ghettodenkmal, an dem Willy Brandt niedergekniet ist
(S. 137 uns 145)
ul. Mordechaja Anielewicza neben dem neuen Jüdischen Museum

3. Jüdischer Friedhof *(S. 141)*
ul. Okopowa 49/51

4. »Königstrakt« *(S. 66)*
ul. Krakowskie Przedmieście, ul. Nowy Świat und al. Ujazdowskie

5. Denkmal für den Warschauer Aufstand *(S. 251)*
Pl. Krasińskich

6. Altstadt mit Schloss und Sigismundssäule *(S. 28 und S. 180)*
Plac Zamkowy 1

7. Dach der Uni-Bibliothek *(S. 218)*
ul. Dobra 56–66

8. Łazienki-Park mit Chopin-Denkmal *(S. 190)*
Al. Ujazdowskie

9. Weichselstrand »Poniatówka« *(S. 219)*
Wybrzeże Szczecińskie, unterhalb des Nationalstadions

10. Altstadt von Praga *(S. 220)*
ul. Stalowa und Umgebung

10 Warschauer Geheimtipps
(und wo sie im Buch erwähnt werden)

1. Bio-Markt *(S. 261)*
al. Wojska Polskiego 1

2. Der vergessene Galgen *(S. 168)*
ul. Mszczonowska

3. Krapfenbäckerei Zagoździński *(S. 47)*
ul. Górczewska 15

4. Hala Mirowska *(S. 265)*
plac Mirowski 1

5. Trinkschokolade im Café »Wedel« *(S. 121)*
ul. Szpitalna 8

6. Freitagskonzerte im Planetarium des Kopernik-Zentrums *(S. 243)*
ul. Wybrzeże Kościuszkowskie 20

7. Milchbar »Gdański« *(S. 92)*
ul. Generała Władysława Andersa 33

8. Luxus-Galerie »Vitkac« *(S. 108)*
ul. Bracka 9

9. Lichtshow unterhalb der Altstadt *(S. 185)*
skwer 1 Dywizji Pancernej WP

10. Klostergarten der Vinzentinerinnen *(S. 250)*
Eingang an der Klosterpforte nahe der ul. Tamka

Die 10 wichtigsten Warschauer Museen

Nationalmuseum
al. Jerozolimskie 3
www.mnw.art.pl

Museum für die Geschichte der Juden in Polen (Polin)
ul. Mordechaja Anielewicza 6
www.polin.pl

Museum für den Warschauer Aufstand
ul. Grzybowska 79
www.1944.pl

Kopernikus-Zentrum (Technik für Kinder und Jugendliche)
ul. Wybrzeże Kościuszkowskie 20
www.kopernik.org.pl

Historisches Stadtmuseum
Rynek Starego Miasta 28
www.mhw.pl

Königsschloss
Pl. Zamkowy 4
www.zamek-królewski.pl

Zachęta – Galerie für moderne Kunst
Pl. Małachowskiego 3
www.zacheta.art.pl

Zentrum für Zeitgenössische Kunst im Schloss Ujazdowski
ul. Jazdów 2
www.csw.art.pl

Chopin-Museum
ul. Tamka 41
www.chopin.museum/pl

Gestapokeller (offiziell: Mahnmal des Kampfes und der Leiden)
al. Szucha 25
www.muzeumniepodleglosci.art.pl

Allerletzter Tipp – das Zuckerbäcker-Kino »Iluzjon«.
Alle Filme im Original!

INHALTSVERZEICHNIS

Vorwort zur Taschenbuchausgabe 5

1 Eine Legende am Horizont 9
Keine Ahnung, aber voll dagegen 9
Ein Blitzbesuch 10
Schock auf der Plattform 11
Mit dem Gasfuß durch die Grenzregion 14

2 Mein Pakt mit Warschau 17
Einfahrt in die Unterwelt 17
Lebensgefahr 19
Die Horrorkonferenz 20

3 Von Krakau nach Warschau 23
Ein Spätentwickler 23
Elche auf Wanderschaft 24
Das Schicksalsfeuer 25
Ein echter Warschauer 26
Die zweite Sigismundssäule 28
Gemeinsamkeiten 30
Unterschiede 32
Auch Warschau hat Kultur 34
Auch Krakau hat Nachteile 36

4 Durchbruch zur Integration 38
Euphorie im Sandkasten 38
Bolek 41
Deutsch-polnische Missverständnisse 43
Die besten Berliner Warschaus 47

5 Meister im Kombinieren ... 51
Griechischer Grillfisch beim chinesisch-vietnamesischen Polen ... 51
Kombinationsweltmeister J. Kaczyński ... 52
Taxitherapie ... 55

6 Ein angelehntes Hintertürchen ... 60
Das älteste Lyzeum Warschaus ... 60
Bruderszaft ... 61
Ein deutsch-deutsch-polnisches Märchen ... 63

7 Ein utopisches Experiment ... 66
Der Königstrakt ... 66
Die Adelsdemokratie ... 67
Keine Bannmeile ... 71

8 Im Wohnungswahn ... 72
Das Kaufdogma ... 72
Pan Włodek, der Immobilienhai ... 74

9 Danke für den M-Komplex ... 81
Ein Städter ist ein Schimpfer ... 81
Brüchiger Stolz ... 83
Abrakadabra – aus Warschau wird Polen ... 85
Nicht ich bin schuld – Polen ist es gewesen ... 86
Kalte Maske, heißes Herz ... 88
Zwei Therapieversuche ... 90
Geheimtipp: Warschaus beste Milchbar ... 92
Umarme die Komplexbeladenen ... 94
Waschpulver made in Germany ... 97

10 Schweden und Russen in Warschau ... 100
Viele Nachbarn, viele Kriege ... 100
Vom Invasor zum Möbelproduzenten ... 101

Waren die Sowjets wirklich schlimmer? 102
Das russische 19. Jahrhundert 103
Das Wunder an der Weichsel 105
Das geheime Zusatzprotokoll 107
Das Vitkac 108

11 Der Himmel über dem Piłsudski-Platz 112
Das Herz der Stadt 112
Das Grabmal des Unbekannten Soldaten 113
Der Sächsische Palast 114
Im Reigen der Regime 116
Kabaret Moralnego Niepokoju 116

12 Die Deutschen in Warschau (friedlich) 120
Die alte deutsche Minderheit 120
Nach 1945 122
Brief an eine polnische Putzfrau 124
Franzosen sind schlauer 125

13 Die Deutschen in Warschau – der Zweite Weltkrieg 128
Kein deutsches Trauma 128
Herbst 1939 130
Das jüdische Ghetto 132
Die Große Aktion 135
Der Ghettoaufstand 136
Der jüdische Friedhof 141
Esperanto 143
Das Museum für die Geschichte
der Juden in Polen 145
Jan Karski 148
Die Aktion am Arsenal 151
General Anders 156
Der brave Soldat Wojtek 157
Der Warschauer Aufstand 159

Die Rolle der Sowjets 162
Eine Delegation aus Sylt 163
Das Museum für den Warschauer Aufstand 165
Władysław Szpilman 166
Ein vergessener Galgen 168
Der Grzybowski-Platz 170
Jiddisch 174
Stunde null 176
Die Nonnen aus Darmstadt 177

14 Wiederaufbau 180
Die Altstadt 180
Bernardo Bellotto 182
Stadtkern oder Freilichtmuseum? 184
Geheimtipp Lichtshow 185
Die gemütlichsten Teestuben 186

15 Der Koloss von Warschau 187
Eltern in Moskau, Großeltern in New York 187
Vom Hassobjekt zur Pop-Ikone 189
Der Łazienki-Park 190

16 Frédéric Chopin 192
Die Sonntagskonzerte 192
Franzose oder Pole? 193
Das Chopin-Museum 197
Das Herz in Kognak 199
Krystian Zimerman 201

17 Von Hipstern, Lemmingen und Einmachgläsern 204
Palmen in Warschau 204
Schluss mit direkt 205
Die Hipsterei 206
Der Regenbogen der Toleranz 208

Lemminge gegen Einmachgläser 210
Veturilo 213

18 Partybezirke 217
Powiśle 217
Der Poniatówka-Strand + Geheimtipp Fähre 219
Praga 220

19 Meisterspion Ryszard Kukliński 224
Eine Postkarte an die CIA 224
Tote Briefkästen 226
Die Flucht 230
Ein polnisch-deutscher Geschichtskonflikt 233
Bösewicht aller Reko-Gruppen 234

20 Museen 239
Das Nationalmuseum 239
Das Wissenschaftsmuseum Kopernikus 242
Geheimtipp Planetarium 243

21 Jazz und Kleinkunst 244
Der Tygmont-Klub 244
Der ernste Piotrek 245

22 Warschau für Gralssucher 248
Vier Touristentypen 248
Geheime Sportplätze und Klöster 249

23 Cäsar und Kleopatra 252
Zufällige Reiselektüre 252

24 Essen und Trinken 259
Sterne-Restaurant »Amaro« 259
Restaurant »Adler« 260

»Klub Vega«	260
Biomarkt unter freiem Himmel	261
Klubrestaurant »Między Nami«	262

25 Die Hala Mirowska — 265
Meine schöne israelische Sonnenbrille … 265
Was es in Warschau sonst noch alles nicht gibt … 272
Mein idealistisches Polenbild … 272

26 Weichselfahrt — 275
Strom mit großer Vergangenheit … 275
Jacek, der Baumkünstler … 277
Jurek, der Anscheißer … 279
Tymek und die französischen Panzer … 282
Drei Aspirin und ein Kaffee … 285

27 Ein Philosoph tappt in die Falle — 288

10 Warschauer Highlights … 291
10 Warschauer Geheimtipps … 292
Die 10 wichtigsten Warschauer Museen … 293

Warum es hinter der Oder so Neiß ist

Hier reinlesen!

Steffen Möller

Expedition zu den Polen

Eine Reise mit dem Berlin-Warszawa-Express

Piper Taschenbuch, 288 Seiten
Mit 33 Abbildungen und einer Karte
€ 9,99 [D], € 10,30 [A]*
ISBN 978-3-492-30271-5

Polen, einst Land der Autodiebe und des billigen Wodkas, hat sich zum drittbeliebtesten Auswandererland der Deutschen gemausert. Aber darf man überhaupt mit dem Auto rüberfahren? Wie flirtet man mit einer schönen Polin? Welche Eheprobleme könnte es geben? Welche Überraschungen bei der Schwiegermutter in Krakau oder Danzig? Höchste Zeit für eine vergnügliche Reise ins Nachbarland, wo hinter jeder Türschwelle ein Kulturschock lauert.

PIPER

Leseproben, E-Books und mehr unter www.piper.de